U0789161

金陵全書

丙編·檔案類

南京近代教育檔案

教育計劃

南京市檔案館 編

南京出版社
南京出版傳媒集團

圖書在版編目（CIP）數據

南京近代教育檔案. 教育計劃 / 南京市檔案館編
. -- 南京 : 南京出版社, 2019.12
（金陵全書）
ISBN 978-7-5533-2709-9

Ⅰ. ①南… Ⅱ. ①南… Ⅲ. ①地方教育－教育史－史料－南京－近代 Ⅳ. ①G527.531

中國版本圖書館CIP數據核字(2019)第264064號

書　　名　**【金陵全書】（丙編・檔案類）**
南京近代教育檔案・教育計劃
編　　者　南京市檔案館
出版發行　南京出版傳媒集團
南京出版社
社址：南京市太平門街53號　郵編：210016
網址：http://www.njcbs.cn　電子信箱：njcbs1988@163.com
聯系電話：025-83283893、83283864（營銷）　025-83112257（編務）

出 版 人　項曉寧
出 品 人　盧海鳴
責任編輯　朱天樂　崔龍龍
裝幀設計　王　俊
責任印製　楊福彬

製　　版　上海雅昌藝術印刷有限公司
印　　刷　上海雅昌藝術印刷有限公司
開　　本　889毫米×1194毫米　1/16
印　　張　27.75
版　　次　2019年12月第1版
印　　次　2019年12月第1次印刷
書　　號　ISBN 978-7-5533-2709-9
定　　價　1000.00元

南京出版社
圖書專營店

目録

壹 部擬計劃

貳 市擬計劃

叁 校擬計劃

壹 部擬計劃

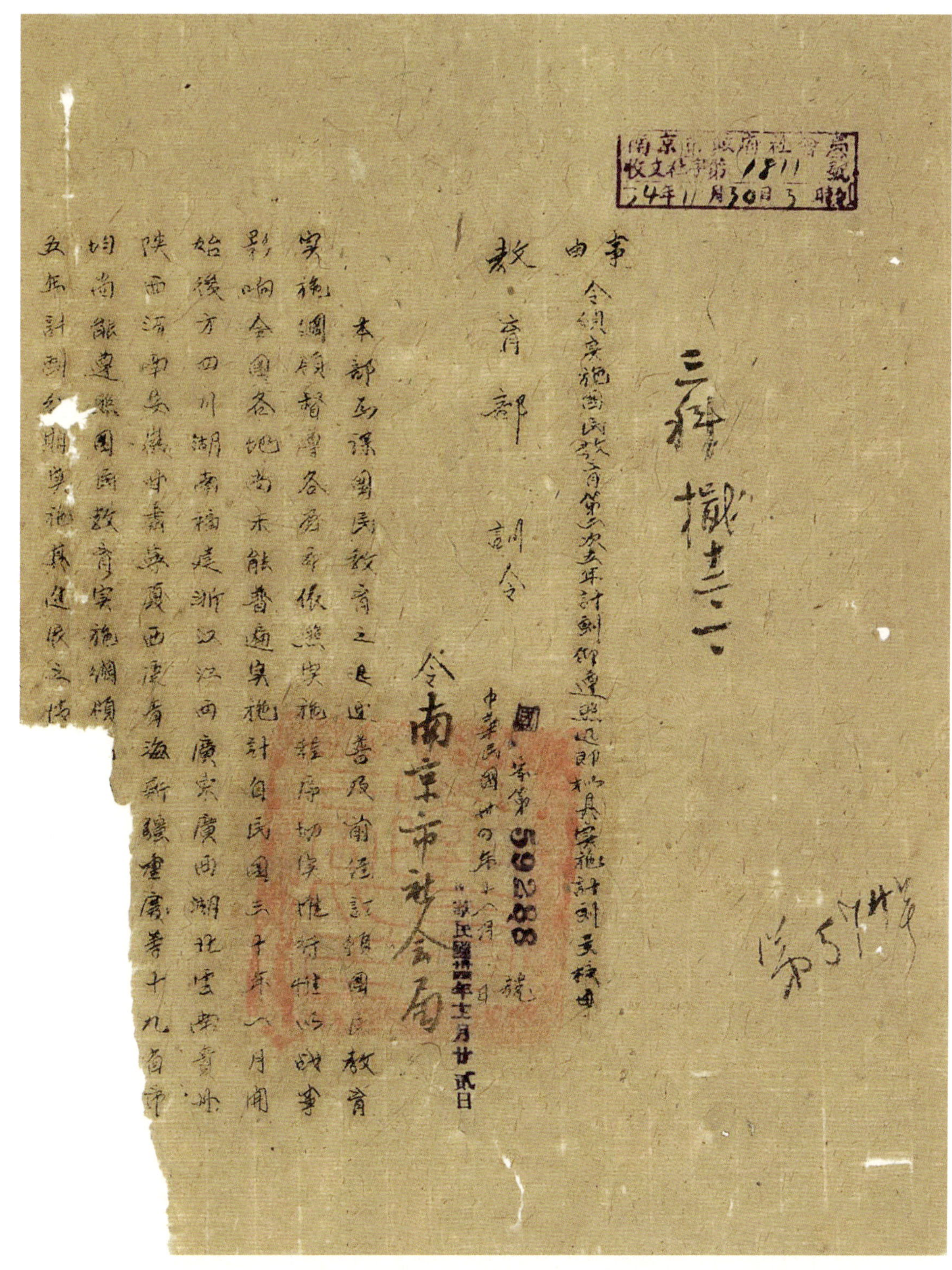

南京市政府社會局收文社字第1811號 34年11月30日

事由 令頒實施國民教育第二次五年計劃仰遵照並即擬具實施計劃具報由

教育部訓令

國字第59288號 中華民國卅四年十一月廿二日

令南京市社會局

本部為謀國民教育之迅速普及前經訂頒國民教育實施綱領暨督導各省市依照實施程序切實推行以戰事影響全國各地尚未能普遍實施計自民國三十年八月開始後方四川湖南福建浙江江西廣東廣西湖北雲南貴州陝西河南安徽甘肅寧夏西康青海新疆重慶等十九省市均尚能遵照國民教育實施綱領五年計劃分期實施其進展之情

國民政府教育部頒發《全國實施國民教育第二次五年計劃》（一九四五年十一月二十二日）

檔號：1003-7-391

致而設校及入學兒童數量與預期標準相差不遠，自前抗戰勝利結束後方已實施國民教育之各省市無論其與否達到預定計劃進度，應一律至本年年底止作一結束，俾與收復區光復區各省市配合推行，以利國民教育之早日普及。茲經本部檢討後方各省市推行國民教育實況，並斟酌收復區各省市過去之教育情形，特訂定全國實施國民教育第一次五年計劃一種，並擬製卅五年度編製計劃及預算格式，隨文頒發。各省市奉令後，並應遵照本計劃于文到兩個月內擬具該省市實施國民教育第一次五年計劃及卅五年度推行國民教育計劃呈部備核。除呈行政院備案並分行外，合行令仰遵照。此令。

計抄發實施國民教育第一次五年計劃一份、各省市編造三十五年度國民教育計劃格式一份、經費概算及各附表格式一份。

部長 朱家驊

全國實施國民教育第二次五年計劃

甲 總綱

一、依照中央早日普及國民教育之政策，將收復區各省市與後方各省市相配合，期於規定期限內，使全國各地所有學齡兒童與成年失學民衆，均能分別受相當時期之義務教育與補習教育，特訂定全國實施國民教育第二次五年計劃（以下簡稱本計劃）。

二、本計劃開始實施時期，定為三十五年一月，全國各省市應根據本計劃，並參照各省市實際情形，分別擬定實施計劃。

（一）實施國民教育之四川、雲南、貴州、廣西、廣東、湖南、福建、浙江、江西、陝西、甘肅、河南、湖北、安徽、寧夏、青海、西康、新疆、臺慶等十九省市，一律自三十五年一月起將以前實施國民教育五年計劃作一結束，並分別檢討其實施結果，另定第二次實施國民教育五年計劃。

（二）尚未實施國民教育之江蘇、河北、山東、山西、綏遠、熱河、察哈尔、遼寧、安東、遼北、吉林、松江、合江、黑龍江、嫩江、興安、北平、天津、青島、上海、南京、大連、哈尔濱等二十三省市，一律自三十五年一月起參照已實施國民教育各省市第一次五年計劃之實施程序擬定第一次實施國民教育五年計劃。

（三）台灣省自三十五年一月起依據本計劃並參照該省過去辦理義務教育及失學民衆補習教育實際情形擬定第一次實施國民教育五年計劃。

乙、實施程序

一、四川等十九省市擬定第二期次實施國民教育五年計劃之要點如次、

㈠已完成一保一國民學校一鄉鎮一中心國民學校，但受教育之學齡兒童與失學民衆已達到第一次五年計劃之規定標準者：

1、切實調查各地國民學校內容設施情形，分為甲、乙、丙三等，分期加以整理並充實。

2、全部學齡兒童及失學民衆均受相當之義務教育與補習教育

3、國民學校一律辦高級班，使一般學齡兒童均受六年之義務教育

4、國民學校及中心國民學校教員至少應為簡易師

二

範學校畢業之人員。

(三)設校及入學兒童與失學民衆數量尚未能達到第一次五年計劃之規定標準者。

1. 設校數量應達一保一國民學校一鄉鎮一中心國民學校。

2. 入學兒童應達到學齡兒童總數百分之九十以上，入學民衆應達到失學民衆總數百分之六十以上。

3. 切實調查各地中心國民學校辦理情形，就其一般設施，分列甲、乙、丙、三等分期加以整理並充實。

4. 國民學校及中心國民學校教員至少應為一年以上國教短期師資訓練班畢業之人員

○○二江蘇等二十三省市擬定第一次實施國民教育五年

計劃之要點如下：

（一）江蘇、山東、河北、山西、遼寧、安東、北平、天津、青島、上海、南京、大連、哈爾濱等省市原有地方教育已有相當基礎，實施國民教育時，應規定在前三年内完成一鄉鎮一個中心國民學校、一保一國民學校，入學兒童至少須達到學齡兒童總數百分之九十以上，入學民衆至少須達到失學民衆總數百分之六十以上，在後二年内應分别充實中心國民學校及國民學校，其進行程序如次：

1.在第一年上半年内，應促地方政府完成保甲編制、及籌建校舍設備等工作。

2.在第一年下半年内，應就原有之小學，分别改設為中心國民學校與國民學校，務期達到平均每三保有一國民學校。

3.第二年內，應完成一鄉鎮一中心國民學校，並應達到平均每二保有一國民學校。

4.第三年內，應完成每保有一國民學校。

5.第四年內，應調查中心國民學校內容設施情形，分為甲、乙、丙三等，分期加以整理並充實。

6.第五年內，應調查國民學校一般設施，分為甲、乙、丙三等，分期加以整理並充實。

（二）綏遠、熱河、察哈爾、遼北、吉林、松江、合江、黑龍江、嫩江、興安等省應規定在五年內完成一鄉鎮一中心國民學校（一）一國民學校入學兒童至少須達到學齡兒童總數百分之九十以上，入學民眾至少須達失學民眾總數百分之六十以上

三

其進行程序如次：

1.第一年內，應促地方政府完成保甲組織，並就原有之小學改為中心國民學校及國民學校。

2.第二年內，應完成一鄉鎮設一中心國民學校，每二保平均有一國民學校。

3.第三年內，應完成每二保平均有一國民學校。

4.第四五年內，應完成每一保有一國民學校，並先就中心國民學校分別充實其內容。

三、台灣省原有各地方國民學校已有相當數量，入學兒童已達學齡兒童總數百分之九十，可爲義務教育已臻普及，惟行政機構及一切設施，均與各省市不同，應於五年內加以整理改善，其要點如次：

(一)在第一二年內應先完成保甲組織，將原有市街莊之國民學校擇其規模較大者改為中心國民學校，並就原有教職員舉行總登記加以短期訓練後，分別任用，並儘先推行國語教學。

(二)在第三年內應切實調查中心國民學校內容設施，分為甲乙丙三等，分別加以整理充實。

(三)在第四五年內，應切實調查各保國民學校內容設施分甲乙丙三等，分別加以整理充實。

丙經費

一國民教育經費應列入縣市預算。

二國民學校開辦設備等經費以由各鄉鎮保自籌為原則，不足之數由縣市政府補助之。

三、第一年内應依照規定籌集國民學校特種基金，其辦法另定之。

四、中央視各省市實際情形酌量補助縣市國民教育經費。

丁、教員

一、各省市應按照計劃，估計逐年設校及所需教員人數，增設師範學校，或簡易師範學校，預為培養師資。

二、各省市應在實施本計劃以前，舉辦全省市小學教員總登記，合格者予以分配任用，不合格者應分別舉行檢定或施以短期訓練。

三、各省市應適應師資迫切需要，計得依照各省市國民教育師資短期訓練班實施辦法，分別舉辦六個月或一年之師資短期訓練班，造就國民學校代用教員。

四、各省市應依照部頒省市小學教員假期訓練實施計劃，自三十五年暑期起舉辦小學教員假期訓練班，分期訓練小學教員。

五、各省市為督導中心國民學校及國民學校教員進修，應依照部頒各省市辦理中心國民學校及國民學校教員進修辦法大綱，舉辦各種進修事業。

六、各省市應依照部頒國民學校及中心國民學校教員登記任用待遇保障辦法及提高小學教員待遇實施辦法，訂定各縣市國民學校教員待遇標準，切實提高小學教員待遇。

戊、設備

一、各省市國民學校及中心國民學校應依照部頒國民學校及中心國民學校暫行設備標準設置必須之設備。

二、各省市應依照該省市國民教育實施計劃舉行全省市國民學校總調查，就其內容設施分期加以充實。

乙、強迫入學

一、各省市應依照強迫入學條例強迫全省市學齡兒童及失學民眾入學。

二、各縣市及各鄉鎮為辦理強迫入學事宜得設置強迫入學委員會。

三、學齡兒童及失學民眾之調查及強迫入學等手續應由國民學校及中心國民學校教員會同鄉保長切實辦理。

各省市編造卅五年度國民教育實施計劃格式

甲 過去概況

(一) 已實施國民教育之省市、應就計劃要點中各項、分別詳敘過去實施經過、並檢討得失、

(二) 開始實施國民教育之省市、應就各該省市過去辦理初等教育狀況、加以説明、

乙 計劃要點

(一) 改設或增設中心國民學校及國民學校、

(1) 中心學校改設或增設校數、及小學民教兩部班數等、

(2) 國民學校改設或增設數、及小學民教兩部班數等、

(二) 收容學齡兒童數、失學民衆數、及佔總數之百分比、

(1) 入學兒童數及佔學齡兒童總數百分比、

(2) 入學民衆數、及在學民衆級數[illegible]分配。

(三) 教職員人數之配合及訓練、任用待遇登記檢定等項。

(1) 原有教職員人數。

(2) 本市需要教職員人數及其來源。

(3) 師資短缺訓練——師資足數分配之省市、可不舉辦，惟須加說明。

(4) 舉行小學教員總登記及檢定。

(5) 現有師資之調整任用。

(6) 教職員待遇之改善——提高薪給生活補助費公糧、並厲行年工加俸等。

(四) 教職員進修及輔導實驗研究。

(1) 進修事項——暑期講習班、已改為暑期訓練、通訊研究

定期刊物等，

（2）輔導工作：各級國民教育研究會之組織，及中心國民學校輔導國民學校事項，

（3）辦理國民教育示範區應特工作要項及進程，詳細開列。

（五）充實學校內容：

（1）舉行中心國民學校及國民學校內容設施總調查，並分別等第限期充實，

（2）中心國民學校及國民學校設備之充實，與設廠製造自然科教具，

（3）各校小學部及民教部各種教材及教科書之供應，

（4）編輯地方性教材——繼續編輯之各省市應於卅五年

八

年終總驗學校、

(六) 行政及視導

(1) 充實縣市教育行政機構及人員：1 籌設縣旗教育局、

(2) 嚴密考核各縣市辦理國民教育成績、

(3) 加強各級視導工作、

(4) 舉辦國民教育工作競賽、

(七) 籌劃及保障國民教育經費：

(1) 籌集國民教育基金，使達到應籌數額、

(2) 整理教育款產，制止挪移別用，恢復縣教育特種基金、

(八) 經費預算

(1) 設校經費

(子) 經常費

(丑) 臨時費

(2) 師資短期訓練經費

(3) 教員進修及獎勵、評核定經費

(4) 輔導事業經費

(5) 其他。

附註：(1) 台灣及東北各省市，因情形較為特殊，得照本項格式酌為變通。

(2) 其他各省市，如有特殊情形，亦得照格式酌量變動，惟須申明緣由。

(九) 附表

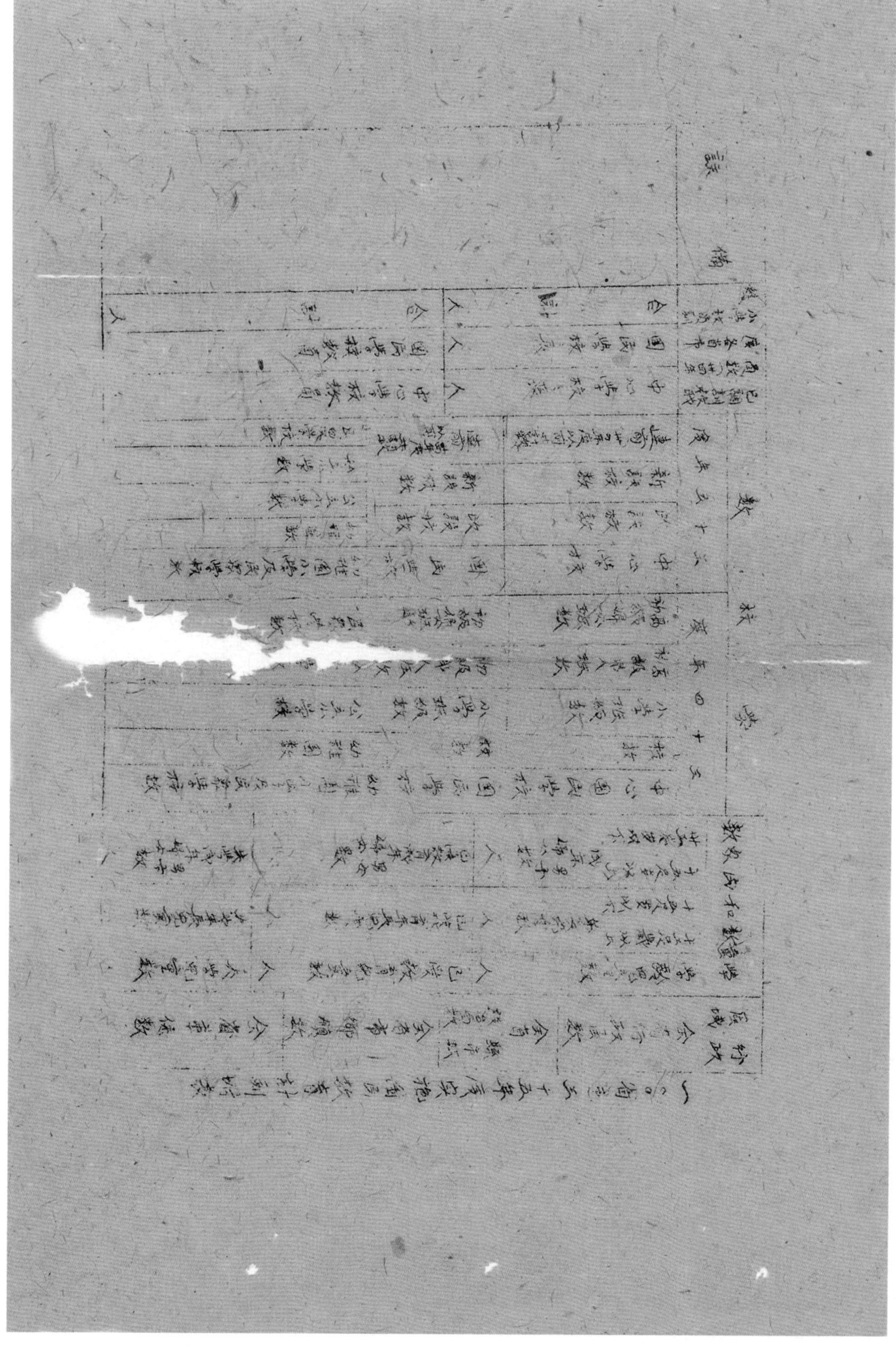

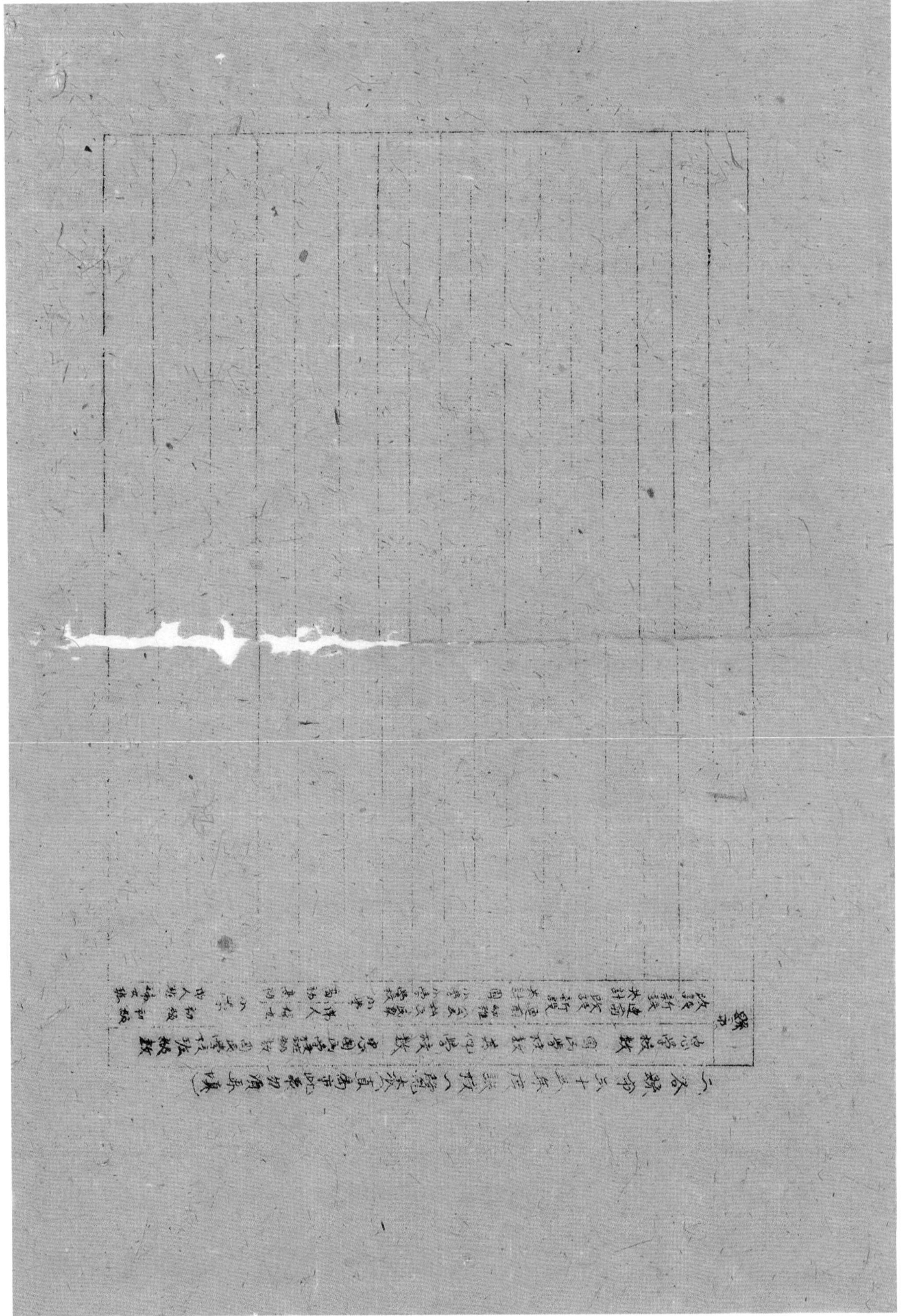

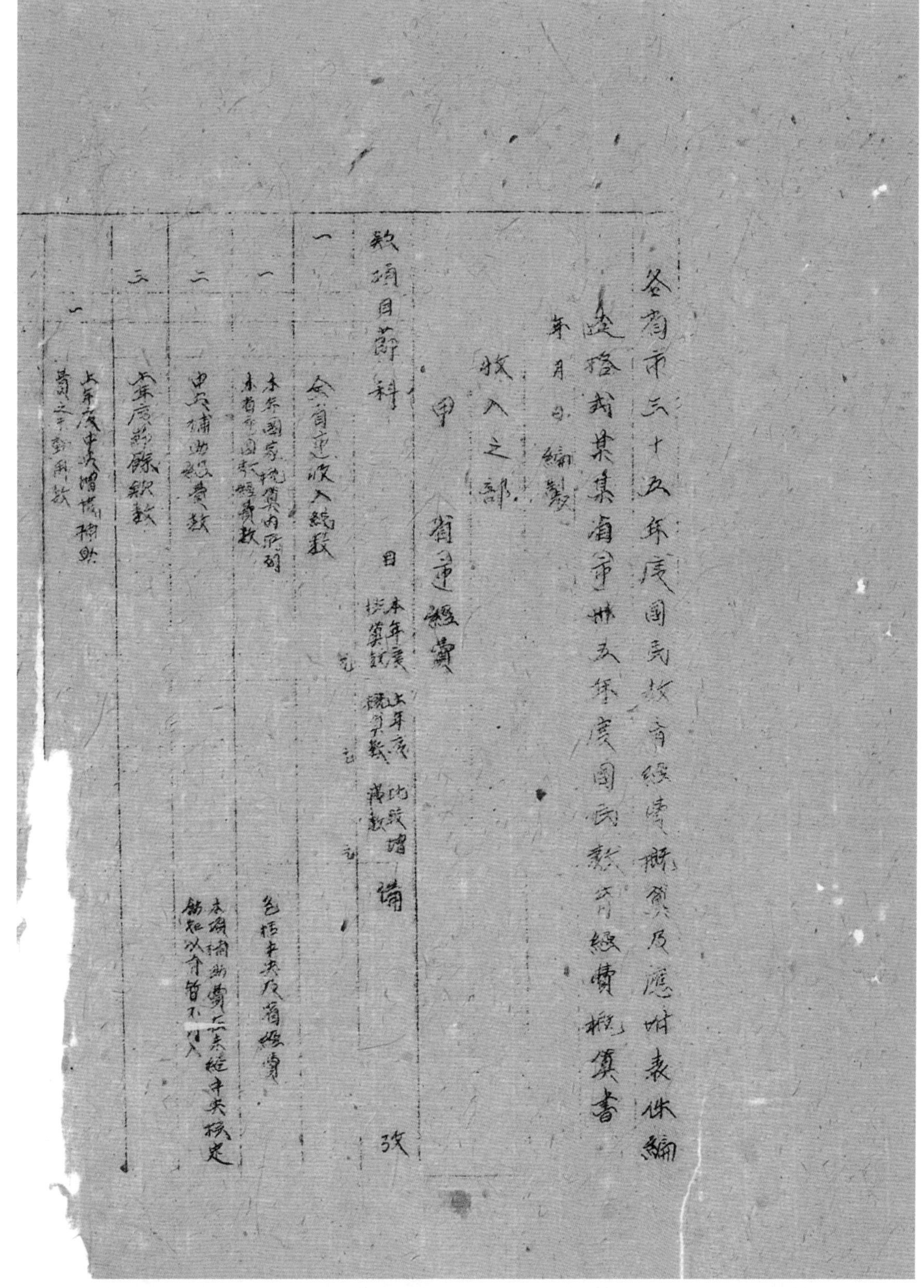

各省市三十五年度国民教育经费概算及应附表件编造格式

某某省(市)卅五年度国民教育经费概算书

年　月　日编制

收入之部

甲　省(市)经费

款项目节科目	本年度概算数	上年度核定数	比较增减数	备考
一　全省(市)收入总数	元	元	元	包括中央及省经费
一　本年国家税赋内所划本省市国教经费数				
二　中央补助经费数				本项补助费之未经中央核定饬知以前暂不列入
三　上年度剩余款数				
一　上年度中央增拨补助费之剩余款				

二　上年度末動用之部餘額數

三　其他

乙　臨時經費

款	項	目	節	科目	本年度概算數	上年度概算數	比較增減數	備考
一				各縣市收入總數	元	元	元	
	一			中央及省國教費之補助各縣市數				
	二			縣市國民教育經常費數				
	三			縣市國民教育臨時費數				
	四			鄉鎮保自籌國民教育經常費數				
	五			鄉鎮保自籌國民教育臨時費數				
一								

參

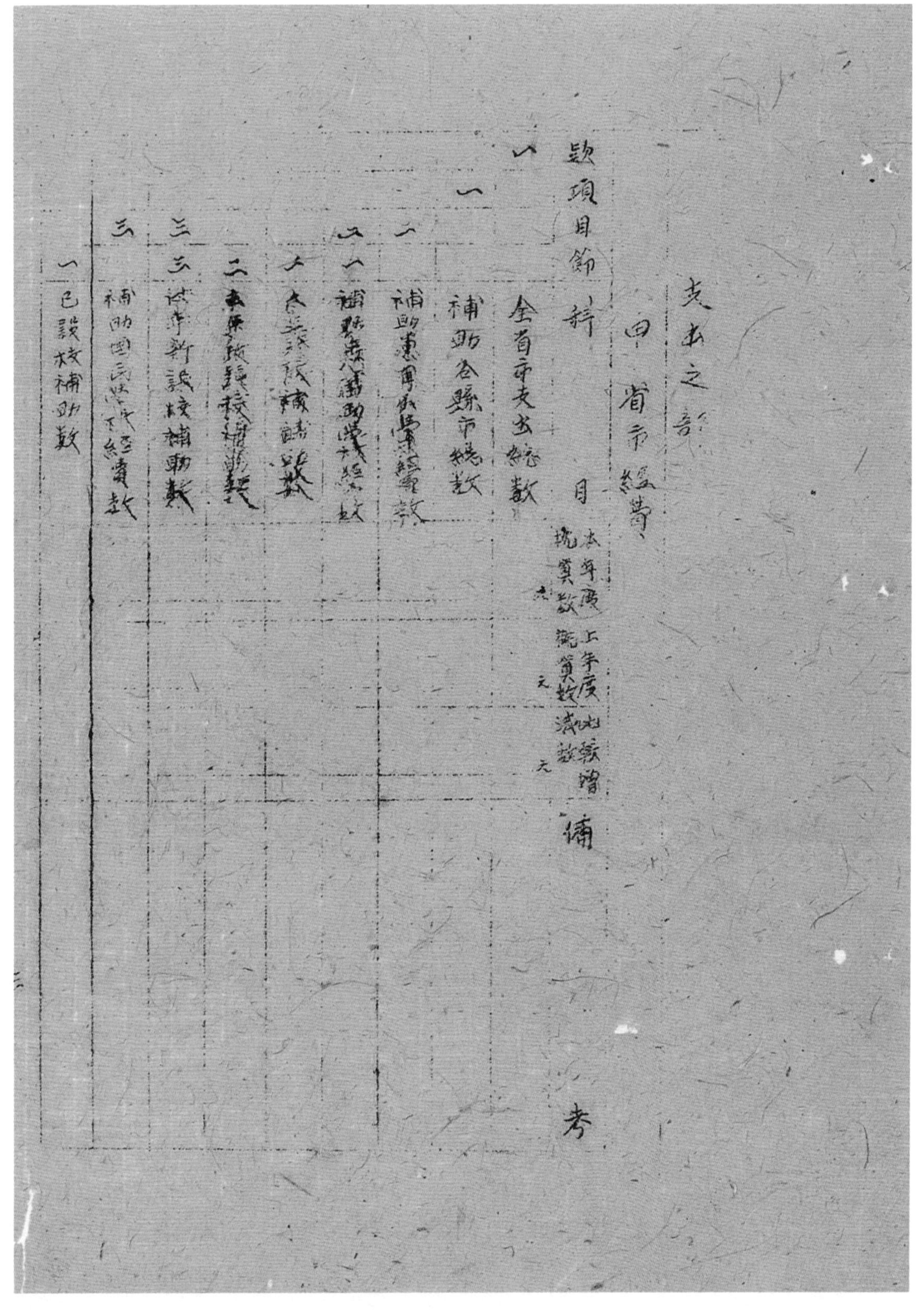

支出之部

甲、省市經費

款項目節	科目	本年度預算數	上年度預算數	比較增減數	備考
一	全省市支出總數	元	元	元	
一 一	補助各縣市總數				
一 一 二	補助[illegible]經費數				
一 一 一	補助縣[illegible]補助[illegible]經費數				
一 [illegible]	各縣設[illegible]補助款				
二	[illegible]縣設校[illegible]經費				
三 三	試辦新設校補助款				
三	補助國民學校[illegible]經費款				
一	已設校補助數				

二、本年改設校補助數			
三、本年新設校補助數			
二、其他經費數			例如教員暑期進修定期刊物等等

乙、縣（市）經費

款	項	目	節	科目	本年度概算數	上年度概算數	比較增減數	備考
					元	元	元	
一				各縣市支出總數				
	一			小學經費數				
		一		經常費數				
		二		臨時費數				
	二			中心國民學校經費數				
		一		已設校經費數				
			一	經常費數				

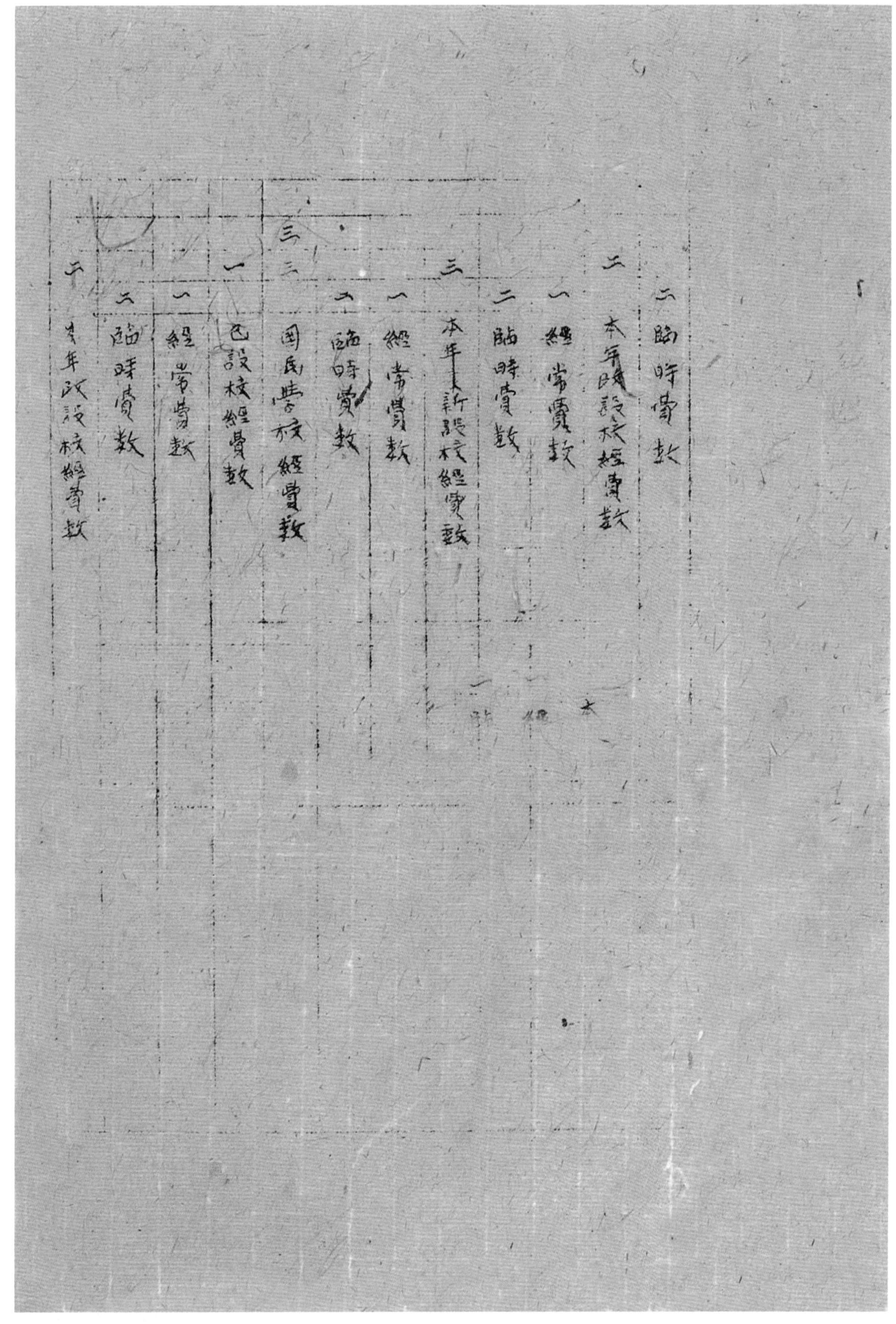

二 臨時費數

二 本年改設校經費數

一 經常費數

二 臨時費數

三 本年新設校經費數

一 經常費數

二 臨時費數

三 國民學校經費數

一 已設校經費數

一 經常費數

二 臨時費數

二 本年改設校經費數

本總計

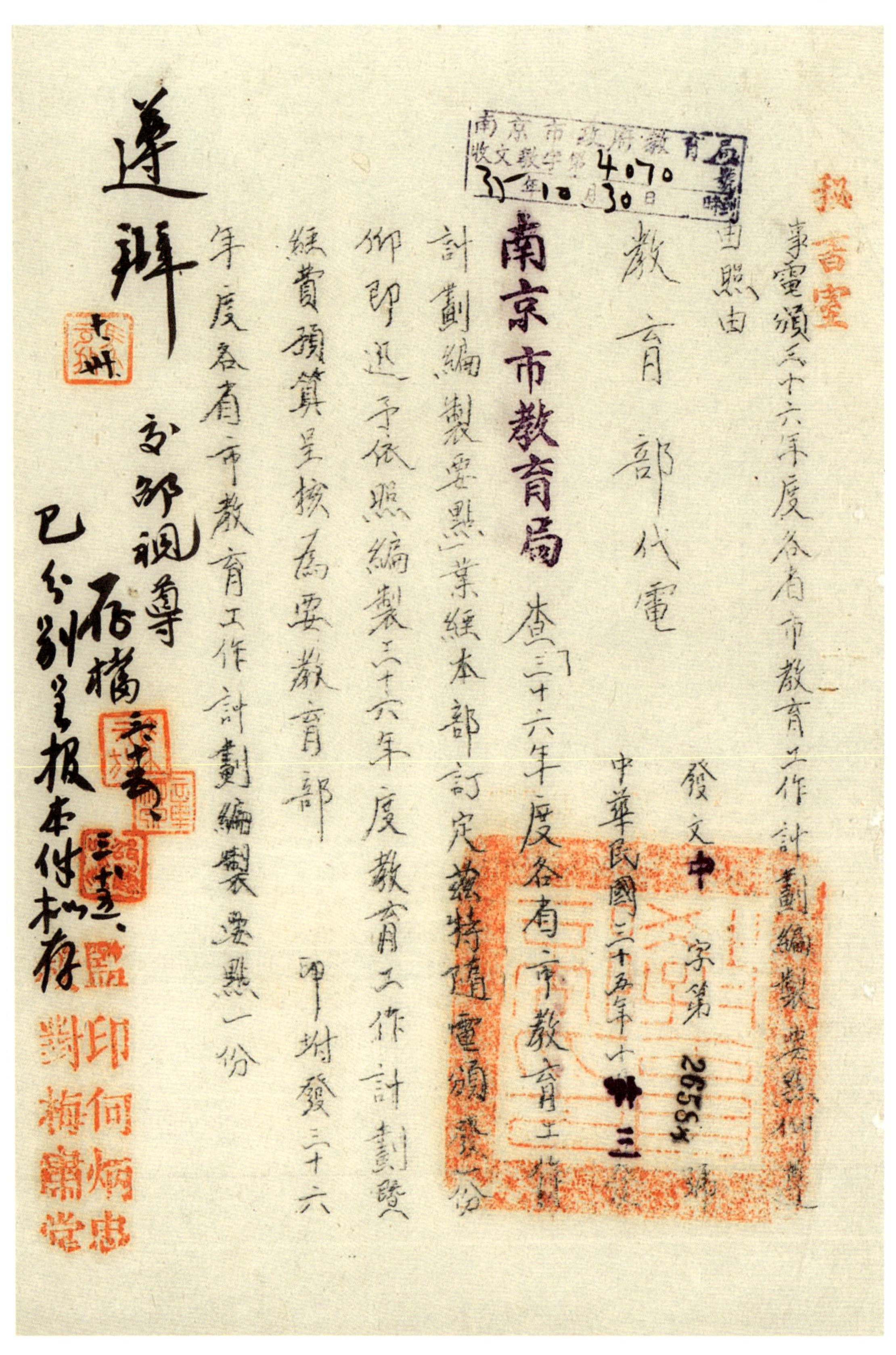

國民政府教育部頒發《一九四七年度各省市教育工作計劃編制要點》（一九四六年十月二十三日）

檔號：1003-7-9

三十六年度各省市教育工作計劃編製要點

甲 教育行政

一、繼續辦理教育復員工作

1、恢復收復區戰前各級學校及社教機關

2、安定員生生活改善職教員待遇

3、登記收復區失學失業青年並輔導其入學及就業

4、依照部頒復員辦法對國立學校師生妥為安置

5、成立及充實各省市科學儀器製造廠並擬具充實學校設備計劃報部核備

二、增進教育行政效率

1、簡化教育行政機構並切實規劃改進

2、厲行行政三聯制加強考核工作

乙 3、加強視導工作充實人員增籌經費俾能普遍視察

4、呈部表冊應遵照部頒三十四年十月統字第五六八三號及三

十五年一月第七五一號訓令規定之格式按期辦理具報

六、採用抽樣調查方法舉辦各級學校教師資格統計及待遇統計以供參攷閲於辦理程序及所用表冊格式候令遵辦

乙、高等教育

一、各省省立專科以上學校應寬籌經費充實設備建立永久性校舍工農醫各科教學必須特設實驗研究機構增進教學效率

二、專科以上學校應慎選師資任用時應以經本部審定合格者為原則

三、整飭學風加強訓導工作

四、根據實際需要對各專科以上學校所設科系切實調整力求充實對於畢業學生並予以適當之安置

丙 中等教育

一、繼續推行中等學校計劃設置

1、遵照部頒中等學校設校增班比例（高中師範與高職之比例為二比一比、初中簡師與初職之比例為六比三比二）積極增設各類中等學校校班

2、根據各該省市人口經濟交通及其他狀況劃分各類中等學校區其已劃分者應量予以調整

3、遵照縣市立中等學校設置辦法督促各縣市增設各類初級中等學校

4、獎勵私立中等學校之設立並切實督導寬予補助

六、推進中學教育

1、三三制共六年一貫制兩種中學並行台灣及東北各省市因歷史關係得兼採四二制其初中任務與三三制初中相同側重公民文化陶冶兼及職業指導高中及六年一貫制中學均以公民文化陶冶及準備升學為目的

2、舉辦中學各科教學研究會及暑期講習會

3、舉辦中等學校教師登記及檢定並訂定中等學校教職員支薪標準切實施行

4、實施優良及久任教師之獎勵及休假進修

5、遵照規定設置中學公費免費名額

6、獎勵私人捐資設置獎學金

7、獎勵私立學校減低收費及增設免費名額

三、推進師範教育

1、依照部頒戰後五年師範教育實施方案擬具各該省市之師範教育方案予以實施

2、師範學校應儘量聘用合格師資並依照規定提高待遇獎勵其對於教學之研究

3、提高師範生公費待遇對於縣籍師範生尤應特別注意改善

4、加強管理師範畢業生服務

5、改善師範生專業訓練

四、推進職業教育

1、督促各縣籌設初級實用職業學校並推行職業補習教育

2、策動實業機關及職業團体舉辦職業學校或職

業訓練班並增設班級培養各項建設人才

3.充實各職業學校教學實習設備並推進教學實習效率

4.提高職業技術師資薪津改善職業生公費待遇加強建教合作以謀學生實習服務就業之便利並謀整個職業教育之開展

丁.國民教育

一.上年度已訂定第一次實施國民教育五年計劃或第二次實施國民教育五年計劃者應按照計劃擬具本年度推行計劃其未能訂定第一次實施國民教育五年計劃或第二次實施國民教育五年計劃者應於本年度內從速訂定並擬具本年度推行計劃加緊實施

六、已實施第一次國民教育五年計劃者應繼續調查國民學校內容設施加緊充實並訂定分期充實中心國民學校計劃報核

三、上年度已訂定普及失學民眾補習教育五年計劃者應按照計劃擬具本年度推行計劃其未能訂定普及失學民眾教育五年計劃者應於本年度內從速訂定並擬具本年度推行計劃加緊實施

四、調查各縣市小學教員待遇遵照部頒辦法切實提高並訂定小學教員薪給標準報核

五、各省普通市及一等縣應於本年度內恢復教育局二三等縣應酌量設局並充實縣市教育行政機構

六、繼續辦理國教示範區並切實進行

七、繼續辦理小學教員假期訓練編印小學教員進修刊

物充實各校教員閱覽圖書並加強層級輔導研究組
織切實輔導小學教員進修
八、實行部頒小學新課程標準
九、整理地方原有學產學款成立縣地方教育特種基金
十、辦理國民教育工作競賽並督導師範學校輔導國
民教育
十一、繼續籌集國民教育基金
戊、社會教育
一、各省市縣立民衆教育館應增籌經費充實設備並
依照部頒每月中心工作實施要點來切實辦理
二、遵照補習學校法及補習學校規則之規定嚴飭所屬注
意辦理
三、省市立圖書館應增籌經費充實設備並應注意文

物之搜集整理研究與保存

四、實施各級學校及各機關團体設置圖書館（室）供應民衆閱覽辦法並設法充實各圖書館（室）

五、各級學校辦理社會教育應特別注意推行識字教育及地方自治之輔導

六、應注意設置電化教育輔導處增設電化教育巡迴工作隊充實其設備與組織並劃區施教

七、注意籌設省立科學館並充實各縣市立民衆教育館通俗科學設備闢專室陳列以供巡迴施教之用

八、各種社會教育人員之訓練應各就需要分別設班訓練

九、社會教育人員之登記應積極辦理

己、蒙藏教育

一、增設邊教機構 就省境言語文化具有特殊性質地
方按照實際需要增辦各級教育尤應注意事實與
經費之配合

二、健全邊教機構
1、指定專款辦理邊教並提高其效率
2、提高師資素質
3、充實設備

三、加強邊教督導 對於省境內公私立邊校本年度至少
應派員視導一次

四、搜集邊地歌謠及史地物產等改編補充讀物

康國民體育

六、健全體育行政加強視導工作
1、根據部頒各省市國民体育委員會組織通則

織省市國民体育委員會設置專任人員負責設計推動全省市体育之實施並經常派專門人員視導所屬學校体育及体育場

2、各級學校体育行政組織應根據部頒各級學校体育實施方案之規定設置体育處或体育衛生組積極指導全校体育實施工作

二、組織体育巡廻指導團

1、調聘專家組織指導團巡廻督導地方体育並就地調集小學教員實施短期訓練供給新教材並研討實際問題

三、加強体育師資訓練

1、設立並充實省市立体育師範專科學校或体育

師範科增加學生名額及經費設備

四、充實學校体育場地設備

1、各省市宜擬訂計劃從寬專列經費分期充實所屬各級學校体育場地設備

五、恢復並增設民眾体育場所

1、各省市原有之省、市、縣立体育場應於本年度開始時一律恢復未設立者應依照部頒体育場規程之規定籌設

六、督導民眾体育團体

1、根據本部與社會部會同公布之体育會組織辦法督導組織省、市、縣体育會並督導其工作

七、舉辦省、市、縣運動會

1、依照部頒全國運動大會及省市縣運動會舉行

辦法舉行省市縣運動會

辛、醫事衛生教育

一、恢復或組織各該省市衛生教育委員會加緊推行學校衛生並列入經費預算

二、在大規模醫院內可兼辦高級護士或助產學校並列經費預算

三、已設之助產學校均應辦設產院並將產院經費單列預算

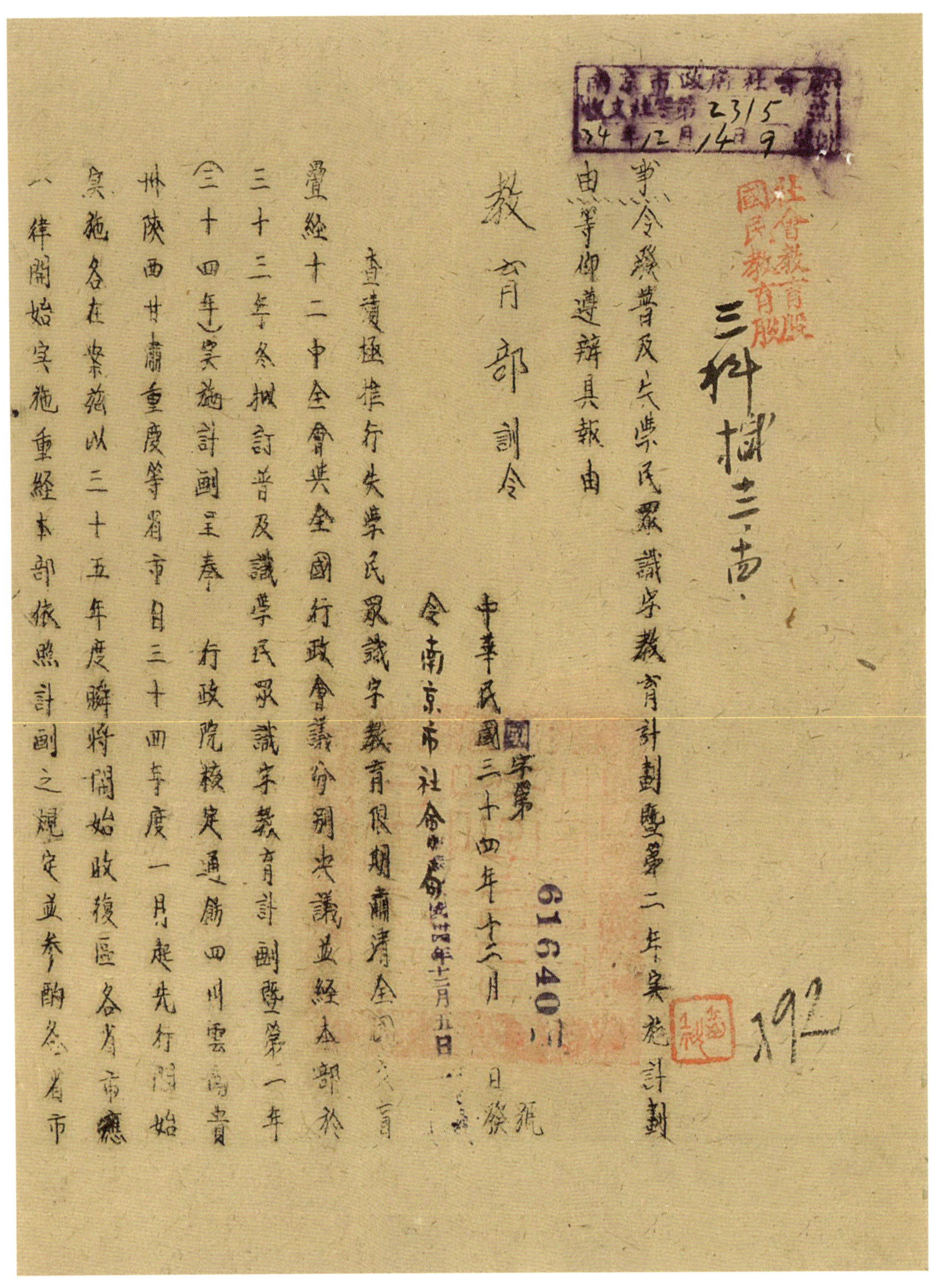

南京市政府社會局 收文社字第2315號 34年12月14日9時

社會教育 國民教育股

三科 樹 三、十四、

事由：令發普及失學民衆識字教育計劃暨第二年實施計劃仰遵辦具報由

教育部訓令 國字第61640號

中華民國三十四年十二月 日發

令南京市社會局

查積極推行失學民衆識字教育限期肅清全國文盲疊經十二中全會與全國行政會議分別決議並經本部於三十三年冬擬訂普及識學民衆識字教育計劃暨第一年（三十四年）實施計劃呈奉行政院核定通飭四川雲南貴州陝西甘肅重慶等省市自三十四年度一月起先行開始實施各在案茲以三十五年度將開始收復區各省市應一律開始實施重經本部依照計劃之規定並參酌各省市

192

國民政府教育部頒發《普及失學民衆識字教育計劃》及《普及失學民衆識字教育第二年（一九四六年度）實施計劃》（一九四五年十二月五日）

檔號：1003-7-2

之實際狀況訂定普及失學民眾識字教育第二年(三十五
年)實施計劃規定該省自三十五年七月起[illegible]
[illegible]
[illegible]開始實施普及失學民眾識字教育除分令外合行
抄發本部前頒普及失學民眾識字教育計劃中心國民學
校國民學校分期辦理失學民眾補習教育辦法機關團体
辦理民眾學校辦法及最近訂頒普及失學民眾識字教育
第二年(三十五年)實施計劃各一份令仰該局遵照上項計
劃及辦法之規定切實督促所屬各區市積極推行並將遵
辦情形具報備核此令

附發普及失學民眾識字教育計劃中心國民學校國民學校分期辦理失學
民眾補習教育辦法機關團体辦理民眾學校辦法普及失學民眾識字
教育第二年(三十五年)實施計劃各一份

部長 朱家驊

普及失學民眾識字教育第二年（三十五年度）實施計劃

一、本計劃根據普及失學民眾識字教育計劃實施程序第一項之規定並斟酌各省市實際狀況訂定之

二、四川雲南貴州陝西甘肅等省及重慶市全區已於三十四年度開始實施失學民眾識字教育者應繼續辦理外所有各該省二等縣應於三十五年一月起一律開始實施失學民眾識字教育其尚未開始實施失學民眾識字教育之各縣市仍照國民學校之民教部繼續辦理

三、甯夏青海西康新疆浙江福建安徽江西湖南湖北河南廣東廣西等十三省應於三十五年一月起先就各省省會所在地一等縣及內政部指定之示範縣教育部指定之國民教育示範區一律開始實施失學民眾識字教育

一

其尚未開始實施失學民眾識字教育之各縣市仍照國民學校之民教部繼續辦理

四、江蘇山東山西河北遼寧安東等六省應於三十五年七月起先就各省省會所在地及一等縣一律開始實施失學民眾識字教育

北平天津青島上海南京大連哈爾濱等七市應於三十五年七月起全市開始實施失學民眾識字教育

五、上列各省市除重慶市外應於本計劃實施前先就開始實施失學民眾識字教育之各縣市或區由鄉鎮保長或區長會同當地中心國民學校國民學校及民眾學校校長教職員遵照教育部頒布之中心國民學校國民學校分期辦理失學民眾補習教育辦法之規定切實調查各

保失學民衆總人數平均分為三年普及並造具分期入學名册

各縣市或區應於開始實施失學民衆識字教育後一個月內將各保失學民衆分期入學人數呈報省市教育廳局備核各省市教育廳局應於各縣市或區開始實施後三個月內將全省市實施失學民衆識字教育各縣市或區之失學民衆分期入學總人數彙報教育部備核

六、開始實施與繼續辦理失學民衆識字教育之各省市對於本年度內應行入學之失學民衆應分別支配於各中心國民學校國民學校之民教部或民衆教育館與機關團體辦理之民衆學校及民衆識字班全縣市各校應行增設成人班及婦女班及民衆學校民衆識字班之班數

二

須以足容本年度應行入學之失學民眾為度　二

七、開始實施並繼續辦理失學民眾識字教育之各縣市或區應根據全部失學民眾及本年度應行入學之失學民眾人數訂定全縣市或區本年度普及失學民眾識字教育實施計劃呈報省市教育廳局備核教育廳局應根據各縣市或區所訂實施計劃訂定全省市本年度普及失學民眾識字教育計劃呈報教育部備核

八、開始實施並繼續辦理失學民眾識字教育之各縣市或區如失學民眾人數不多或中心國民學校國民學校及民眾學校民眾識字班等原有之班級足以容納失學民眾時得將各該縣市或區失學民眾識字教育之普及提前完成之

九、各省市應根據各縣市或區本年度應行普及識字教育之失學民眾人數準備印行或定購部編之民教課本

十、開始實施與繼續辦理失學民眾識字教育之各縣市或區應於年度開始前估計全縣市或區內所設班級數教師數造具經費預算列入地方教育經費項下開支不足時再由地方自治經費項下籌撥或由當地人士籌集之

十一、中央補助各省市之普及失學民眾識字教育經費各省市應配以相當之經費數目專爲補助各縣市或區中心國民學校國民學校民教部及民眾學校民眾識字班教員津貼之用

十二、開始實施與繼續辦理失學民眾識字教育之各省市及各縣市或區應以普及失學民眾識字教育爲三十五年

三

三

度重要中心工作之一
十三國民學校民衆學校及各級教育行政机関办理失學民
衆識字教育之成績應由各級主管机関分層負考核之
責並應根據考核成績分别予以奬懲其办法由教育部
訂定之

普及失業民眾識字教育計劃

三十四年二月二十七日平陸字一九八一號指令核准

一、總則

(一)教育部為期普及失學民眾識字教育掃除全國文盲起見特訂定本計劃

(二)全國自十二足歲至四十五足歲之失業民眾應於本計劃實施後分期受失學民眾識字教育

(三)失業民眾識字教育之實施方針除普及識字教育外並注意下列四項之訓練(一)培養國民道德(二)訓練自治能力(三)增進生產知能(四)激發民族意識

二、實施程序

本計劃之實施就全國各省市之實際狀況分為下列四部份

四

四

(一)四川雲南貴州陝西甘肅及重慶等六省市自民國三十四年一月起開始實施第一年先就各省省會所在地示範縣一等縣及國民教育示範區實施第二年為各省二等縣第三年為各省三等縣以下各縣均限於開始實施後三年內普及失學民眾識字教育各年度未開始實施本計劃之各縣市仍照國民學校之民教部繼續辦理各年度之實施計劃另定之

(二)寧夏西康青海新疆四省自民國三十五年一月起開始實施第一年先就各省省會所在地示範縣一等縣及國民教育示範區實施第二年為各省二等縣第三年為各省三等縣以下各縣均限於開始實施後三年內普及失學民眾識字教育

三十四年度及以後各年度奉開始实施之各縣市仍照國民學校之民教部繼續办理

（三）浙江福建安徽江西湖南湖北河南廣東廣西等九省自各該省區戰事結束後開始实施依照（一）（二）兩項之实施程序於五年內普及失學民眾識字教育在未開始实施本計劃時各地國民學校仍照办理民教部办法繼續進行

（四）江蘇山東山西河北遼寧吉林黑龍江熱河察哈爾綏遠等省北平天津南京上海青島等市自各該省區收復後開始实施依照（一）（二）兩項之实施程序於五年內普及失學民眾識字教育在已推行國民教育之各縣國民學校之民教部仍繼續办理

五

五

蒙古西藏等地方及其他光復地區之普及失學民眾識字教育計劃俟戰事結束新縣制開始實施後另訂之

三、施教機構及人員

(一)實施失學民眾識字教育之機構為中心國民學校及國民學校設置之民教部與民眾教育館及机關團体办理之民眾學校並得利用國民兵團及民眾組訓等施以識字教育以協助失學民眾識字教育之推行

(二)中心國民學校及國民學校民教部之教員以專任為原則民眾教育館與機關團体办理民眾學校之教員以由各該机關團体原有之職員兼任為原則並得發動當地智識份子協助之

四、實施要項

（一）各省市應遵照教育部頒布中心學校國民學校分期辦理失學民眾補習教育辦法之規定督促各縣市鄉鎮保長會同當地中心國民學校及國民學校校長教職員於本計劃實施前重行切實調查各保失學民眾確數造具分期入學名冊

各縣市應於開始實施後一個月內將各保失學民眾分期入學人數呈報省教育廳備核各省市教育廳局應於開始實施後三個月內將全省市失學民眾分期入學人數呈報教育部備核

（二）各保失學民眾如在限期內不能自動報名入學者應按照強迫入學條例之規定一律施以強迫入學

（三）各保失學民眾如在限期入學前自行修習國民學校教

大

部所用課本經中心學校或國民學校考驗認為及格者得由保長會同校長簽給証明書免予入學

(四)中心國民學校及國民學校辦理之民教部與民眾教館及機關團体辦理之民眾學校應儘先辦理初級成人班或婦女班如在限期以內保內全部失學民眾均通初級成人班或婦女班教育得繼續辦理高級成人或婦女班

(五)中心國民學校每學期至少應辦理民教班二班國民學校每學期至少應辦理民教班一班但均須視當地失學民眾之多寡而定

(六)中心國民學校及國民學校辦理之民教部與民眾教育館及機關團体辦理之民眾學校其所設之課程應遵照

部頒中心國民學校及國民學校民教部課程標準辦理其課本應一律採用部定本由省市統籌印發關於地方性之補充教材得由各省市自行編印

（七）中心國民學校及國民學校民教部之教員以兩班一人為原則如由小學部教員兼任者得酌量減少其小學部所任之授課時間

五、負責辦理及協助推行人員

（一）失學民衆識字教育之實施應由縣市政府負責辦理縣

（二）長應負責督促各鄉鎮長及中心國民學校校長與國民學校校長推行失學民衆識字教育鄉鎮長及中心國民學校與國民學校校長應共同負責切實辦理失學民衆識字教育

七

七

為加強推行失學民眾識字教育之效率起見中央與省得組織失學民眾識字教育推行委員會負督促計劃研究之責縣市與鄉鎮應依照強迫入學條例第二第三兩條之規定組織縣(市)強迫入學委員會與鄉鎮強迫入學委員會

六、經費

(一)中心國民學校及國民學校辦理民教部之經費應列入學校預算其原有經費不足時再由各縣市在地方自治經費項下籌款撥之

(二)民眾教育館與機關團体辦理民眾學校之經費以由各該民眾教育館及機關團体自行担負為原則必要時得呈請當地主管教育行政機關予以補助

(三)各縣市辦理失學民眾識字教育經費不足時中央及省

市應分別酌予補助專款津貼教額之用

七、考核

一、鄉鎮及中心國民學校與國民學校辦理失學民眾識字教育之成績由縣市政府考核之縣市辦理失學民眾識字教育之成績由省教育廳考核之省市教育廳局辦理失學民眾識字教育之成績由教育部考核之

二、各級教育行政機關辦理失學民眾識字教育考核辦法由教育部訂定之

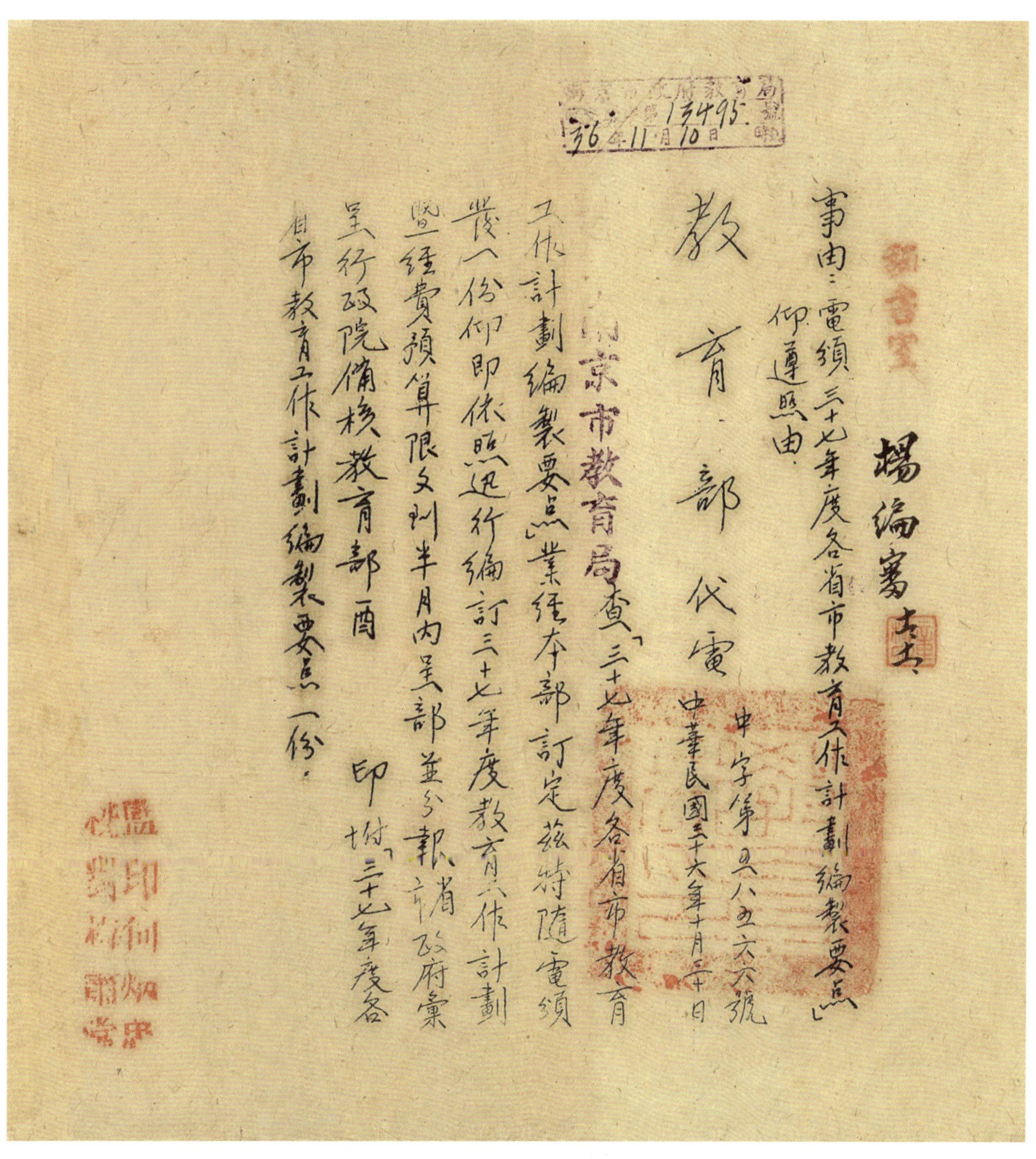

秘書室

楊編審 士

事由：電頒「三十七年度各省市教育工作計劃編製要點」仰遵照由。

教育部代電　中字第五八五六六號　中華民國三十六年十月三十日

南京市教育局：查「三十七年度各省市教育工作計劃編製要點」業經本部訂定，茲特隨電頒發一份，仰即依照迅行編訂三十七年度教育工作計劃暨經費預算，限文到半月內呈部，並分報省市政府彙呈行政院備核。教育部酉　印

附「三十七年度各省市教育工作計劃編製要點」一份。

國民政府教育部頒發《一九四八年度各省市教育工作計劃編制要點》（一九四七年十月三十日）

檔號：1003-7-33

8

三十七年度各省市教育工作計劃編製要点（卅六年十月中字第五八五六六號代電頒發）

壹、教育行政、

一、健全教育行政機構並貫澈行政三联制精神加強設計考核工作、

二、厲行各項工作競賽並簡化文書手續以增進工作效能、

三、各級教育科学文化之經費應遵照憲法規定之百分比率編列預算並作合理之分配、

四、繼續恢復並充實戰前各級学校及社教機構、

五、妥為安置國中復員師生及登記匪區流亡青年並輔導入学或就業、

六、教育視導工作應於計劃內單獨列一項目將視察教育種類地區时期人数等詳細開列、

8.

七、各省市視導教育經費應一律於三十七年度起列入省市教育文化費預算，各縣視導經費應由省教育廳督飭列入縣級教育文化費預算內、

八、呈部統計表冊應遵照本部三十五年九月統字第一七三二八號、十一月統字第二九四四七號及十二月統字第三六八三一號訓令頒發鉛印之格式按期辦理具報、

九、在經常查報工作外，應採用抽樣調查方法舉辦各項重要統計，如中等學校學生年齡、國民學校教師資格統計及待遇統計，其辦理程序及所用表冊格式候令遵辦、

貳、高等教育、

一、各省省立專科以上學校應比照國立學校寬籌經費

安定員生生活並充實設備建立永久性校舍及農場

各科教學必須附設實驗研究機構增進教學效率

二、專科以上學校應慎選師資任用時應以經本部審定合格者為原則，

三、整飭學風加強訓導工作，

四、根據實際需要對各專科以上學校所設科系切實調整力求充實對於畢業學生並予以適當之安置，

叁、中等教育

一、遵照「各省市中等學校增班設校注意事項」繼續推進中等學校計劃設置積極調整並增設各類中等學校及班級，

二、根據地方人口經濟交通及其他狀況劃分各類中等

2

8

學校區其已劃分者並應按照最近發展情形切實調整、

三、遵照「縣市立中等學校設置辦法」之規定督促各縣市增設各類中等學校並師資缺乏縣份應儘先設立簡易師範學校、

四、獎勵私立中等學校之設立並切實督導寬予補助、

五、舉辦中等學校教師登記及檢定並訂定中等學校教職員支薪標準切實施行、

六、實施優良及久任教師之獎勵及休假進修、

七、舉辦中等學校各科教學研究會及暑期講習會、

八、遵照規定督促所屬公私立中學及職業學校設置公費免費學額、

九、獎勵私人捐資設置清寒優秀學生獎學金並督導

協助境内各種助学運動、

十、中学教育應依照各該省市呈经核准之中学教育十年建設計劃分期予以實施、

十一、師範教育應依照「各省市戰後五年師範教育實施方案」切實實施、

十二、師範学校應儘量聘用合格師資並依照規定提高待遇獎勵其对於教学之研究、

十三、提高師範生公費待遇对於縣級師範生尤應特別注意改善、

十四、加强管理師範生畢業服務、

十五、充實師範学校設備改善師範生專業訓練、

十六、切實辦理師範学校輔導地方教育、

〇十七、按照職教分區增設各類職業學校及班級增培經濟建設人才並督促各縣籌設初級實用職業學校推行職業補習教育、

〇十八、策動實業機關及職業團体舉辦職業學校或職業訓練班並增設班級培養各項建設人才。

〇十九、充實各職業學校教學實習設備並增進教學實習效率、

〇二十、提高職業技術師資薪俸改善職業生公費待遇加強建教合作以謀學生實習服務就業之便利並謀整個職教之開展、

肆、國民教育、

〇一、按照所訂第一次實施國民教育五年計劃或第二次實

8

施國民教育五年計劃擬具本年度切實推行計劃務期本年度起以十年為期普及國民教育、

二、按照原定實施程序計劃本年度應行增設校班數目並加緊充實各校内容設施、

三、遵照部頒標準切實提高小學教員待遇並核列專款作為小學教員獎勵金暨實行年功加俸、

四、舉辦小學教員福利事業、

五、繼續恢復設立縣教育局、

六、繼續辦理國教示範區及國教實驗研究事項、

七、繼續辦理小學教員假期訓練編印小學教員進修刊物充實各校教員閱覽圖書加強層級輔導研究組織並舉办函授通訊研究等有關進修事務、

八、依照部頒小學新課程標準編輯地方性之課程要目及各科或各單元教材、

九、推廣幼稚教育及兒童康樂活動事業

十、整理地方原有學產學款成立縣地方教育特種基金、

十一、辦理國民教育工作競賽並督導師範學校視導國民教育、

十二、繼續籌集國民教育基金並釐訂各項補充法規、

十三、計劃縣市地方教育經費在縣預算內編列標準並督導增加所佔成數、

十四、查照憲法規定有關國教項目計劃切實實行、

十五、計劃籌措國民教育經費務求廣開來源、

伍、社会教育、

一、各省市縣立民衆教育館應增籌經費充實設備依照部頒每月中心工作實施要點表切實辦理並應酌察需要增設新館、

二、遵照補習學校法及補習學校規則之規定嚴飭所屬注意辦理、

三、省市立圖書館應增籌經費充實設備並應注意文物之搜集整理研究與保存充實圖書報紙至少使其業務得以開展不致形同虛設、

四、增設縣市立圖書館使圖書教育平均普遍發展

五、實施各級學校及各機關團體設置圖書館（室）供應民衆閱覽辦法並設法充實各圖書館（室

六、對各級學校辦理社會教育應多補助經費使工作易於

9

開展並應特別注意推行識字教育及地方自治之輔導。
七、應注意設置電化教育輔導處增設電化教育巡迴工作隊充實其設備並督導其工作。
八、注意籌設省立科學館並充實各縣市立民衆教育館通俗科學設備闢專室陳列以供民衆閱覽。
九、各種社會教育人員之訓練應各就需要分别設班訓練。
十、社會教育人員之登記應積極辦理。
十一、各省市應比照部頒省市縣立社會教育機關人員待遇規程提高社教工作人員待遇。

陸、邊疆教育。

一、增設或充實邊教機構就省境内語言文化具有特殊性質地方按照實際需要充實邊校設備或增辦各

5

項教育業務尤應注意事業與經費之配合並分別列就省縣級預算內專列項目、

二、健全邊教機構：(一)就省級預算指定專款辦理邊教並提高其效率、(二)提高師資素質並改善其待遇(三)獎勵邊生入學、

三、加強邊教督導對於省境內公私立邊校本年度至少須派員視導一次、

四、採集邊地歌謠土風舞及史地資料當地特産等編輯鄉土教材及補充讀物、

柒、國民體育

一、充實省市國民體育委員會設置專任人員負責設計推動全省市體育之實施並於本年度內至少視導所屬

学校體育一次特别注意学生體格檢驗及成績考核之施行

二、寬籌國民體育經費並單獨列為一項分目編製預算。

三、設立並充實省市立體育師範專科学校或體育師範科增加学生名額及經費設備並加強師範学校體育訓練使師範畢業生有擔任小学體育教学之能力

四、利用假期分區調集中小学體育教員實施短期訓練，供給新教材並研討實際問題、

五、各省市應根據各学校實際情形擬訂擴充體育場地設備及體育圖書「計劃」分期撥款充實、

六、各省市除應依照部頒「體育場規程」之規定每一省市至少應設省市體育場一所外本年度應酌予增

設或設立分場縣市立體育場應一律完成並依照各級體育場場地設備暫行標準分別加以充實切實督導其工作

○七 根據本部與社會部會同公佈之體育會組織辦法倡導組織省市縣體育會並督導其工作、

○八 依照部頒「全國運動大會及各省市縣運動會舉行辦法」舉行省、市縣運動會

捌 醫事衛生教育

○一 恢復或組織省市衛生教育委員會並漸次推展至所屬之縣市單位寬列經費預算並應有合理之人員編制與工作計劃加緊推行學校衛生、

○二 在大規模醫院內可兼辦高級護士或助產學校並列

經費預算

○三、已設立之助產學校均應附設產院並將產院經費單列預算

○四、各省市應注意興辦高級藥劑職業學校培植藥劑調配人員亦可附設於有關藥學校內或醫藥院校內辦理

玖、國語教育

○一、依照本部三十四年修正公佈之各省市縣推行注音符號辦法之規定應分別恢復或組織各省市縣注音符號推行委員會加緊推行各省市縣各級學校之國語教育並應列經費預算

○二、師範國文教員應儘先聘請能兼教國語者充任

三、國語師資缺乏，應於假期內舉辦中小學教員講習會，特設國語組，以講習國語技能爲主，講習國語時間應佔全部時間一半以上。

四、督學視察各級學校，應列國語教育爲考成事項之一。

五、各省市應製備注音國字銅模一副至三副，並督導各出版印刷商家切實執行本部三十四年修正公佈之「促進注音國字推行辦法」。

拾、國際文化教育

一、各省市如舉辦公費留學考試，須於事先呈行政院核定，並報本部備案。

二、各級學校應酌量採用有關聯合國、聯合國教育科學文化組織及其他聯合國附屬機構之教材，並於史地

語文等科目内教導學生關於國際了解與合作之要義以達到世界和平之目的

貳 市擬計劃

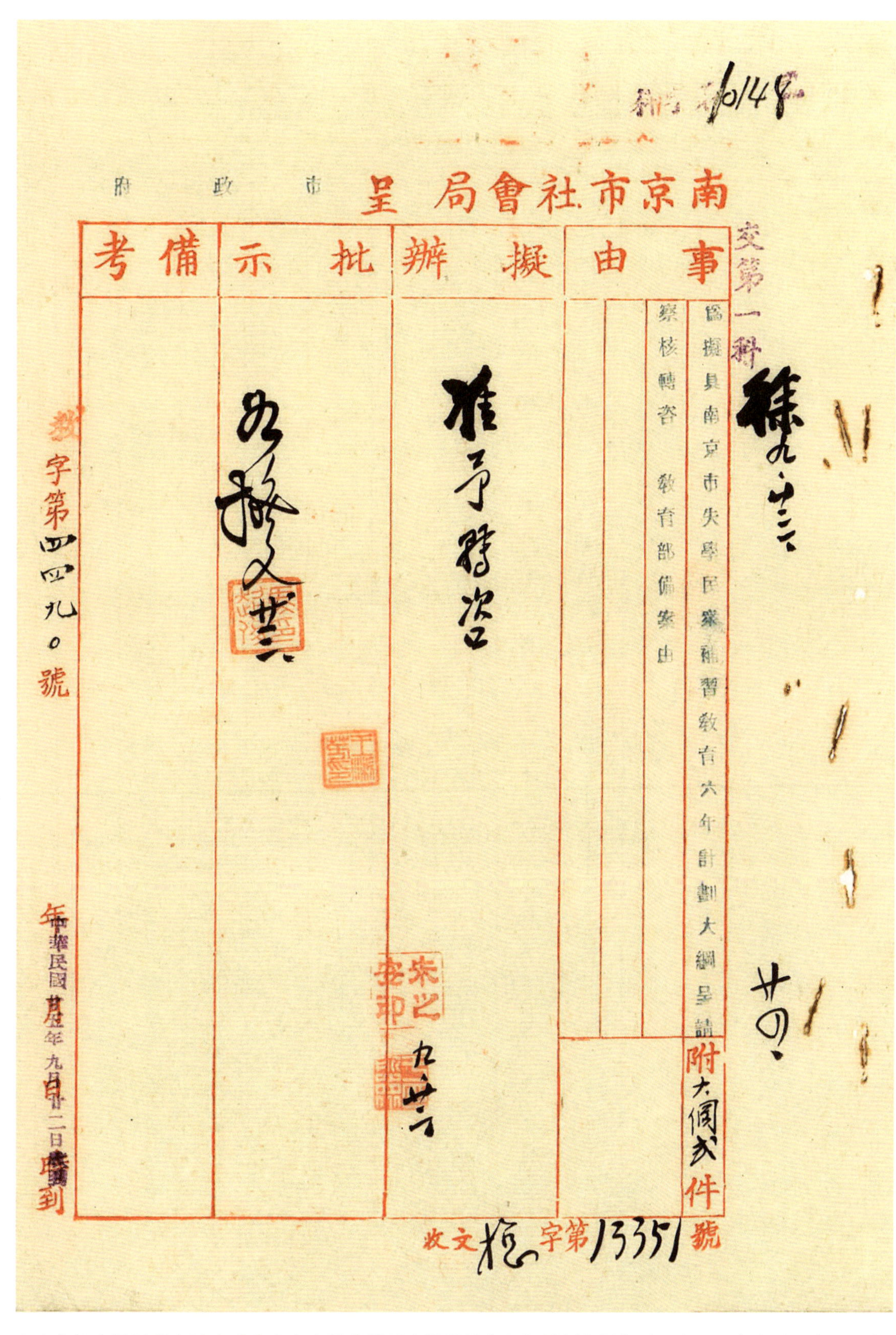

6148

南京市社會局呈 市政府

事由	擬辦	批示	備考
爲擬具南京市失學民衆補習教育六年計劃大綱呈請察核轉咨教育部備案由	准予轉咨 九廿一	如擬 文 廿一	
附大綱式件			

交第一科 葆 九、廿二

廿四、

教字第四四九〇號

中華民國廿五年九月廿二日收到

收文 總字第13351號

南京市社會局呈送市政府《南京市實施失學民衆補習教育六年計劃大綱》（一九三六年九月二十一日）

檔號：1001-1-822

「案奉——。
教育部訓令補壹第一一九七九號；令飭擬具南京市實施失學民衆補習教育六年計劃大綱；并將廿五年度詳細實施計劃，及所需民衆學校課本數量，呈部核定，等因，奉此。查南京市廿五年度失學民衆補習教育大綱，及詳細實施計劃，業經呈奉——
鈞府，轉咨 教育部，核准在案。邀免複報，至所需民衆學校課本，因學期開始，未能久候，已採購乙丙兩種，三民主義千字課本應用，下屆約需二萬份，合併陳明外；玆謹擬具南京市實施失學民衆補習教育六年計劃大綱理合備文呈請——
鈞府察核！轉咨 教育部備案。」實爲公便。

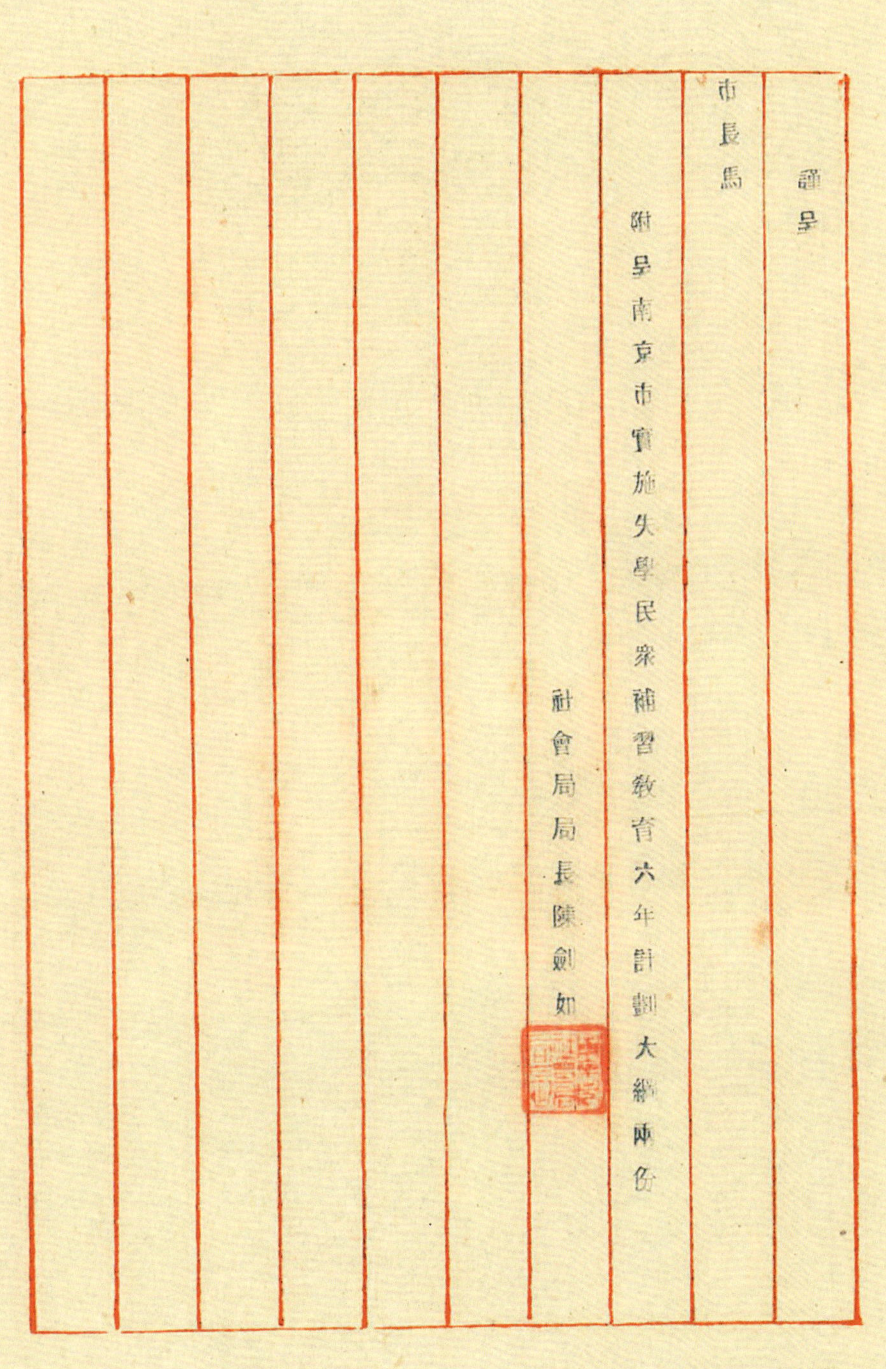

謹呈

市長馬

附呈南京市實施失學民衆補習教育六年計劃大綱兩份

社會局局長陳劍如

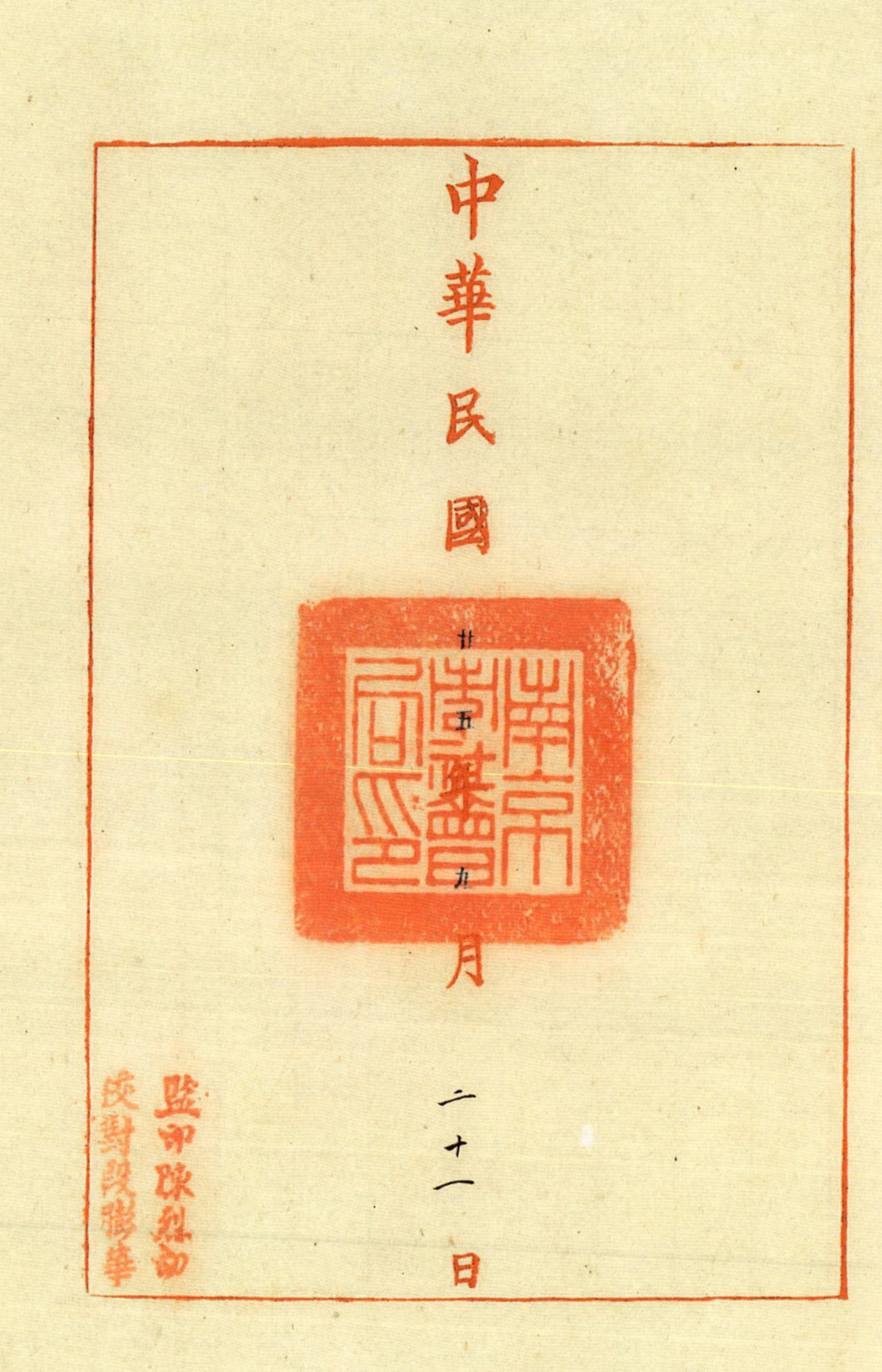

中華民國廿五年九月二十一日

監印陳烈訓

校對段勝華

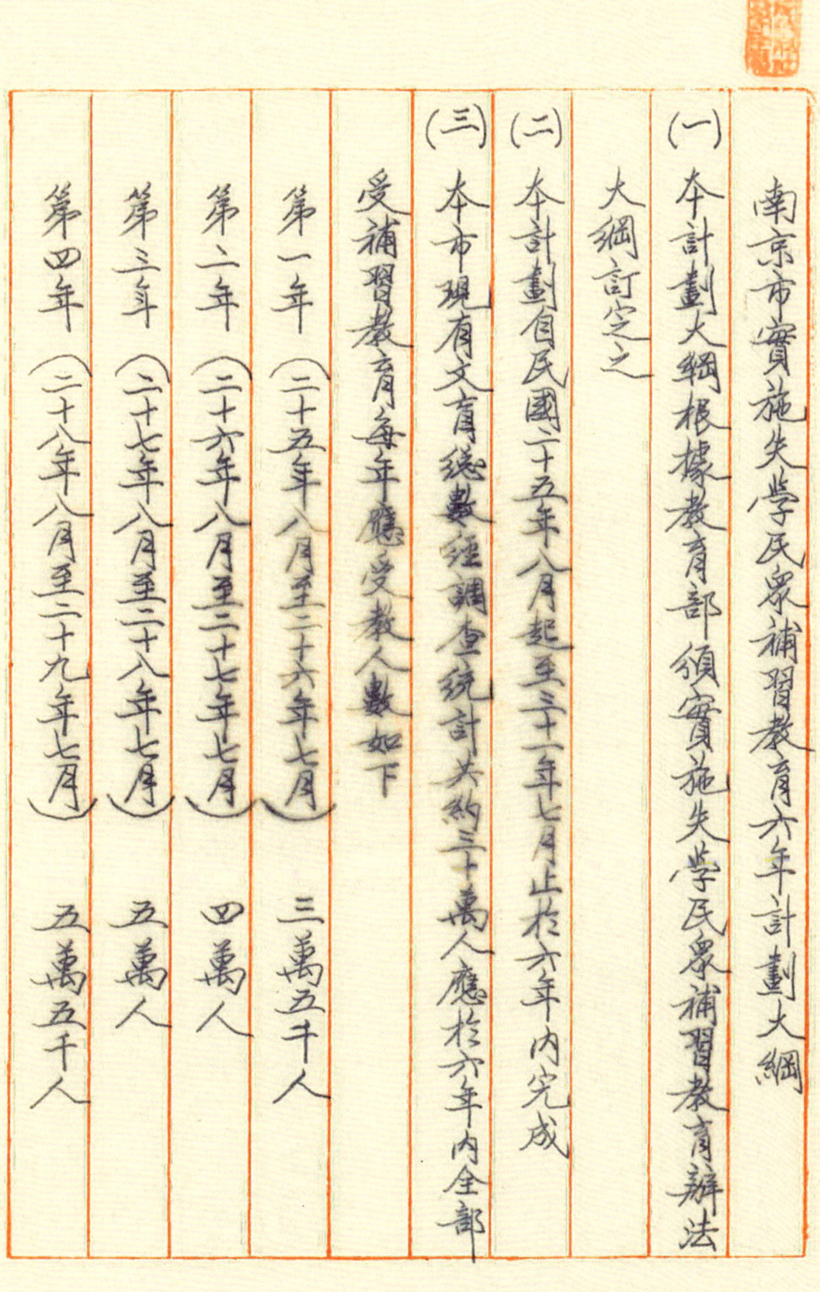

南京市實施失學民衆補習教育六年計劃大綱

（一）本計劃大綱根據教育部須實施失學民衆補習教育辦法大綱訂定之

（二）本計劃自民國二十五年八月起至三十一年七月止於六年内完成

（三）本市現有文盲總數經調查統計共約三十萬人應於六年内全部受補習教育每年應受教人數如下

第一年（二十五年八月至二十六年七月）　三萬五千人

第二年（二十六年八月至二十七年七月）　四萬人

第三年（二十七年八月至二十八年七月）　五萬人

第四年（二十八年八月至二十九年七月）　五萬五千人

第五年（二十九年八月至三十年七月）　六萬人

第六年（三十年八月至三十一年七月）　六萬五千人

（四）本市採强迫入學制學生依年齡分期强迫入學先就十六歲至二十五歲之男女實施繼續推及年齡較長及超過義務教育年齡（十二歲至十六歲）之民衆并分三期辦理

第一期　十六歲以上二十五歲以下

第二期　二十六歲以上三十五歲以下

第三期　三十六歲以上四十五歲以下及十二歲以上十六歲以下

（五）本市現有專設民衆學校十四所附設民衆學校二百四十一所第二年另增專設民校三十校第三年增三十校第四年增二十校第五年

增二十校第六年增二十校

（六）不論專校或附設民校每班學生數概為五十人以資劃一每年應辦班級如下

第一年　七百級　三萬五千人

第二年　八百級　四萬人

第三年　一千級　五萬人

第四年　一千一百級　五萬五千人

第五年　一千二百級　六萬人

第六年　一千三百級　六萬五千人

（七）本市現有民衆學校校長教師約三百人（專任兼任在内）以往每届

（即半年）招考一次今後擬開辦民衆教育師資訓練班（研究民衆學校教材教學方法及自衛技能）或仍沿用招考辦法（以往招考資格爲高中師範科畢業並服務小學或民校有經驗者）

（八）本市民衆學校每年開辦兩届每届實授課二十週教學時間分上午班下午班及夜班三種班數級較多之學校並依年齡性別或職業種類分男子班婦女班分别編級授課

（九）本市實施失學民衆補習教育經費由市府統籌兹擬定概算如下

第一年　十二萬元

第二年　十四萬元

第三年　十七萬元
第四年　十九萬元
第五年　二十一萬元
第六年　二十三萬元

（十）本市實施民衆補習教育以識字教育爲主公民教育爲輔並於可能範圍内施行自衛訓練，主要課程爲國語（識字）公民算術課外作業（包括樂歌體育）第十六届（即六年計劃第一年第一期）仍用乙丙種千字課及自編公民與算術教材第十七届起當遵用部頒教本其他如電影播音等施教附屬設備當呈部補助先從專設民校辦起逐漸推廣至各附設民校

（十一）本市為增加強迫民衆入學之力量起見特聯合全市黨政軍警各界領袖及社教專家暨社會熱心教育人士組織南京市強迫識字教育委員會為中心推進機關並令全市各區組織區推行識字教育委員會辦理各該區強迫民衆入學工作

（十二）本市除自辦之民衆學校外並請本市各機關各公私團體並令市私立各級中學一律開辦民校以期掃除全市文盲規定辦法如下

1、令市私立各級中學一律自籌經費開辦夜校

2、呈請行政院分別咨令本京各行政機關如院部會署等機關一律自籌經費開辦夜校

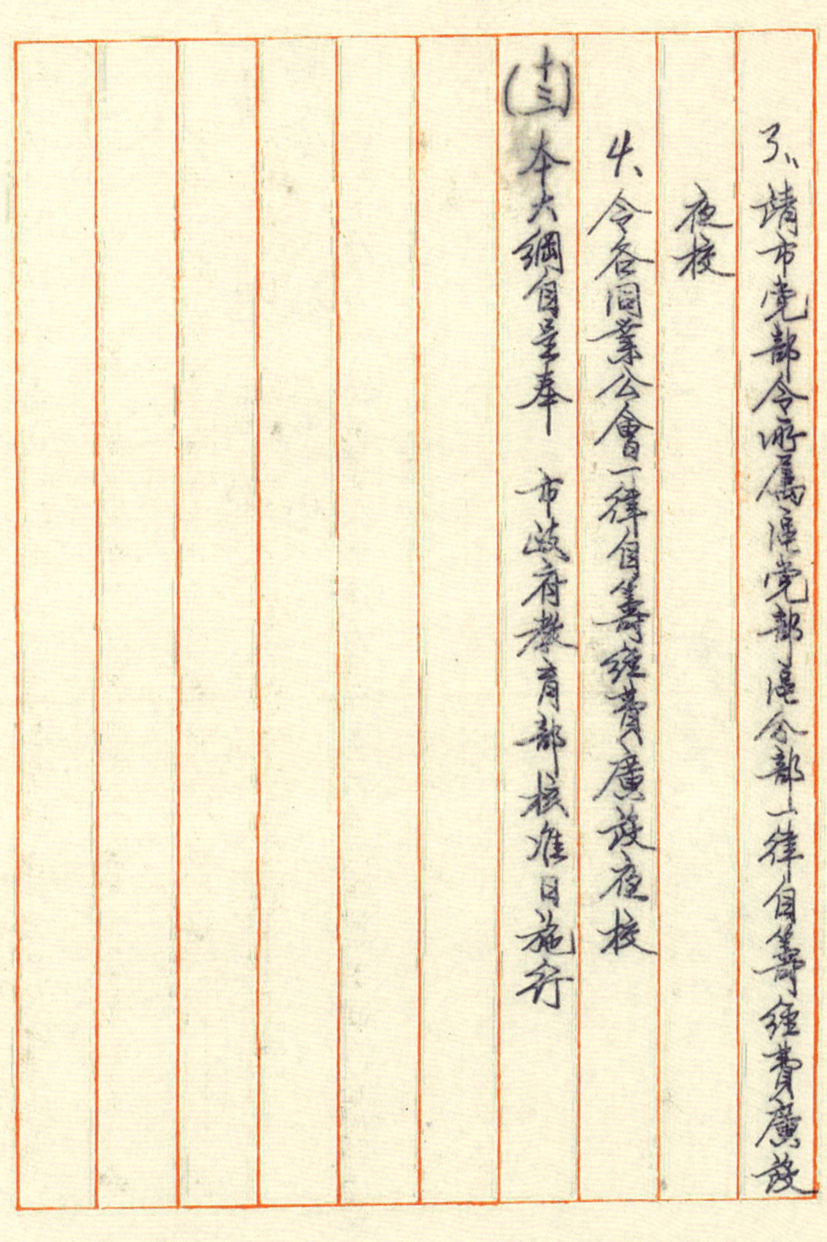
3、請市党部令所屬區党部區分部一律自籌經費廣設夜校
4、令各同業公會一律自籌經費廣設夜校
（十三）本大綱自呈奉市政府教育部核准日施行

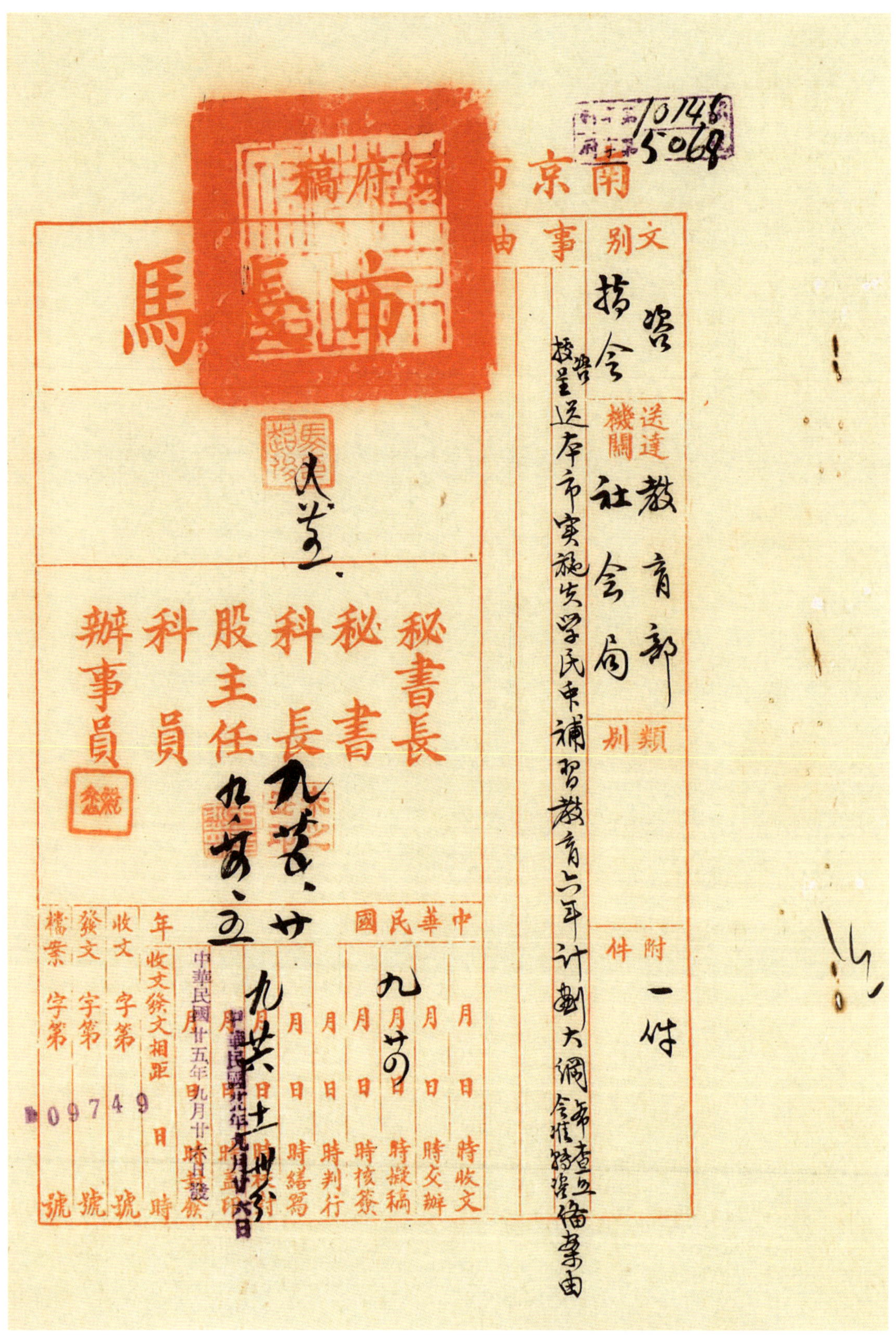

南京市政府稿

文别 咨 指令

事由 咨教育部 指令社会局 据呈送本市实施失学民众补习教育六年计划大纲一份 … 备案由

送達機關 教育部 社会局

附件 一件

市長 馬

秘書長

秘書

科長

股主任

科員

辦事員

中華民國　年　月　日　時收文

月　日　時交辦

月　日　時擬稿

月　日　時核簽

月　日　時判行

月　日　時繕寫

月　日　時校對

月　日　時蓋印

中華民國廿五年九月廿　日　時封發

收文發文相距　日　時

收文　字第　號

發文　字第　號

檔案　字第　號

09749

咨第　　號

案據本市社會局本年九月二十一日呈稱：

「案奉　教育部云云，依案。」

等情；附呈計劃大綱兩份，據此。除指令外。相

應檢同原計劃大綱一份，咨請

貴部查核備案；並希迅予見復。為荷！

此咨

教育部。

附原計劃大綱一份。

指令第　　號

09749

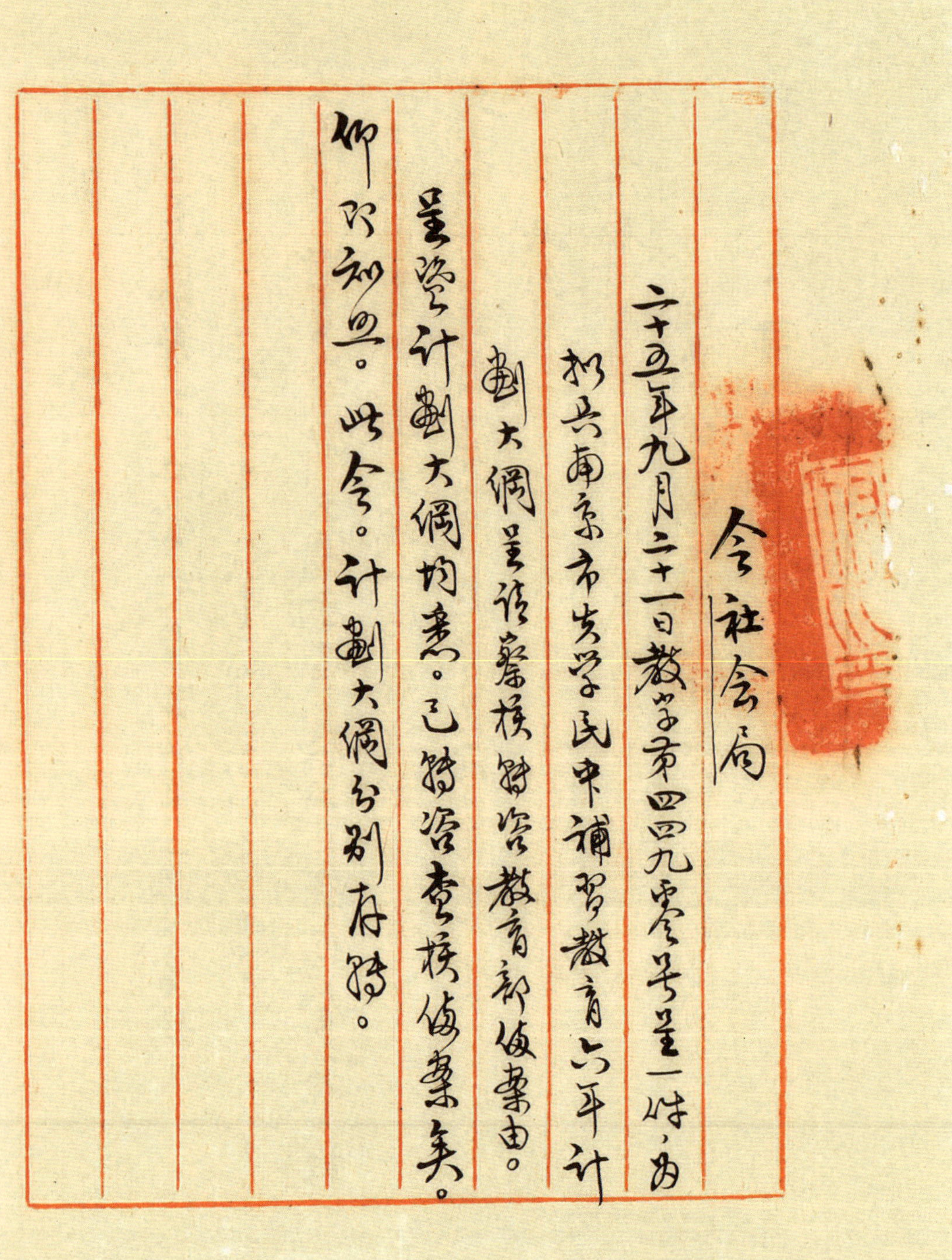

令社会局

二十五年九月二十一日教字第四四九零号呈一件，为拟具南京市失学民众补习教育六年计划大纲呈请察核转咨教育部备案由。

呈及计划大纲均悉。已转咨查核备案矣。仰即知照。此令。计划大纲分别存转。

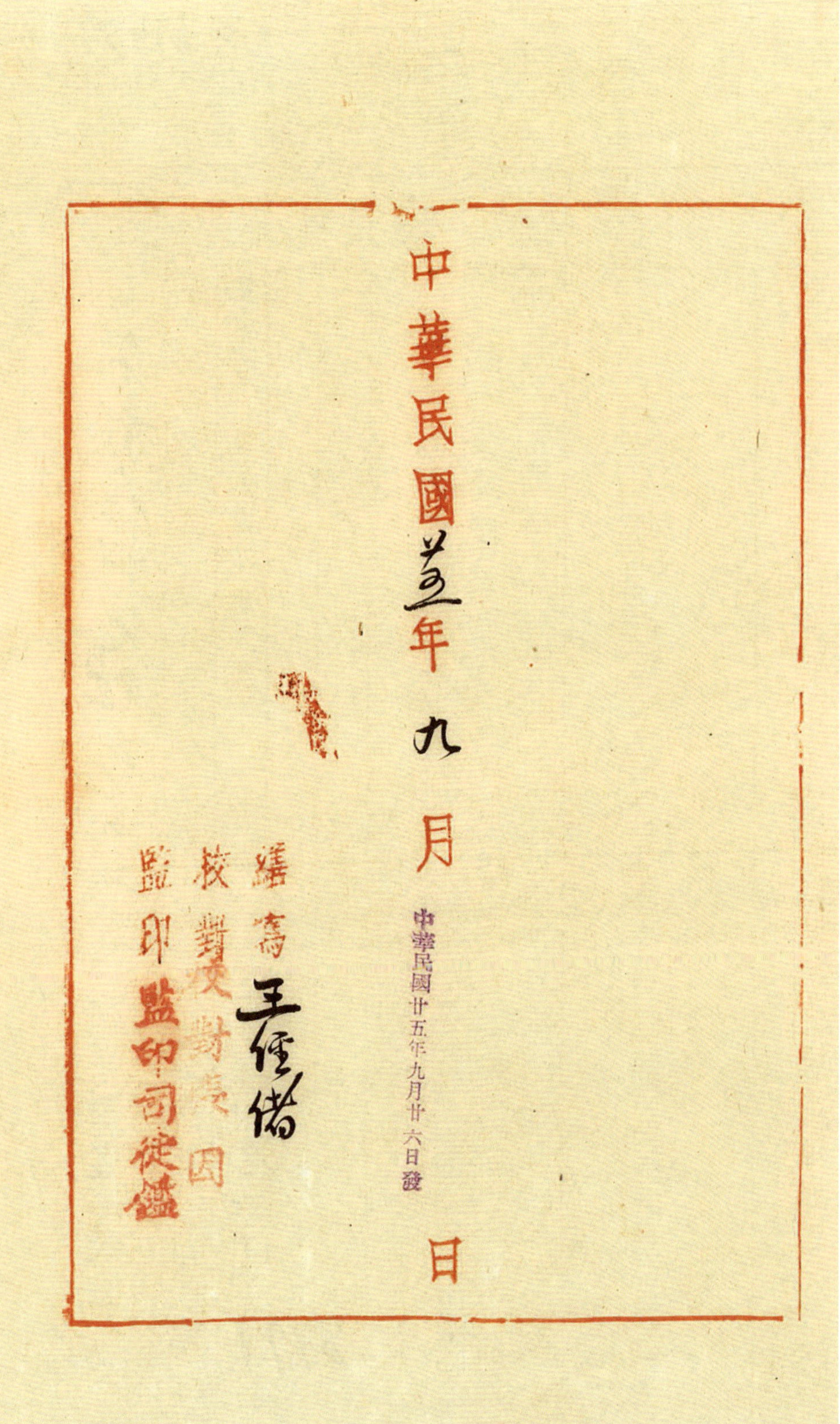

中華民國廿五年九月　日

中華民國廿五年九月廿六日發

繕寫

校對

監印

南京市社會局　呈　市政府

事由	擬辦	批示	備考
爲訂定南京市廿六年度實施失學民衆補習教育計劃呈祈鑒核備案由			
附件：計劃二份			

呈　字第一三一九號

年　月　日　時到

收文　字第8771號

南京市社會局呈送市政府《南京市一九三七年度實施失學民衆補習教育計劃》（一九三七年七月十二日）

檔號：1001-1-777

案奉

教育部校壹1字第九一八八號訓令，飭擬定廿六年度實施失學民眾補習教育計劃，呈部備核等因；奉此事關推進民教重要工作，亟應切實規劃。遵經檢討上年度實施成績，察其應興應革之處，訂立南京市廿六年度實施失學民衆補習教育計劃，并經局務會議通過。除檢同計劃呈復教部核定施行外，理合檢具該項計劃二份，敬祈

鈞府鑒核備案實爲公便

謹呈

市長馬

附呈南京市實施失學民衆補習教育計劃二份

社會局局長陳劍如

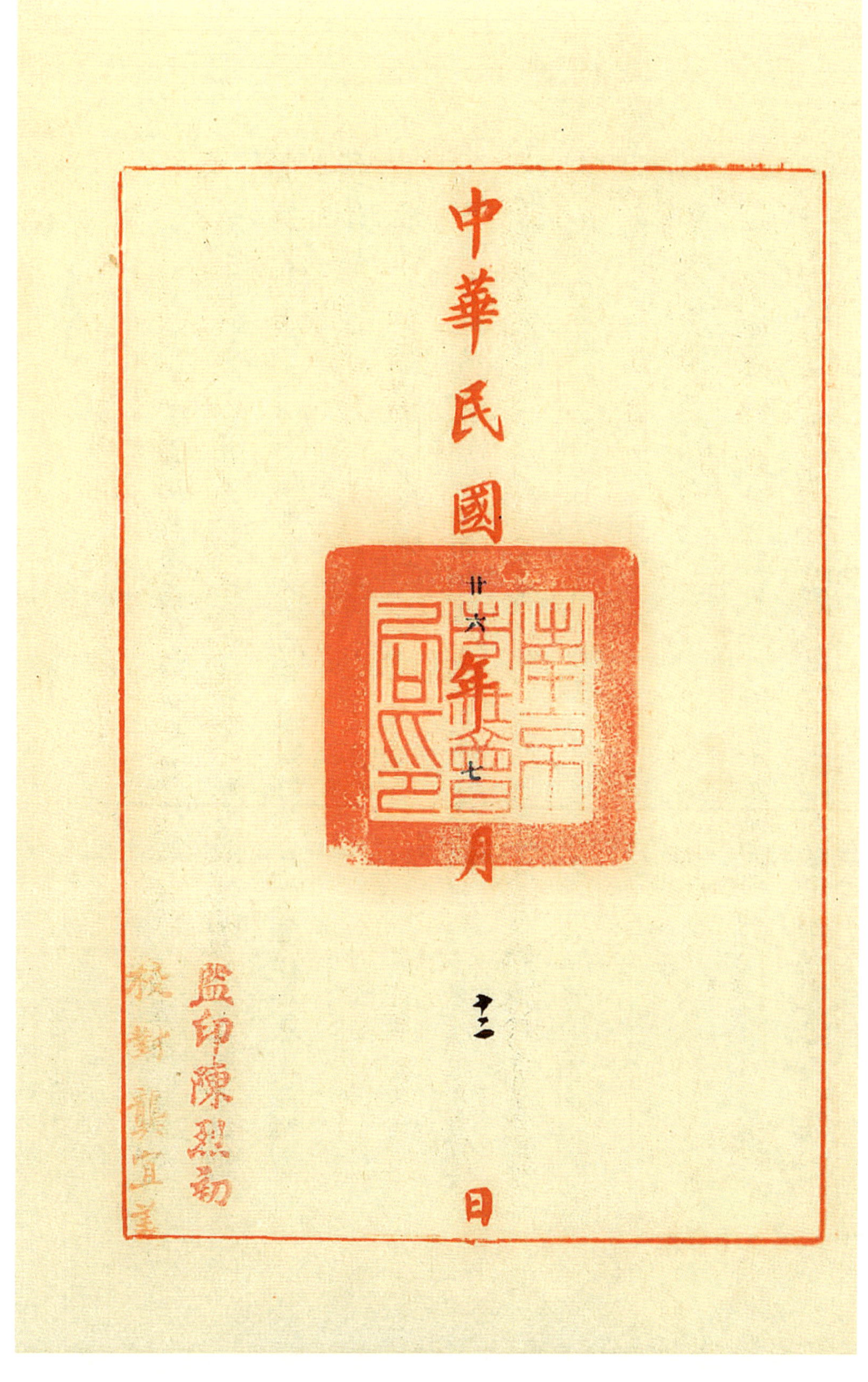
中華民國廿六年七月十二日

監印陳烈勛

校對龔宜善

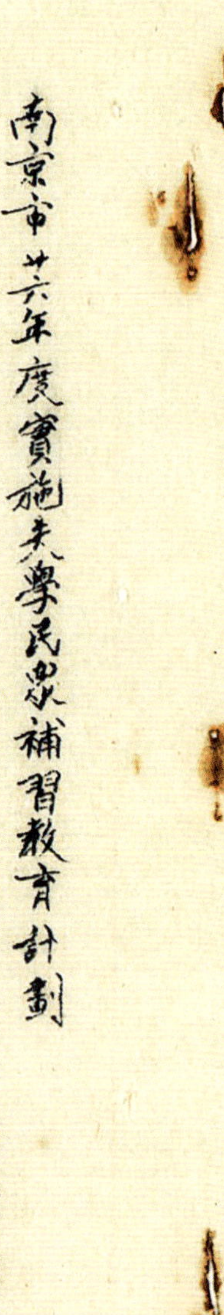

南京市廿六年度實施失學民眾補習教育計劃

京市實施強迫成人識字教育工作自廿四年度下學期開始，現已屆原訂六年計劃之第二年，鑑往策來，頗多應興應革之處，爰經擬訂廿六年度實施失學民眾補習教育計劃於后：

（一）舉行全市不識字民眾總覆查

京市户口極其流動，廿五年度所調查之全市不識字民眾總册，頗多遷居死亡等情事，於編配入學室礙殊多，決於廿六年度開始以前，請由首都警察廳舉行京市市鄉各區不識字民眾總覆查，以憑統計，並作編配入學之根據，是項工作限於七月十五日前辦理完竣。

（二）專設民眾學校之擴充

專設民眾學校校數與學級數年有擴充，本年度擬再增設四所，連原有十四校共十八校，以平民住宅區及各鄉區為設校地點，並增加各校辦理學級數，及推廣教育事業之實施。

（三）城區民眾夜校之調整與鄉區民眾夜校之普設

城區民衆夜校係附設於各中心學校，教師為兼任；鄉區民衆識字班係附設於鄉區小學，教師由短期小學班教師兼充，前者係有給職，後者係無給職，實驗結果，咸覺「教師待遇」「設校地點」「學生編配」等問題頗多困難與歧異，本年度應加以調整，一律置民衆夜校名稱，凡待遇、設校、編配等，亦照普通夜校辦理，於編配學生入學暨設校地点二項，當就文盲統計結果，視當地需要情形，參酌決定，其鄉區夜校之設立，並徵詢鄉校意見，以求妥善。本年度辦理夜校級數，除原有二百四十三級外，擬再增設五十級，共辦二百九十八級。

四、辦理民校教職員登記

本市專設民校教職員，現分為校長、正教員、助教員三類，其任用待遇、服務規則雖經訂定，惟本市民校師資訓練班，尚未舉辦，師資來源，洪過於求，擬先訂定專則舉行教師登記，以期遴選合格人員，分派服務。

（五）切實施行「教」「衛」合一教育

本市已受社會軍訓人數約十二萬，其中不識字者約六萬丁，茲非常時期，本局鑒於「教」「衛」兩者有結為一体之必要，爰商同首都國民軍事訓練委員會協助辦理識字教育，並訂定實施方案，以便進行。

（六）獎良私塾兼辦夜校

本市私塾自曾經本局辦理塾師訓練班訓練以來，頗有顯著之進步者頗多，擬擇其優良者，着分別辦理夜校，以為普及失學民眾補習教育之一助，並另訂辦法以憑辦理。

（七）視導考核方法之改制

本市鄉區民校視導工作，因地域遼闊，交通阻梗，視察頗感不便，本年度鄉區內各專設民眾學校校長担任視導考核工作，至於城區，仍沿分區分組舊例辦理，惟於每期視察完畢後，除彙核各視察員所繳之書面報告外，並將出缺席學生數作一通盤統計，以嚴考核。

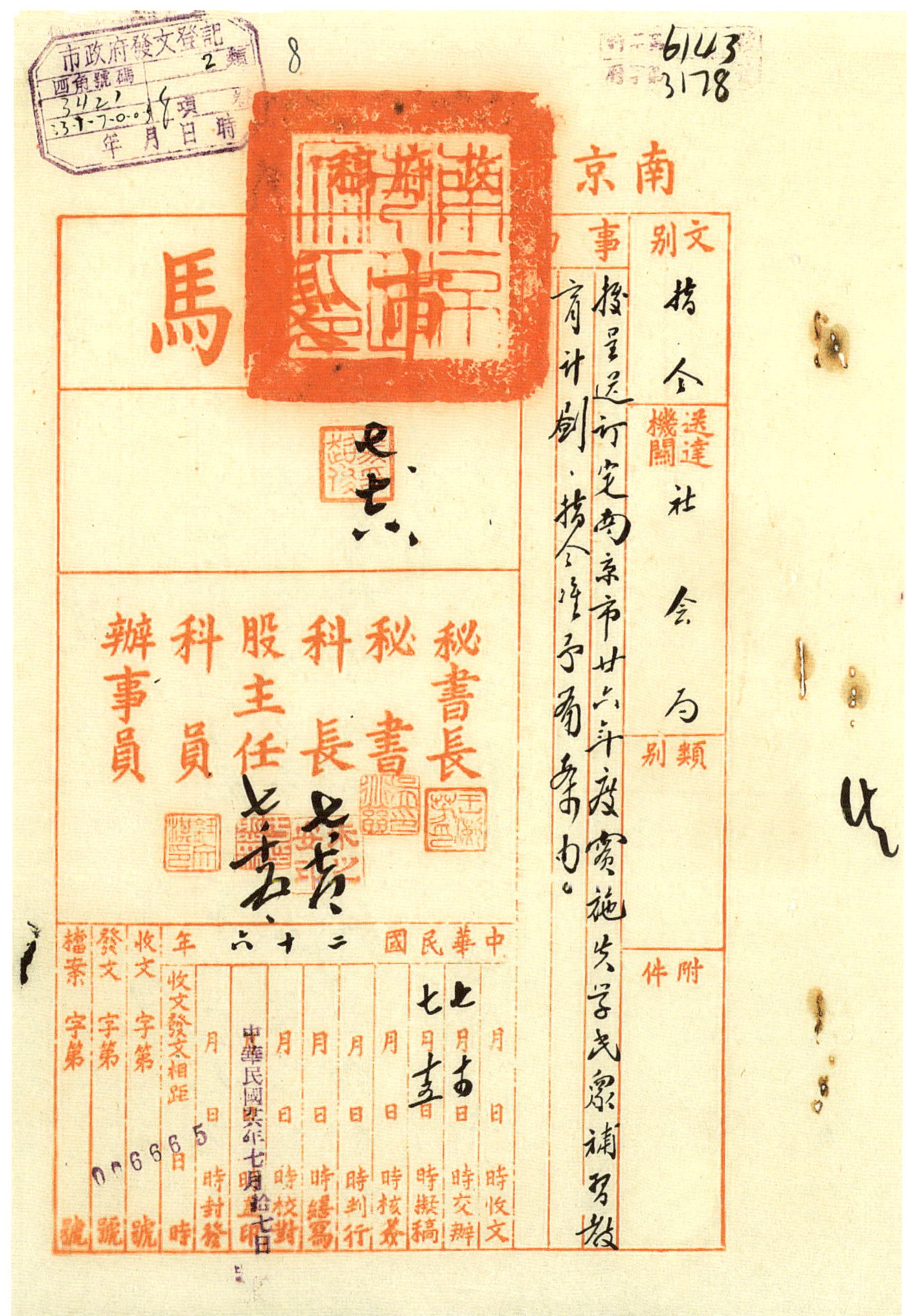

南京市政府辦事馬

文別：指令

送達機關：社会局

事由：據呈送訂定南京市廿六年度實施失学民衆補習教育計劃，指令准予備案由。

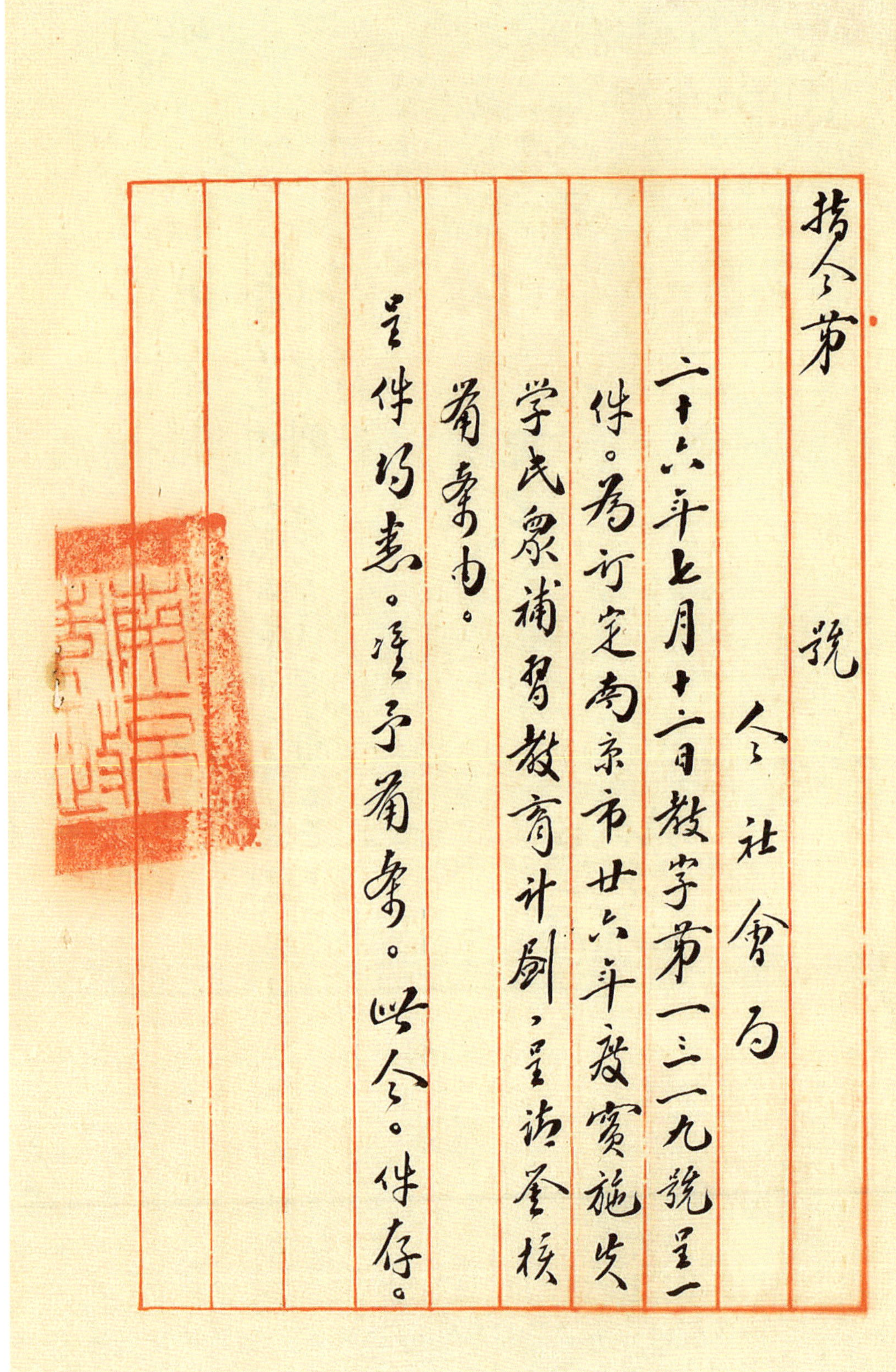

指令第　　號

令社會局

二十六年七月十二日教字第一三一九號呈一件。為訂定南京市廿六年度實施失學民衆補習教育計劃，呈請鑒核備案由。

呈件均悉。准予備案。此令。件存。

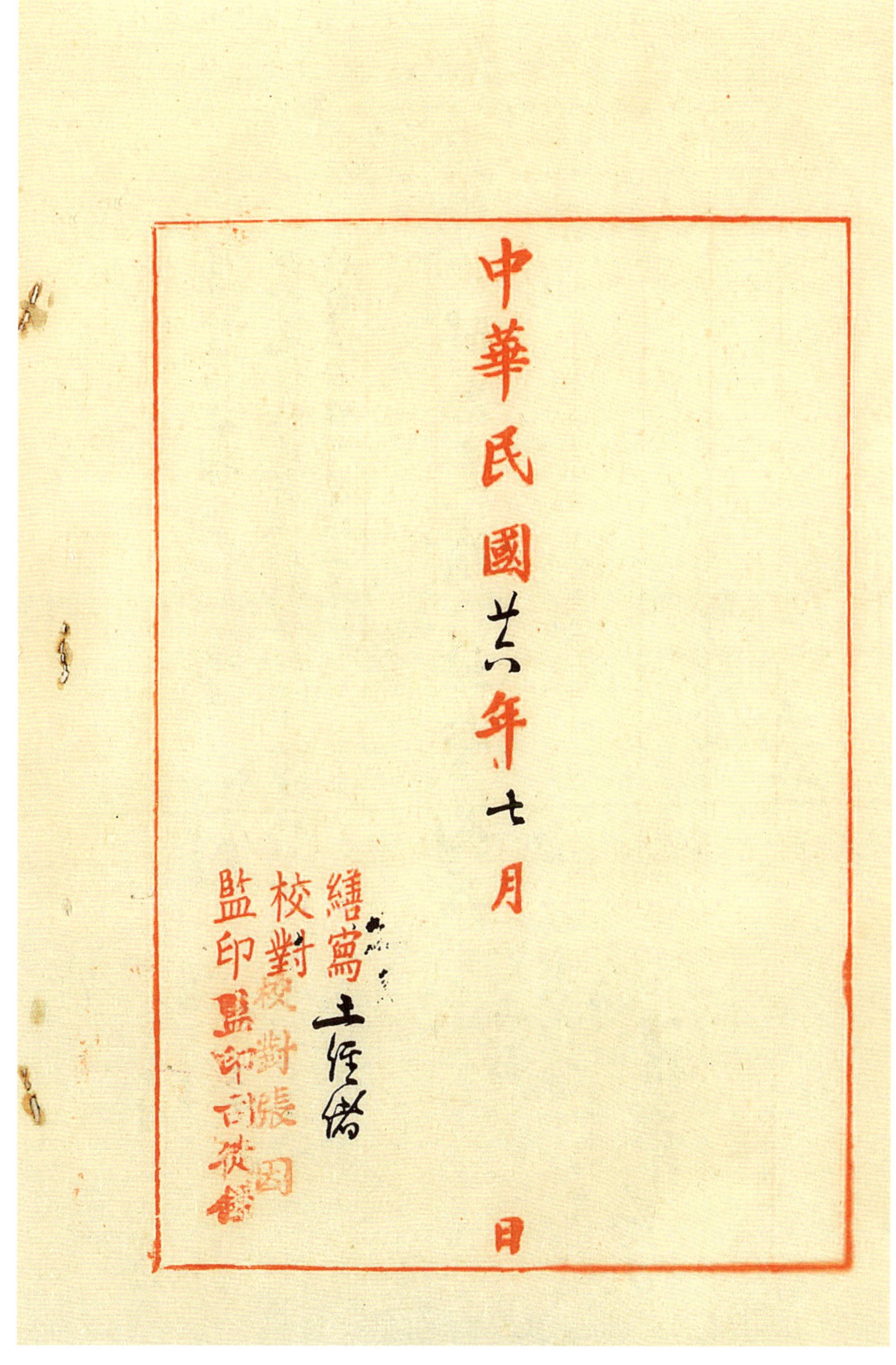
中華民國廿六年七月　日
繕寫　王經緒
校對　校對張因
監印　監印何筱鎔

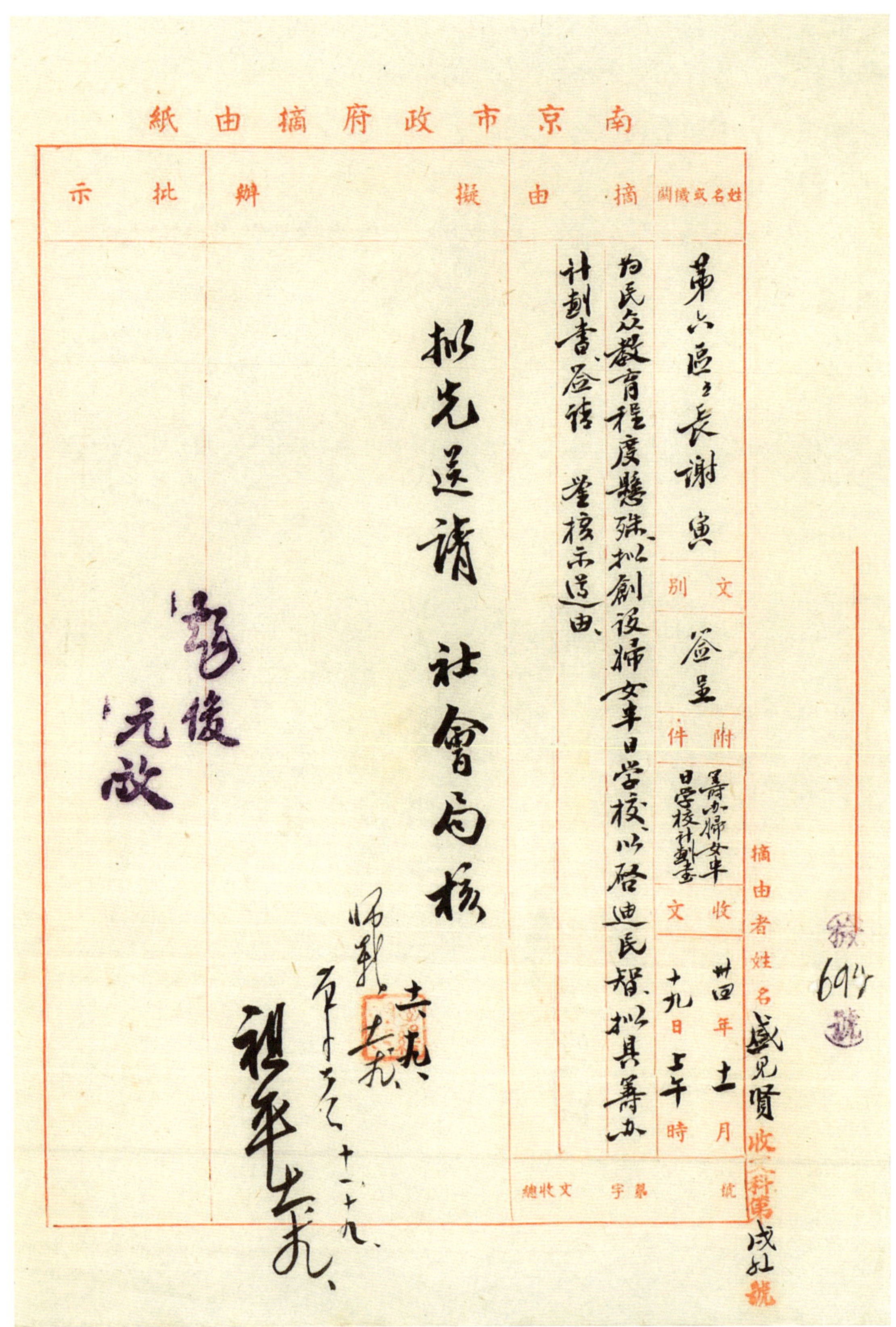
南京市政府摘由紙

姓名或機關	第六區區長謝寅
文別	签呈
附件	籌办婦女半日学校計劃書
收文	卅四年十一月十九日上午時
摘由	為民众教育程度懸殊，擬創設婦女半日学校，以啓迪民智，擬具籌办計劃書，签請鉴核示遵由。
擬辦	擬先送請社會局核
批示	後元啟

摘由者姓名盛兒賢

收文科第　號

南京市第六區區公所呈送市政府《籌辦婦女半日學校計劃書》（一九四五年十一月十七日）

檔號：1003-7-453

簽呈 三十四年十二月十七日於第六區區公所

竊查本所所轄地區遼濶，而民衆之教育程度懸殊尤甚，方今建國大業，正當推進之際，對於民衆教育之發展，至堪重視，本所除已先行舉辦民衆閱報室外，茲擬創設婦女半日學校，以教育不識字或不甚識字之成年婦女，並灌輸其普通常識，如能辦理順利，嗣後在本區內將普遍設立，藉以啟廸民智，是否可行？理合擬具籌辦婦女半日學校計劃書簽請

鑒核示遵！！

謹呈

秘書長陳　轉呈

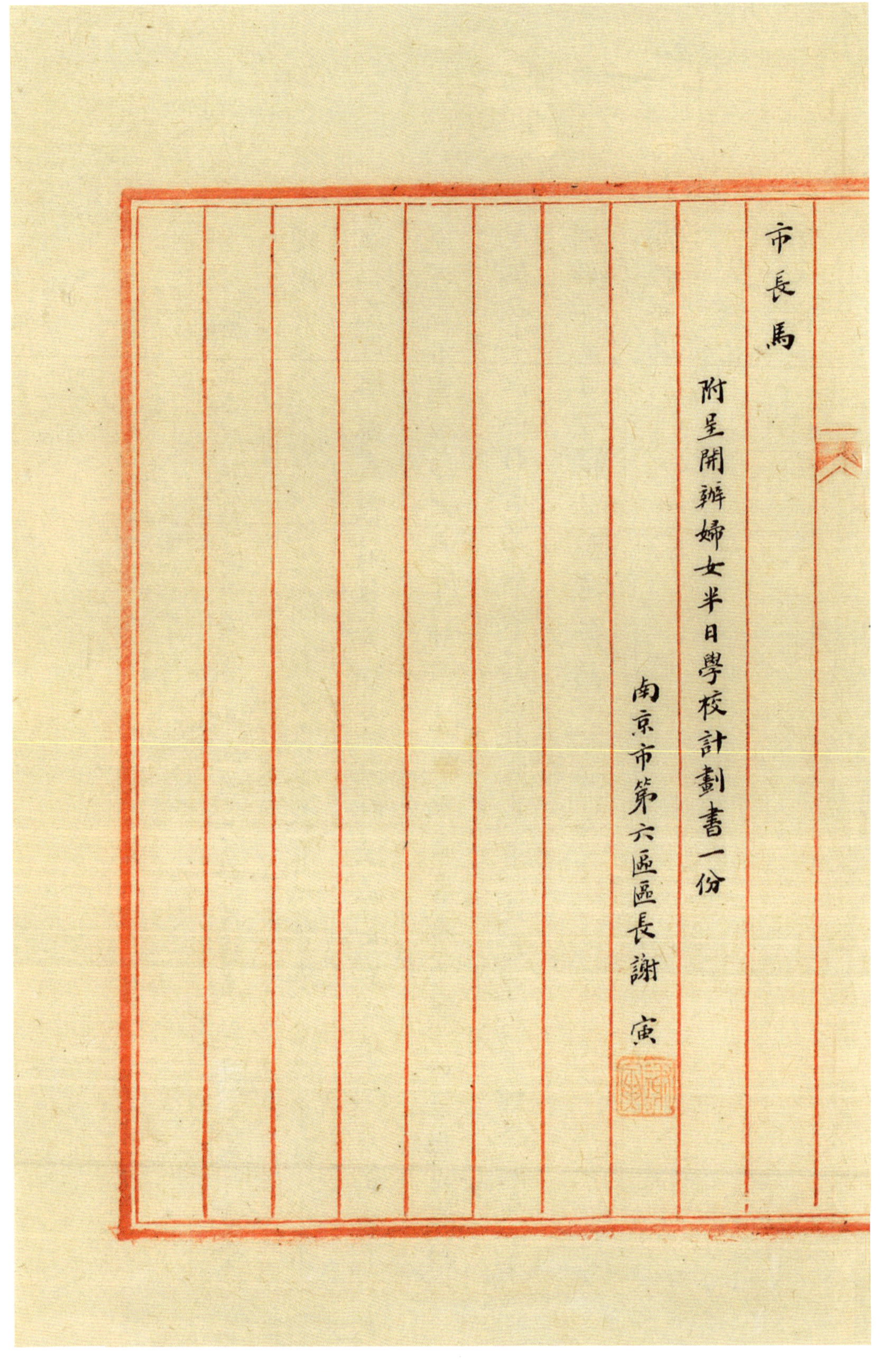

市長馬

附呈開辦婦女半日學校計劃書一份

南京市第六區區長謝　寅

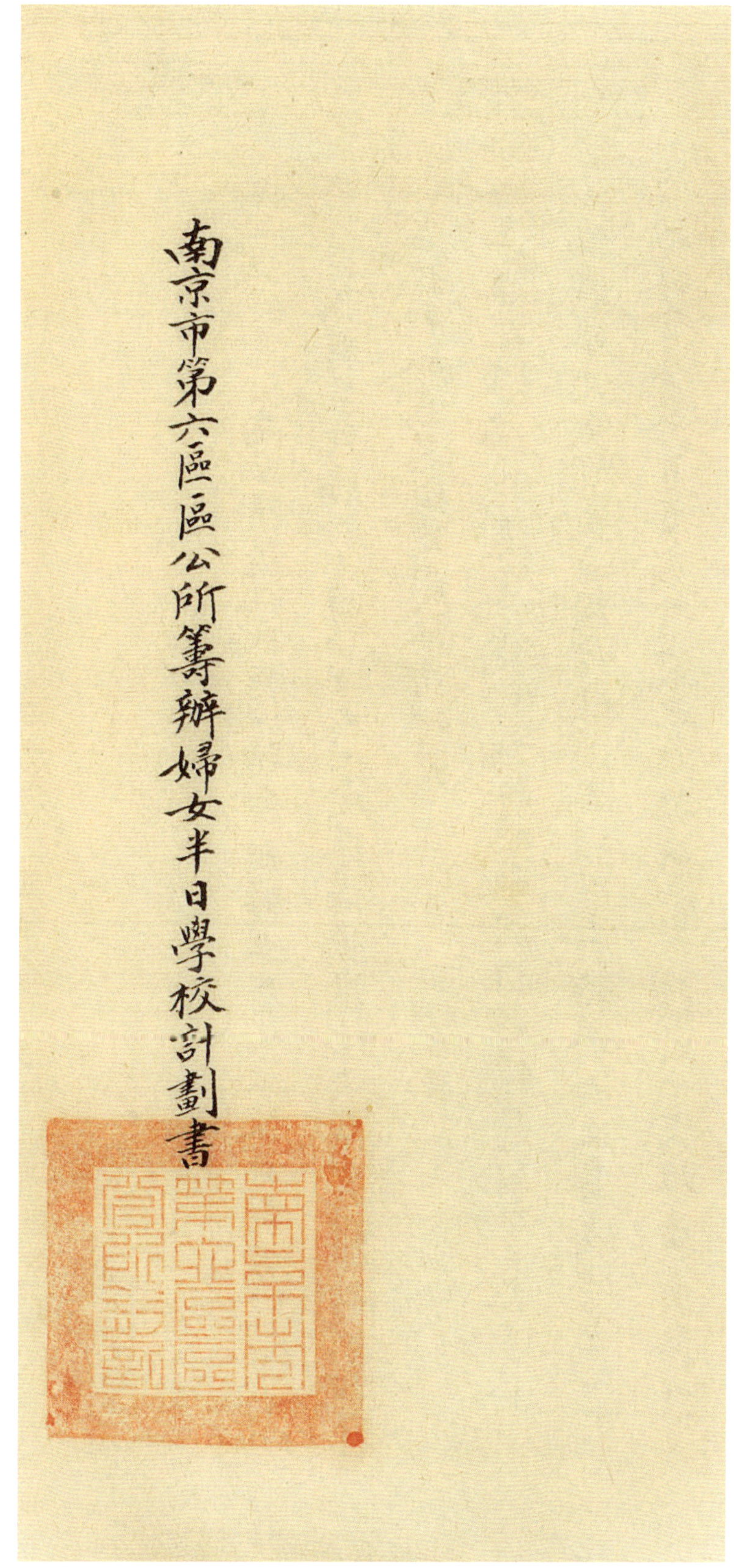
南京市第六區區公所籌辦婦女半日學校計劃書

南京市第六區區公所籌辦婦女半日學校計劃書

八載抗戰勝利屬我普天同慶薄海騰歡泱泱華夏躍列強邦

然抗戰雖告完成建國猶待努力

主席蔣公深謀遠慮諄諄訓示曉勉同胞以建國之艱巨尤甚於

抗戰舉凡教育交通國防經濟各項百廢待興而文盲遍地言之痛

心故普及教育實爲當前之急務戰前　政府一意推廣義務教

育惟限於人力財力收效未宏本所有鑒於此責無旁貸爰有婦

女半日學校之籌辦謹擬具計劃書條陳於後

一、宗旨　以普及成年婦女教育灌輸普通常識爲宗旨

二、經費　由本所呈准　市府在本所經常費下酌撥務以

合理撙節為原則

三、校舍　擬借用本區内學校或團體之屋舍以利迅速舉辦

四、人員　學校所需人員暫由本所派員兼充日後擴充時得

斟酌請僱員工

五、細則　(一)學生類别　暫以成年失學婦女為限人數每

班約自十名至三十名

(二)上課時間　每日下午三時至五時

(三)納　費　學雜書籍文具各費一律免繳

(四)課　程　暫定每日識字及習字一小時常

識及時事談話一小時

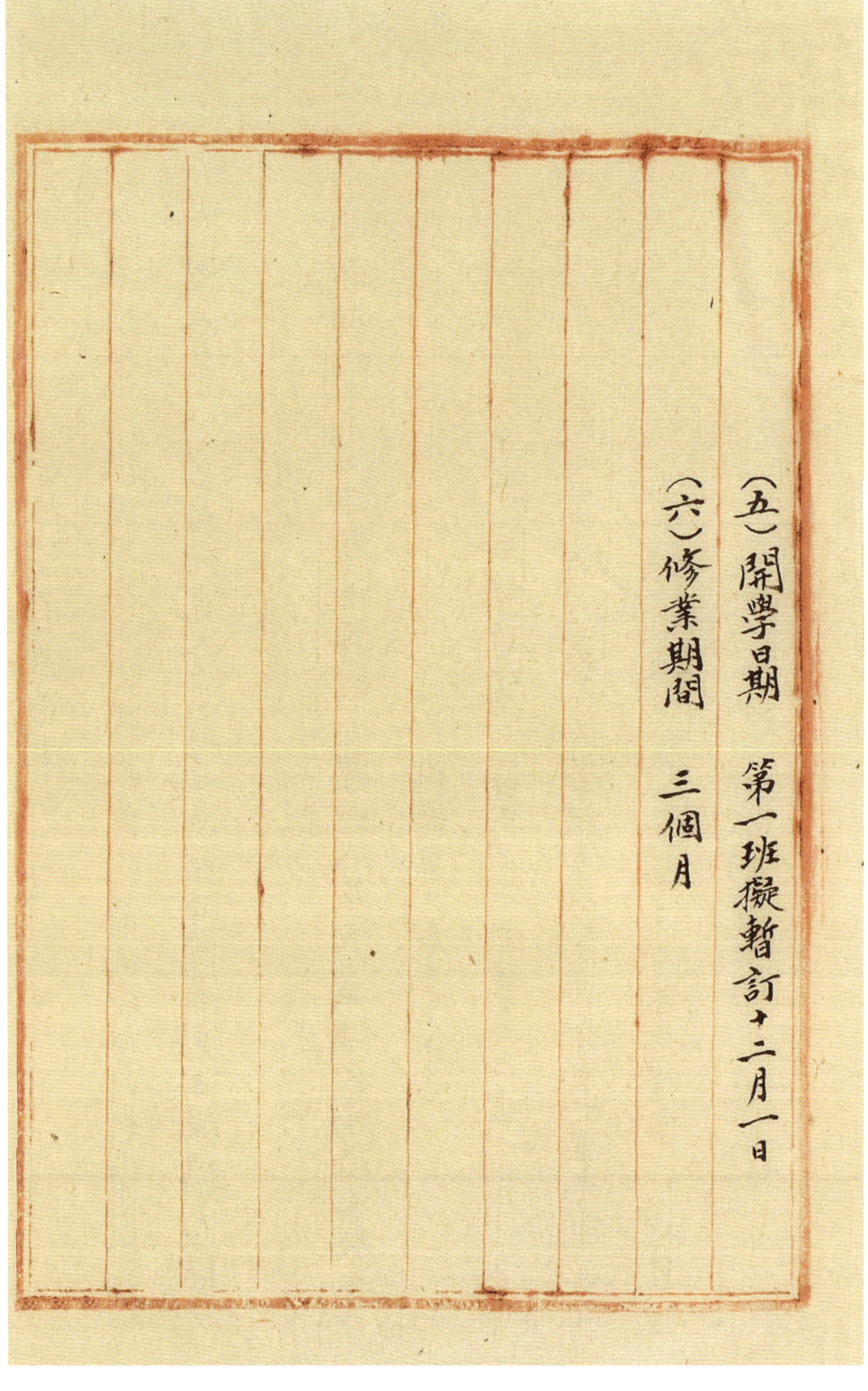

（五）開學日期　第一班擬暫訂十二月一日

（六）修業期間　三個月

南京市第六區區長謝　寅

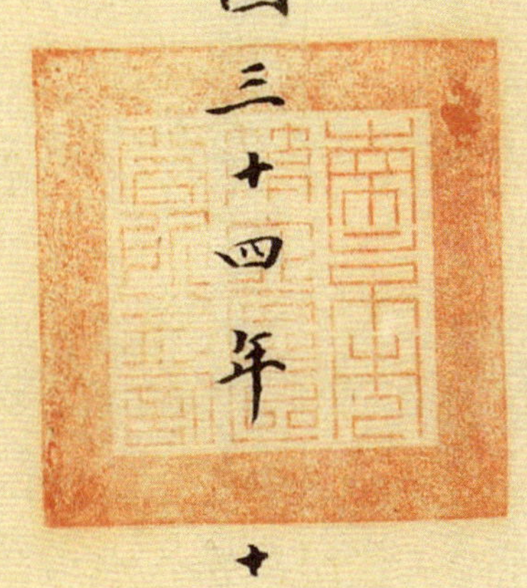

中華民國三十四年十一月十七日

辦稿

簽呈 十二月八日

奉交下

第六區區長謝寅、簽請擬設婦女半日學校以啟迪民智擬具籌辦計劃書簽請核示一

案奉

批示、交社會局核簽意見、等因奉此查本市婦女教育實屬需要該區公所既不另請撥經費可准予試辦校舍一項由該區公所自行設法以借用社團房屋必需借用學校房舍時以夜晚或散學後不妨礙學校行政為原則是否有當理合檢同原件備文簽請

鑒核

謹呈

市長馬

940號

社會局簽呈第70號

副市長馬

附繳呈原件一件

社會局局長陳劍如

擬如簽辦如

師龍 十二、十六

祖平 十二、十七

可照簽辦，但原件請附還，以備查考。

龍 十二、十八

1562

南京市政府稿

送達機關	第六區區長謝寅
文別	指令
附件	
承辦單位	社會局第三科

事由：為請求開辦婦女半日學校以啓迪民智令仰知照准予試辦由

市長 馬超俊 十二、十五

副市長 天放

秘書長

局長 查

秘書 高

科長 十二、十三

擬稿

中華民國三十四年	
擬稿	十二月十五日 時
核簽	月 日 時
繕寫	十二月廿一日 三時
封發	月 日 時
收文	字第 號
發文	社字第 8442 號
檔案	字第 號

會稿

會簽單位 | 簽章

指令（府銜） 字第 號

令第六區區長謝寅

三十四年十二月十七日呈乙件為……照抄原由……由

校對

中華民國卅四年十二月廿四日

呈件均悉：查本市婦女補習教育，實屬需要，既不另請撥經費，可准予試辦。校舍一項，須自行設法，如需借用學校房舍時，以夜晚或散學後不妨礙學校行政為原則，仰即知照！

此令。

市長馬〇〇

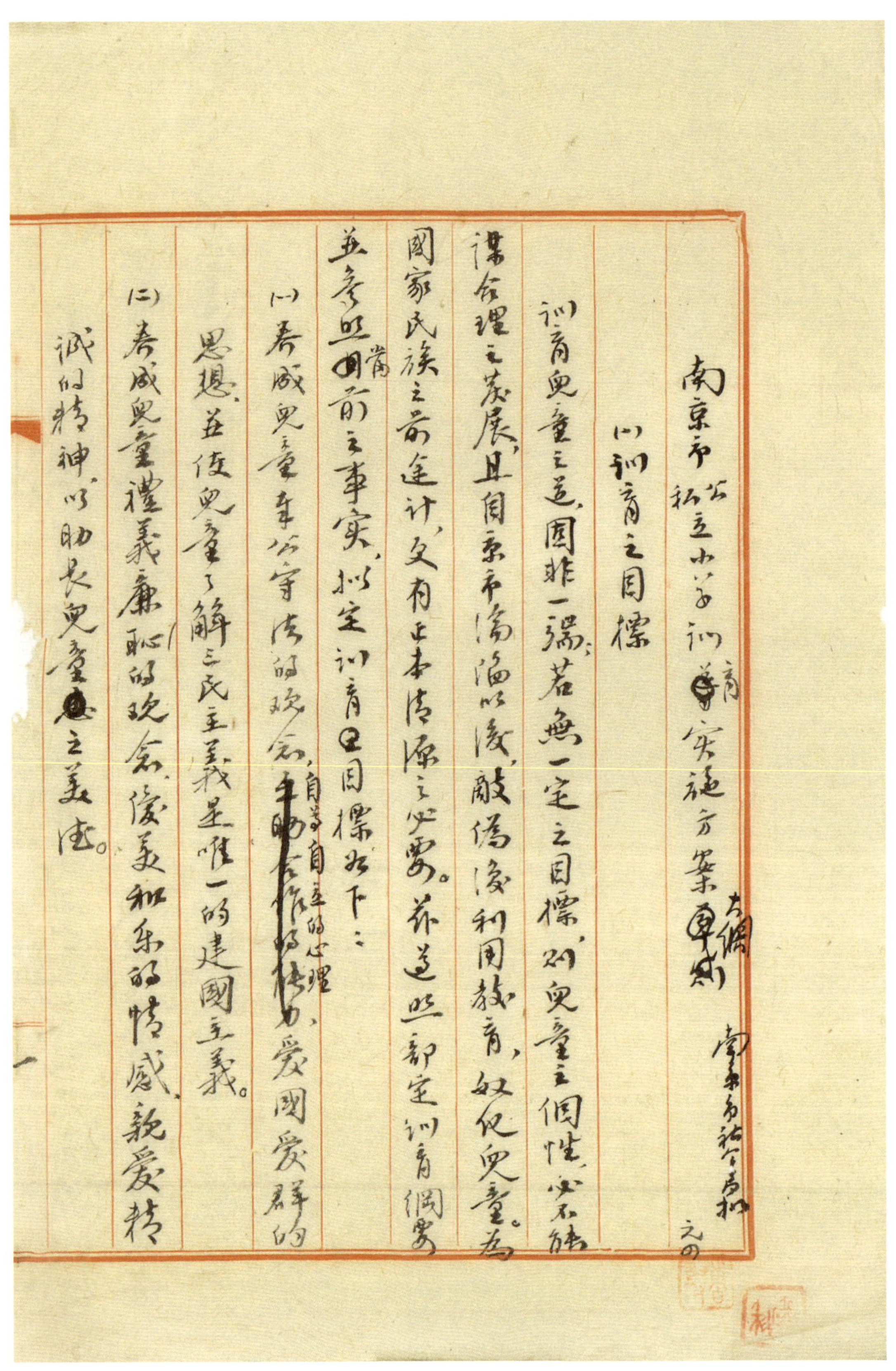

南京市公私立小學訓育實施方案大綱

(一)訓育之目標

訓育兒童之道，固非一端；若無一定之目標，則兒童之個性，必不能作合理之發展，且自京市淪陷以後，敵偽儘量利用教育，奴化兒童。為國家民族之前途計，更有正本清源之必要。茲遵照部定訓育綱要並參照當前之事實，擬定訓育目標如下：

(一)養成兒童奉公守法的觀念，自尊自立的心理、愛國愛群的思想，並使兒童了解三民主義是唯一的建國主義。

(二)養成兒童禮義廉恥的觀念，優美和樂的情感，親愛精誠的精神，以助長兒童之美德。

南京市社會局擬具《南京市公/私立小學訓育實施方案大綱》（一九四六年一月四日）

檔號：1003-7-393

（三）養成兒童強健耐勞的体魄，整潔衛生的習慣，快樂活潑的精神，使兒童之身心獲得健全之發展。

（四）養成兒童善用餘閑的興趣，節儉耐勞的習慣，生產合作的智能，使兒童之生活合理化。

（二）訓育之原則

訓育之目標既明，然實施之時，亦不可任性而為，或強迫其接受。茲為實施上之便利並使兒童樂於接受計，特擬定原則如下：

（一）一切訓條和活動均應以兒童為中心，使兒童發生興趣，樂於接受。

（二）務使兒童內心有感應自覺自發的精神，積極的因勢利導，力避消極的抑制。

(三)利用兒童之好勝心及模作各種競爭比賽

(四)教師以身作則，感化兒童，以發展兒童之模仿心

(五)安注意環境的佈置，和家庭的聯絡，使兒童的家庭生活與學校內生活配合一致。

(六)利用團體或紀律，予以輿論或公共制裁，使其趨於正軌。

(三)訓育之標準

實施訓育之標準，除遵照三民主義教育實施原則及部頒訓育綱要及其他有關訓育法令外，並將下列各種訓練提出實施標準如下：

(一)思想訓練　應以國父遺教及　總裁言論為標準

(二)生活訓練　應以新生活規律及國民精神總動員大綱為標準

(三)體格訓練　應以幼童訓練法及小學公民訓練為標準

(四)道德訓練　應以小學公民訓練、青年守則及校訓為標準

(五)經濟訓練　應以小學公民訓練及國民經濟建設運動綱要為標準

(六)政治訓練　應以小學公民訓練及民權初步為標準

（四）實施之方法

訓育之實施，宜按個別的團体兩種，分別並進，相輔而行，但為兼籌並顧及實施便利計，應將訓練實施方法納入兒童活動中，並根據訓育目標分成公民、健康、勞動、學術、休閒五種訓練，並擬定活動中心如下：

（一）公民訓練——凡是兒童活動中，品性的修養，服務的練習，能力的增植，習慣的養成，以及愛國愛群的觀念，统屬於公民訓練之下，如組織級會、自治會、儲蓄會、賑災會、募捐會、秩序比賽、早到比賽、服務比賽、模範選舉、時事測驗等練習等皆應分別舉辦，藉以促進

三

兒童公民的知識

(二)健康訓練｜凡是兒童活動中身体的鍛鍊、衛生訓練的實践、健康習慣的養成、整潔的愛好，使成于健康訓練之下，如舉行整潔檢查、整潔比賽、体格檢查、運動会、大掃除、防疫運動等，藉以鍛鍊兒童身体的健康。

(三)學術訓練｜凡是兒童活動中文藝的撰述、技能的養成、創造精神的培植，以及學術風氣的陶冶，使成于學術訓練的領域中，如組織班級圖書館、週報社、讀書会、美術会、学藝表演会、演講会、各科競賽会及野外採集会等，藉以啟發兒童之知能。

三

（四）勞動訓練——凡是兒童活動中，勤勞習慣的養成，勞作技能的練習，生產事業的操作，合作事業的組織，都包含在勞動訓練的範圍內。如教室佈置，組織合作社及救火會，園藝，畜牧，農業競賽以及家庭操作等，均可養成兒童勞動服務的精神。

（五）休閒訓練——凡是兒童活動中休閒習慣的養成，休閒時間的利用，休閒道德的培養，俱屬於休閒訓練的範圍內。如舉行春秋季遠足，奕棋比賽，音樂會，同樂會等，藉以使兒童於休閒時間內陶冶其身心。

（五）中心德目之訓練

中心之德目在部頒訓育綱要中，規定甚詳，亦為根除敵偽奴化教育之遺毒，並積極恢復民族氣節計，除遵照部頒訓育綱要中之規律加緊訓練外，並另擬中心德目及其訓練方法如下：

(一)中國公民是愛好和平的　我不欺侮別人，我也不願意別人欺侮我；我不侵略別人，我更不願意別人侵略我。

(二)中國公民是崇尚氣節的　我不願意附逆，我更不願意我的父兄附逆；我不願意呵奉敵人，我更不願意我的父兄為敵作倀

(三)中國公民是寧死不屈的　我有大無畏的精神，我不受一切惡勢力惡環境的壓迫，我死也不願意做亡國奴。

(四)中國公民是有始有終的　我做事要有頭有尾，我讀書

要有始有終，我做人更是要先後一致。

（五）中國公民是堅苦卓絕的　我有堅決的意志，我有中心的信念，我能克服一切的困難。

（六）中國公民是有英雄氣度的　我一人做事一人當，我不連累別人，我也不依勢凌人，我還要代人打抱不平。

（六）家庭的聯絡

為謀學校與家庭之溝通，藉以增進兒童教育上之效能，家庭聯絡，亦為訓育上最重要之事實。至家庭之聯絡，可分為定期與不定期兩種，如通信接談，家庭訪問，或舉辦懇親會，展覽會，娛樂會等，使兒童之家長與教師共謀訓育之實施。

五

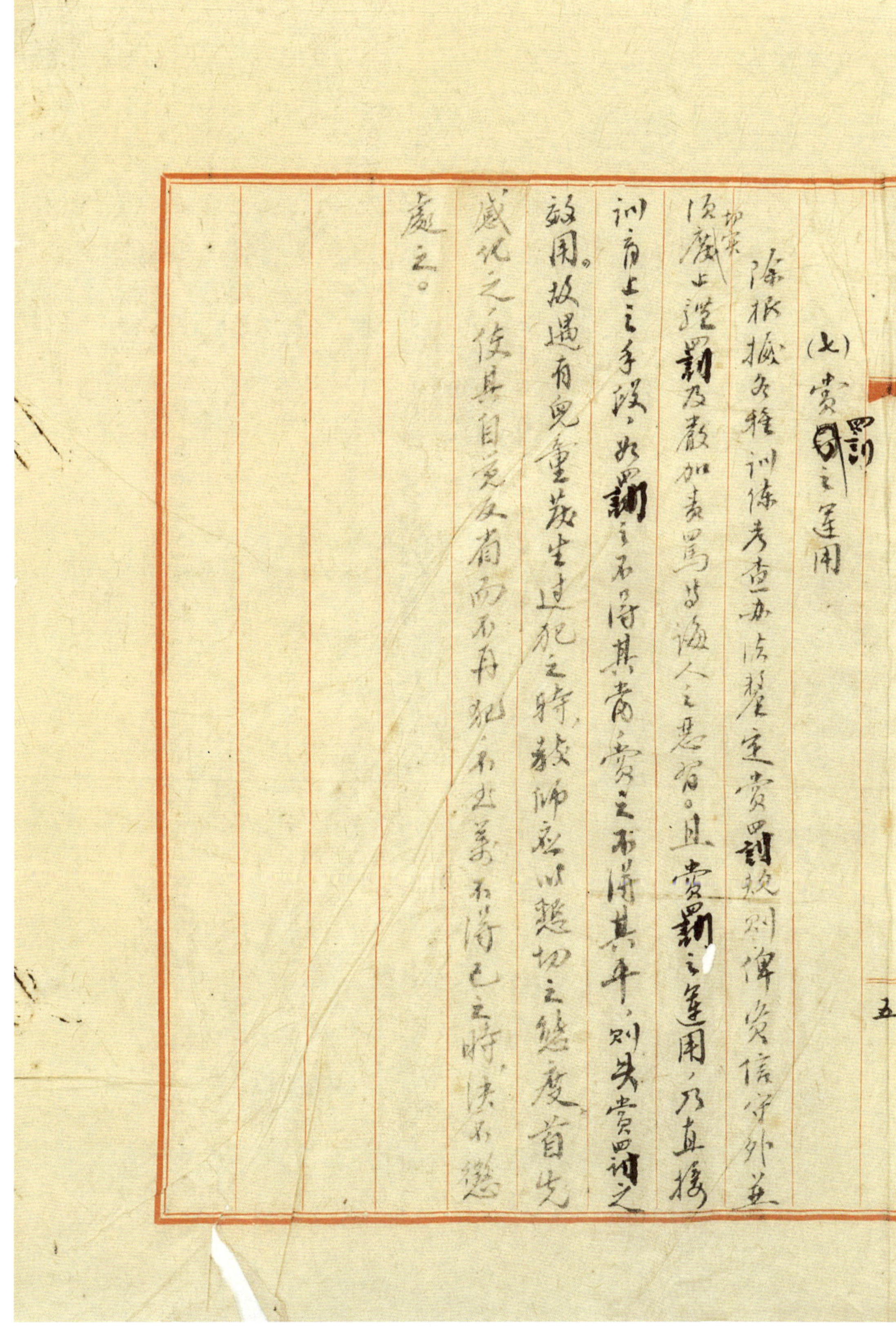

（七）賞罰之運用

除根據各種訓條考查辦法釐定賞罰規則俾資信守外，並須切實廢止體罰及嚴加責罵等侮人之惡習。且賞罰之運用，乃直接訓育上之手段，如罰之不得其當，賞之不得其平，則失賞罰之效用。故遇有兒童發生過犯之時，教師應以懇切之態度首先感化之，使其自覺反省而不再犯，不至萬不得已之時，決不懲處之。

五

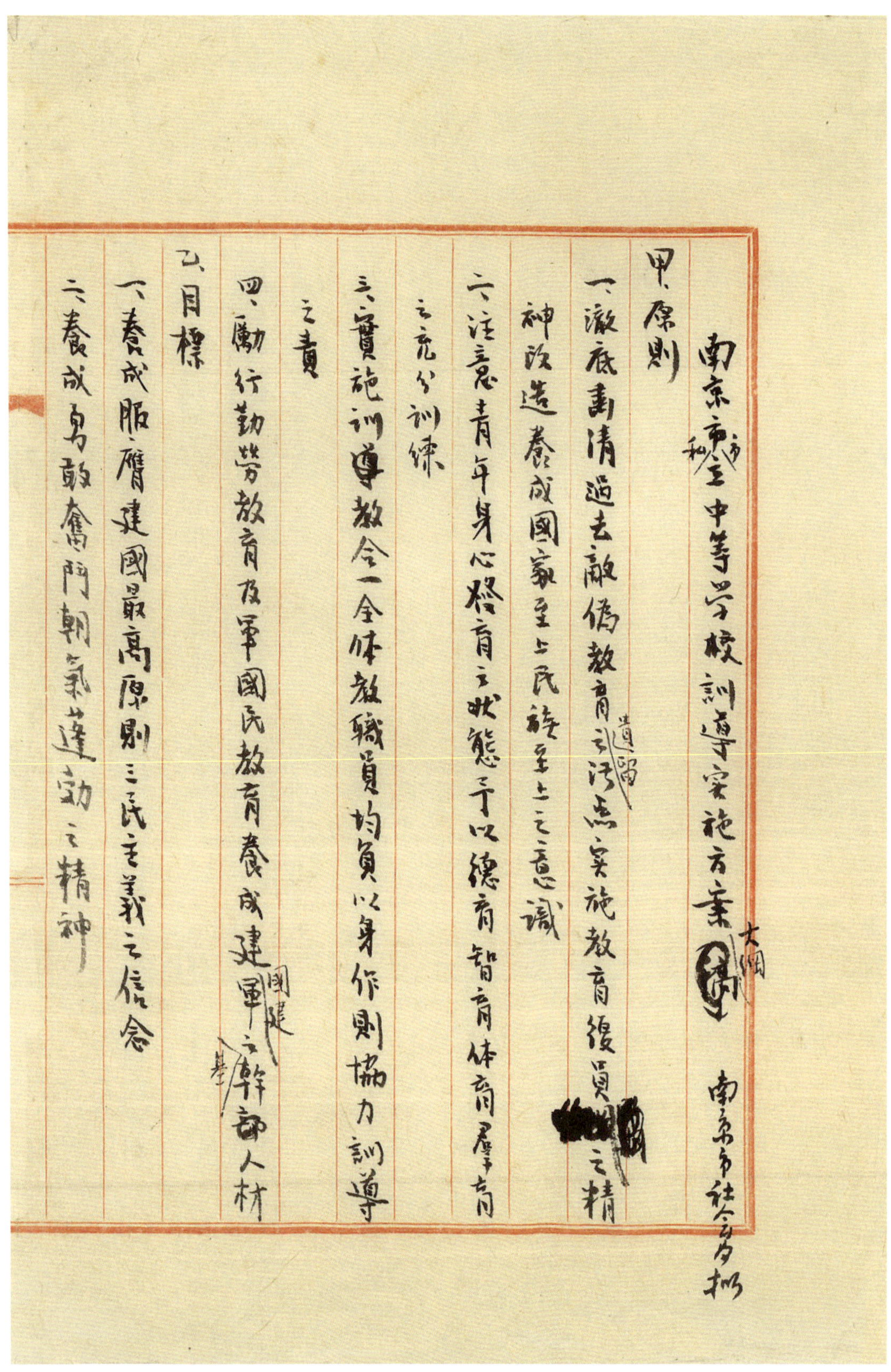

南京市市/私立中等學校訓導實施方案大綱

南京市社會局擬

甲、原則

一、澈底肅清過去敵偽教育遺留污點實施教育復員之精神改造養成國家至上民族至上之意識

二、注意青年身心發育之狀態予以德育智育體育群育之充分訓練

三、實施訓導教令，全體教職員均負以身作則協力訓導之責

四、勵行勤勞教育及軍國民教育養成建國之幹部人材

乙、目標

一、養成服膺建國最高原則三民主義之信念

二、養成勇敢奮鬥朝氣蓬勃之精神

南京市社會局擬具《南京市市/私立中等學校訓導實施方案大綱》（一九四六年一月四日）

檔號：1003-7-393

三、養成愛國愛羣之觀念

四、養成嚴守團体秩序服從公共紀律之習慣

五、養成活潑健耐勞之体格

六、養成好學不倦明察週密之心思

七、養成熱心公益努力服務之興趣

八、養成敬師愛友活潑愉快之態度

丙、訓導責任

一、本市中等學校主任及導師各教職員均須切實共負訓導責任各就

訓導及教學有關事宜擬定整個計劃以備實施

二、各校教職員對於 國父遺教 主席言論及專著均應有

深切之研究並須隨時加以引證使學生確信建國之道

撿此未由

三、各校教職員均須對於抗戰勝利之因素以及大後方奮鬥之精神澈底瞭解並須時時提醒學生明瞭目前我國在國際上所處之地位及所遭遇之困難

四、各校教職員必須參加總理紀念週及其他有關紀念會儀式以為學生之表率

下、實施要點

一、積極方面

（一）根據訓導目標整訂思想訓導綱領分期實施中心訓練並定期加以測驗

（二）訂定建國信條作為學生修學標準

（三）指導學生組織自治團體培養自治能力並應嚴密組織限制個人自由鼓勵團體制裁

（四）指導學生閱讀有益之課外讀物並探討國內外時事

三、轉演變

(五)鼓勵課外研究側重抗戰勝利後公民訓練及國防民生建設之實際問題

(六)提倡勞動服務

(七)實施生產教育

二、消極方面

(一)釐訂學生操行考查規則以資揭勵

(二)訂定各種規約以資遵守

(三)規定操行獎懲辦法以昭激勸

(四)鼓勵團体制裁以肅校風

戊、實施辦法

(一)德育方面

(一)制定校訓校歌以端趨向
(二)舉行學生入學宣誓典礼為立志参加建國之準備
(三)逐日舉行升旗降旗典礼以激發愛國之觀念
(四)重要集会時為抗戰陣亡先烈及死難同胞俯首默念以誌哀思感悼
(五)敦請名人演講抗戰史蹟及今後建國途徑以廣心志
(六)規定各項生活規約及德目務期實踐
(七)批閱生活週記對於消極頹廢及幼稚之感想均須加以糾正
(八)舉行個別談話以矯正個性之偏倚
(九)舉行級別談話以鼓勵團体紀律之向上
(十)實施軍事管理養成学生有迅敏實之習慣
六、智育方面

(一)組織各學科研究會由學科擔任教員負責指導

(二)定期舉行演講會辯論會並徵集專題論著

(三)定期舉行學科比賽

(四)遵照中央規定注重軍事智識之灌輸及童子軍服務技能之訓練

(五)實施升學及就業指導

三、體育方面

(一)高中實施軍事訓練(女生實施救護訓練)

(二)初中實施童子軍訓練

(三)舉行體格檢查

(四)矯正身體上局部之缺陷

(五)實施早操或課間操

(六)舉行運動會及遠足會

(七)舉行各種防疫注射以預防疾病之傳染

四、羣育方面

(一)切實指導級會級聯會之組織完成練習民主制度之運用

(二)指導組織合作社練習公共事業之管理

(三)舉行遊藝會音樂會美術展覽會以調劑嚴肅之生活

(四)利用勞動服務佈置校景以改善環境

(五)注重公共衛生確保健康

(六)鼓勵社會服務並現失學民衆識字教育

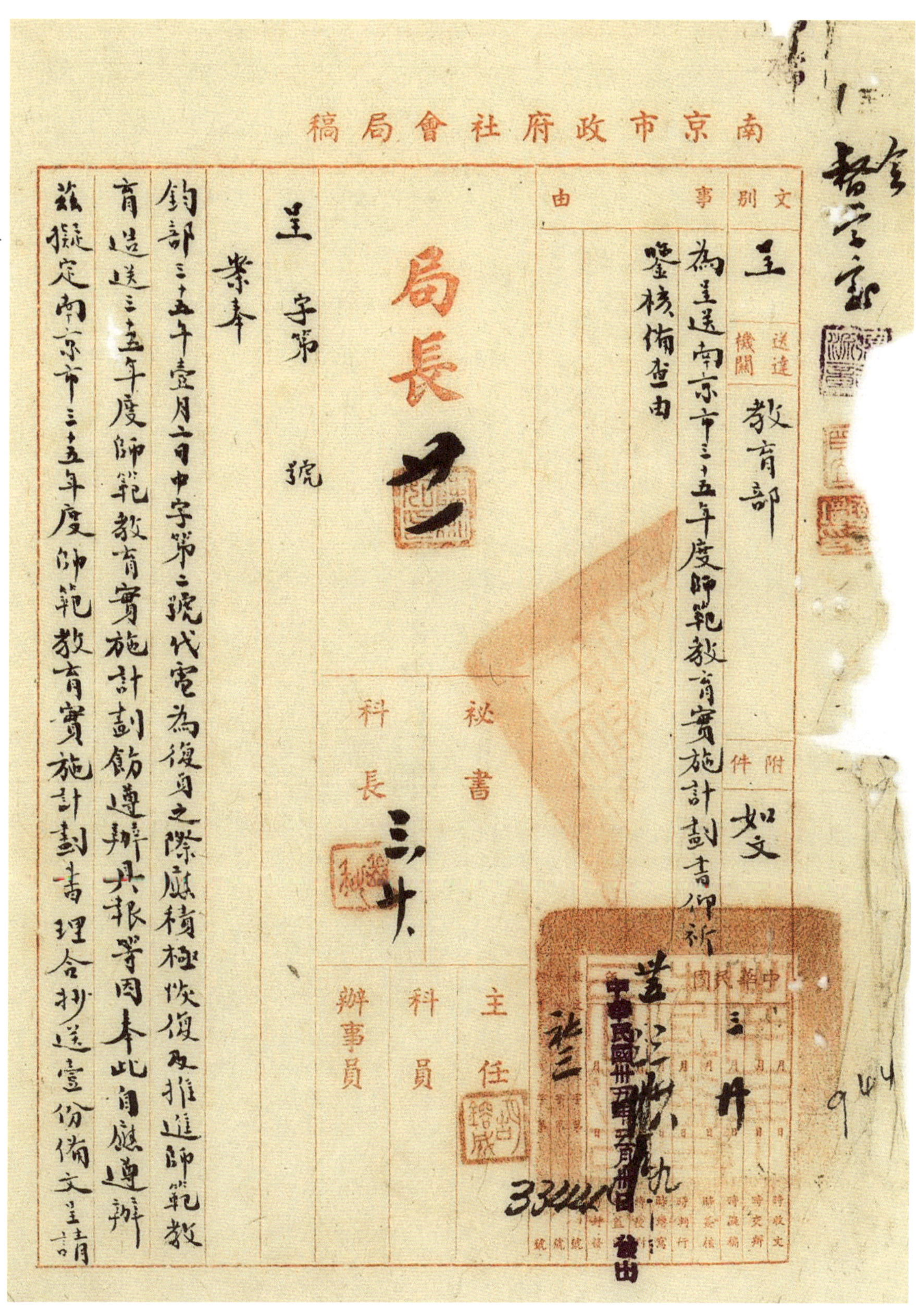
南京市政府社會局稿

文別：呈
送達機關：教育部
事由：為呈送南京市三十五年度師範教育實施計劃書仰祈鑒核備查由
附件：如文

局長
秘書
科長
主任
科員
辦事員

呈　字第　號

案奉
鈞部三十五年壹月二十日中字第二號代電為復員之際應積極恢復及推進師範教育造送三十五年度師範教育實施計劃飭遵辦具報等因奉此自應遵辦茲擬定南京市三十五年度師範教育實施計劃書理合抄送壹份備文呈請

中華民國卅五年三月卅日發出

南京市社會局呈送國民政府教育部《南京市一九四六年度師範教育實施計劃書草案》

（一九四六年三月三十日）

檔號：1003-7-54

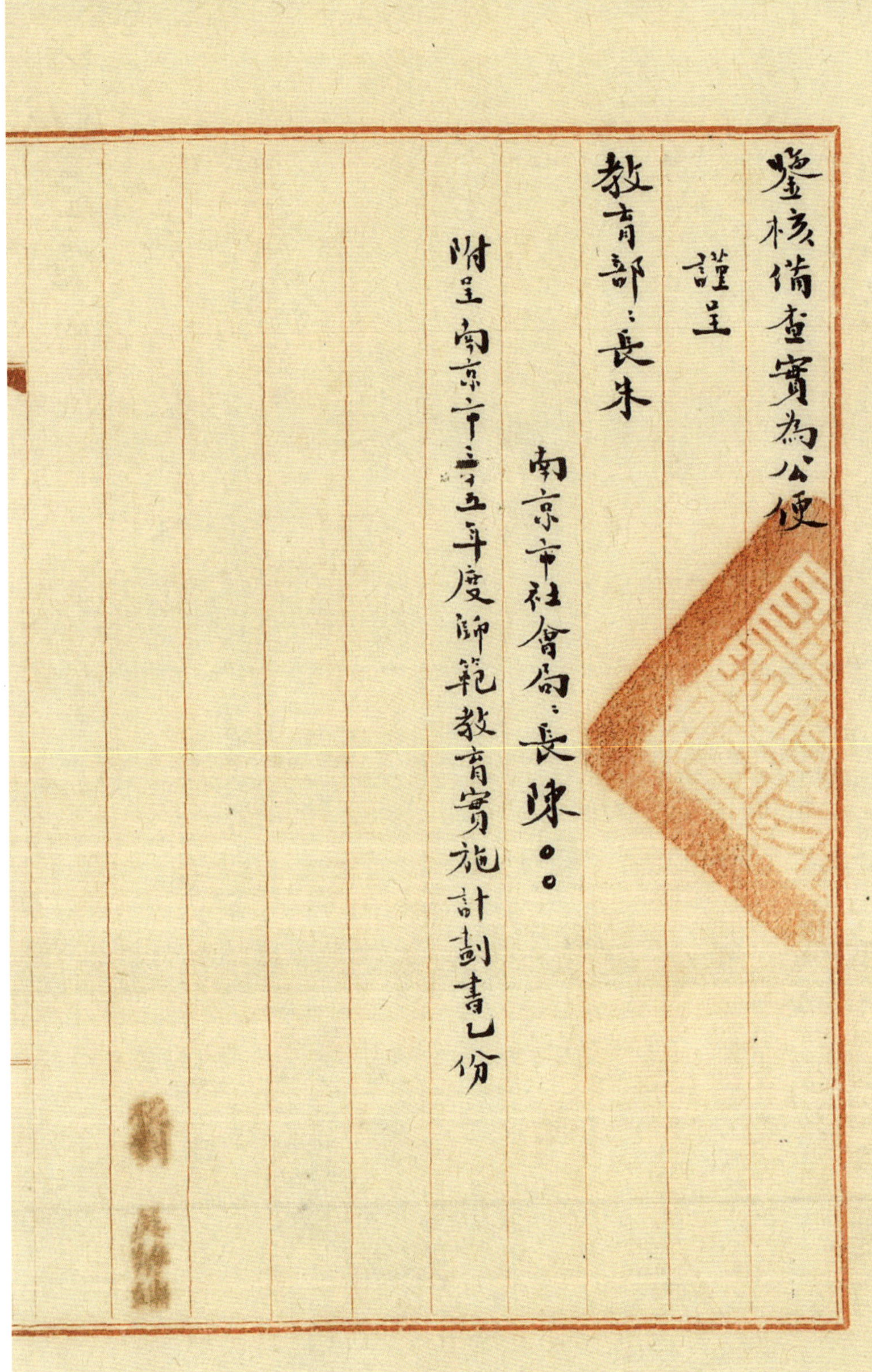
鑒核備查實為公便

謹呈

教育部部長朱

南京市社會局局長陳〇〇

附呈南京市二十五年度師範教育實施計劃書乙份

抄呈

南京市三十五年度師範教育實施計劃書草案

第一、本市学齡兒童

抗戰勝利結束、今後國民教育自須積極開展、而所需之師資、理應預為之備、以應需要、今日南京市人口約計七十萬人、迨還都以後、人口當更為加增、估計當在壹佰萬人左右、全市学齡兒童總數如佔總人口百分之十、則全市学齡兒童應有十萬人、以五十人為一学級、全部兒童應有二千学級以容納之、教師以每級一·五人計算、則全市應有國民学校教師三千人、現在南京市國民学校教師、僅一千二百人、與應有教師數相較、猶少一千八百人、本学期開学、各市立國民学校無一不有人滿之患、每学級平均數俱在六十人以上、而各方要求入学者、又復繼續不絕、学校當局苦難應付、但社會中之失学兒童，猶比比皆是，可知学校之數，遠較所需要者為少，故本市欲求國民教育之普及，允宜大量設置國民学校，與大量培植國民教育師資。

第二、本年上半年度師範教育實施之情況

本市自復員以後，即將偽組織所設之簡易師範学校，接收整頓，於本年度開始改組為市立師範学校，遵照部頒規程，擴充班級，除原有之簡易師範科一級（今夏畢業）准予繼續辦理外，另招特別師範科壹級（一年畢業）、高中師範科兩級（三年畢業）、小学師資訓練班壹級（一年畢業），合共五級（男女生兼收），蓋丁兵燹之餘，百廢待舉，欲一舉而達理想目的，非事實之所許可也。

第三、本年下半年度師範教育實施計劃

戰後政府對於教育、特為重視、而於國民教育尤三致意、南京為我國首都、對於教育、市府於財力之所及、不能不努力以赴、以期樹之風聲、為全國倡、今後國民教育如果大量擴充、則其所需之師資、自不能不作鉅額之培植、以言目下之市立師範、今夏畢業者、為簡易師範科壹級五十人、今冬畢業者、為特別師範科壹級五十人、小學師資訓練班壹級五十人、合共壹百五十人、其餘高中師範科之畢業生壹百人、須待至三年之後、如此戔戔之數、以應大量需求、其何能濟、今日京市師資百分之九十、皆自外來、其所以能維持於不墜者、僅以其待遇較高於鄰近省區耳、萬一各省區亦以京市教師之待遇相羅致、則現有之教師數一千二百人、能有若干留為京市之用、殊

為可慮、因之、本市之師範教育實有積極開展之必要、茲將本年度下半年計劃、略举於次、

(子)創設市立女子師範　國民教師之人選、最合理者莫如由大部女子負擔似、本市抗戰前之師範科(設於市立一中)或師範學校(單獨設校者)概屬男女合校、今如欲大量培植女性師資、則自以單獨設立女子師範為較善、本年度下半年擬建立女子師範学校於抗戰前市立師範舊址、其招收班級擬定如左、

(甲)高中師範科四級——每級五十人、三年畢業、高中師範科畢業生為國民師資之中堅、為提高師資素質、以應付京市大量需要、自不能不大量培植、

(乙)特別師範科兩級——每級五十人、一年畢業、特別師範科之畢業生、為師資中之專科人才、現時京市國民学校教師最缺少者、為科任教師、今後國民学校

9

對該項師資，尤須積極培植、

(丙)幼稚師範科兩級 — 每級五十人，二年畢業、幼稚師範科為專門造就幼稚教育師資者、該項人才並可為低級國民学校師資之需求、

(丁)簡易師範科兩級 — 每級五十人一年畢業、為應付一年後之急切需要、擬招初中畢業生、予以一年訓練、

(四)擴充市立師範学校班級

(甲)續招高中師範科級 — 每級五十人三年畢業、

(乙)特別師範科壹級 — 每級五十人一年畢業、

(丙)簡易師範科兩級 — 每級五十人一年畢業、

依照上項計劃、一年後、可有簡易師範畢業生二百人、特別師範科畢業生一百五十人、

現在連貳市立師範之簡易師範科畢業生一級五十人、特別師範科一級五十人、小学師資訓練班一級五十人、合共五百人、待三十六年八月学期開始、全市合格師資、不過壹仟柒百人（現在京市國民学校教師計一千二百人）足供一千一百三十四学級之用、所授兒童每級以五十人計不過五萬六千七百人、而還都後学齡兒童之数約計為十萬人、則失学之兒童、約數當有四萬三千三百人、其所缺少之教師一千三百人、惟有大量廣招其他省市之合格師資來任及獎勵私立小学、與加強管理改良私塾外、別無其他法也、※以言本市教育經費、每月已達六千二百萬元、若以二月份改善待遇計、則每月經費約達壹萬萬元、市府財力有不勝負擔之苦、故京市教育須大量展開、其經費自不能不特別籌措、然此非本計劃所能涉及、茲不具論、

寅 改善師範生待遇

※若依上項計劃、至三十七年八月、本市師資可增加四百五十人（簡師畢業二百人、特師一百五十人、幼師一百人）、合現時三十六年八月之一千七百人、共計二千一百五十人、至三十八年八月、本市師資可增加八百五十人（簡師畢業二百人、特師一百五十人、幼師一百人、高師四百人）、合上年之二千一百五十人、共計三千人、本市師資可於此時與預計所需者相合、不虞缺乏、

本市師範生待遇、限於市府財力、每月津貼学生每人半膳費三仟元、現則生活費用高漲、此三千元之半膳津貼、按之實際、殊不敷用、下半年度當視市府財力、如能辦到完全公費待遇、固為各方之所屬望、如不能達到、亦應按物價指數予以相當提高、

(卯)設立師範附屬小学

師範学校之在籍学生、於学業已完成後之相當期間、應予以實際教育兒童之試驗、且於新学制之良否、師範附屬小学尤宜予以適當之試驗、以便此制之可否採用、故下半年度擬先辦市立師範学校之附屬小学一所、招足六学級上下期共十二班、学生六百人、

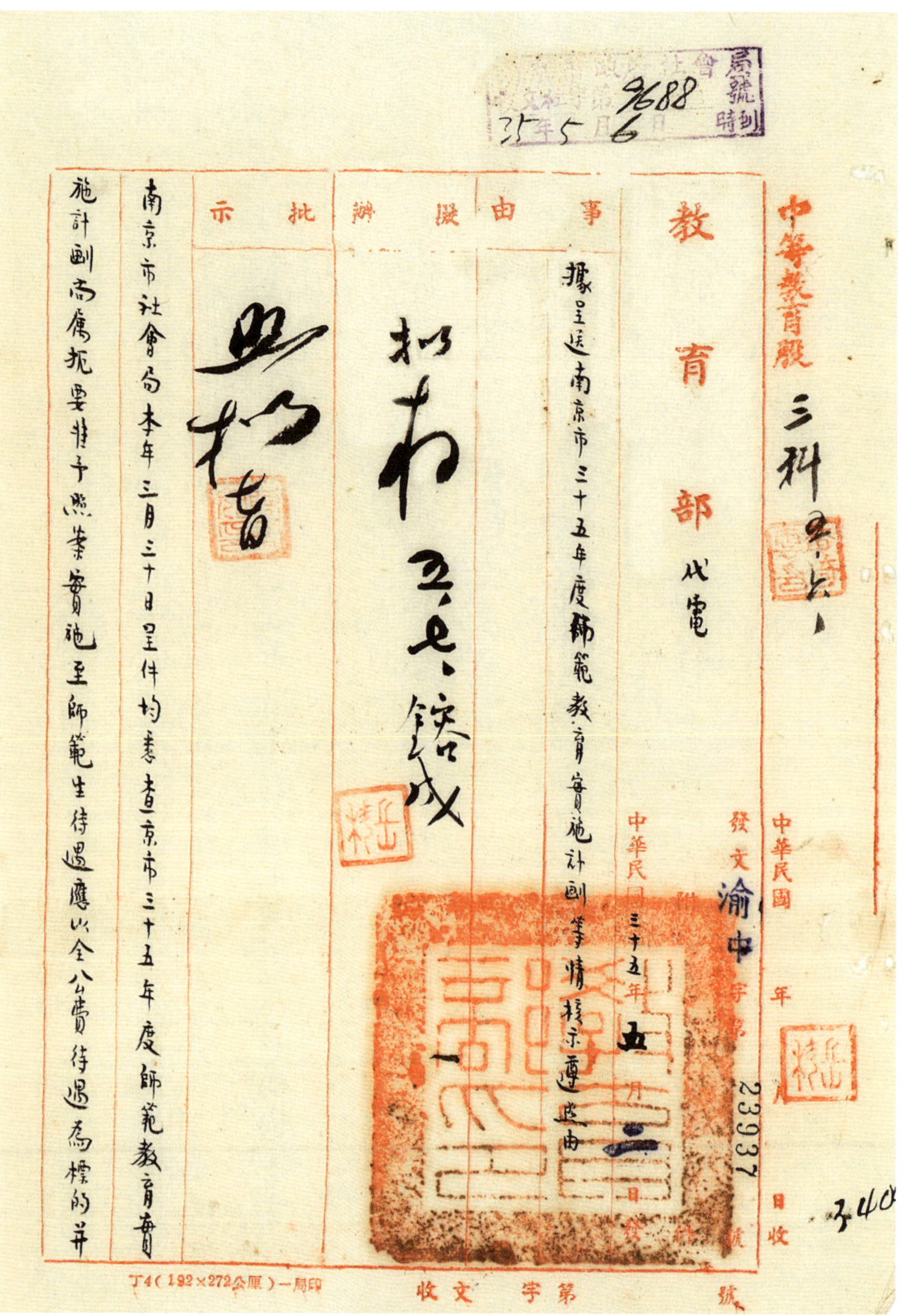

中等教育司 三科
教育部代電
事由：據呈送南京市三十五年度師範教育實施計劃等情核示遵照由
擬辦：擬存 五、七 錟成
批示：如擬
南京市社會局本年三月三十日呈件均悉。查京市三十五年度師範教育實施計劃尚屬扼要，准予照案實施。至師範生待遇應以全公費待遇為標的，並
中華民國三十五年五月二日發 發文渝中字第23937號
中華民國 年 月 日收
丁4（192×272公厘）—局印 收文 字第 號

仰積極實施教育部　印

丁4（192×272公厘）一局印

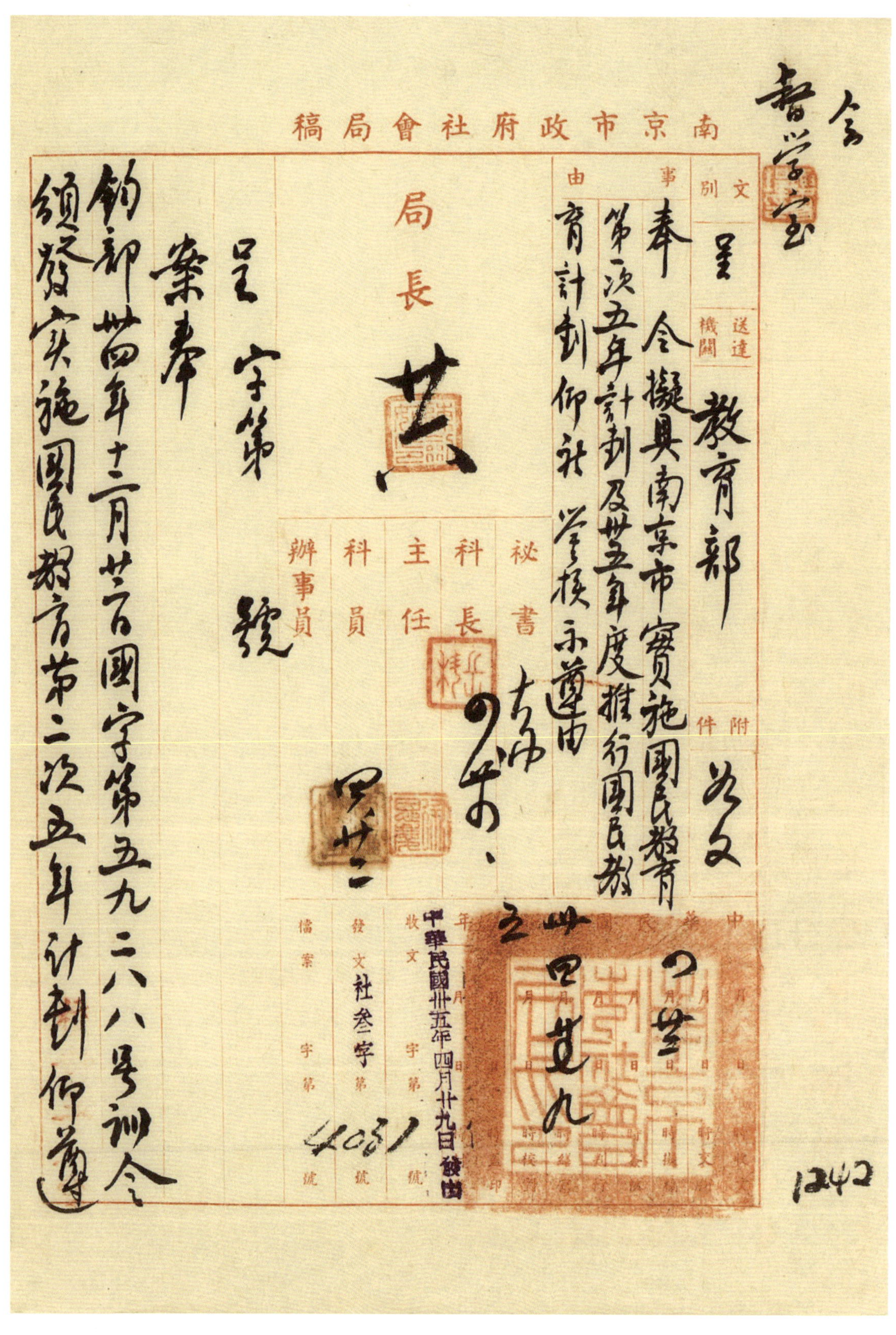
南京市政府社會局稿

文別：呈
送達機關：教育部
事由：奉令擬具南京市實施國民教育第一次五年計劃及卅五年度推行國民教育計劃仰祈鑒核示遵由
附件：如文

局長

秘書
科長
主任
科員
辦事員

呈　字第　號

案奉
鈞部卅四年十二月廿日國字第五九二八八號訓令頒發實施國民教育第二次五年計劃仰祈遵

中華民國卅五年四月廿九日發出
發文社叁字第4081號

1242

南京市社會局呈送國民政府教育部《南京市實施國民教育第一次五年計劃》及《南京市一九四六年度國民教育實施計劃》（一九四六年四月二十九日）
檔號：1003-7-391

以凭即拟具南京市实施计划呈核并案

奉此自应遵办，兹谨拟具南京市实施国民教育第一次五年计划及卅五年度推行国民教育计划具文呈请

鉴核示遵

谨呈

教育部部长朱

附呈南京市实施国民教育第一次五年计划及卅五年度推行国民教育计划

马元放

請督學室詳核

呈周局核稿呈部

南京市社會局第一次實施國民教育五年計劃

本計劃分過去辦理情形及今後實施方針兩項，過去以民國二十六年二月一日至三十五年一月三十一日為起訖，包戰前、抗戰、收復暫頃四時期；今後以民國三十五年二月一日至四十年一月三十一日為起訖，以民國三十五年二月一日至三十六年一月三十一日為第一期，三十六年二月一日至三十七年一月卅一日為第二期，三十七年二月一日至三十八年一月卅一日為第三期，三十八年二月一日至三十九年一月三十一日為第四期，三十九年二月一日至四十年一月三十一日為第五期，而分別擇要敘述如左：

（一）過去辦理情形

三十四

甲、戰前時期

本市在抗戰以前、城鄉各區設有小學二百一十三校、中學十餘班、入學兒童佔全市學齡兒童百分之九十五以上、期中等學校亦實施義務教育、入學兒童則達百分之九十以上、教育程度、尚均合乎標準、

乙、抗戰時期

抗戰撤退後、城內中學減為十一校、校舍多被敵偽佔用、其餘各校停辦、中學則完全停辦、續辦入學兒童僅及學齡兒童百分之四十、師資太差、教育水準、程度低落、

丙、收復時期

与抗战以前市小校舍，多系借用，建筑简陋，战前自建校舍，被拆毁共四十余所，被军宪警机关占用共十余所，残余之校大半破坏不堪，设备简陋，以视战前状况，大有天壤之别。

丙、整饬时期

一、甄审教师　抗战期间之小学教师，多半滥竽充数，[illegible]，旋于十月间办理教师甄审一次，参加甄审共一千三百七十二人，试验及格共八百四十一人，其中现任教师约占百分之六十，非现任教师约占百分之四十，并规定各校聘任教师以甄审及格者为原则。

二、调整校长　本市小学校长，在抗战期间，有为敌伪委任

者，有為較前校長繼任者，亟應從事調整，藉資改
進。復查後旋於十一、十二、三個月間召集各校校長個別談
話，及舉行團體訓話二次，並依據督學及視導報告，藉資考查，
分別手續，批撤換，本學、於寒假期間辦理竣事，
三、收回校舍　年來被借作用之小學校舍，大多不願遷讓，經
百般交涉，將收回下關黃甲府、府西街、三牌樓、金陵巷、鄧
府巷等小學校舍數處，一面招工修理，一面派員籌備復
校上課。
（二）今後實施方針
甲、關於擴充學校及學級者

一、第一期，本期上下两半年

1、上半年，将全市完全小学一律改为中心国民学校，初级小学改完全小学一律

为保国民学校，并增设中心国民学校六所，保国民学校七所，合共国

民学校八十三所七百四十学级，较原有小学增加二百二十三级，预计可容纳

全市学龄儿童百分之五十以上。

2、下半年，拟增设中心国民学校五所，保国民学校二十所，合共国民

学校一百零六所九百五十学级，平均每区中心国民学校五所，每保

保保国民学校一所，预计可容纳全市学龄儿童百分之六十五

以上。

二、第二期，在本期内，拟增设中心国民学校十二所，保国民学校三十所

合共国民学校一百四十六所、一千二百五十学级、平均每区中心国民学校六所、每二保一国民学校一所、预计可容纳全市学龄儿童百分之八十五以上、

三、第三期、在本期内拟增设中心国民学校十四所、保国民学校四十八所、合共国民学校二百八所、一千六百学级、平均每区中心国民学校七所、每保一国民学校一所、预计可容纳全市学龄儿童百分之九十五以上、

四、第四期、在本期内拟增设中心国民学校三十五所、保国民学校七十所、合共国民学校三百[illegible]五所、二千四百学级、预计全市学龄儿童均可悉数容纳、

丙、第五期，在本期内视各区学龄儿童人数多寡，增设学校及

学级，以足敷容纳学龄儿童为度。（修建校舍及）

乙、内部充实每期由春着（设备）

一、第一期，在本期调查中心国民学校内部设施情形，分别加以整（丙、将各级国民校舍有危险性者，一律修缮并调查各校）

理，并补充必需之设备。（又本市郊内完成新建校舍十所学校，余多以调整新设学校，仅量利用庙宇祠堂）

二、第二期，在本期内调查中心国民学校内部设施情形，分别加（改建不适用之中心房屋并修建新校舍十五所，就各校）

以整理，并补充必需之设备。（新设学校仅量利用庙宇祠堂房屋校舍）

三、第三期，在本期内，补充中心国民学校一般设备，并改建不适

用之校舍一部或全部。（修建新校舍十五所）

四、第四期，在本期内，补充保国民学校一般设备，并修缮或改

改建不適用之校舍一部或全部，添建校舍五所

五、第五期：在本期內完成本國民學校一切設備，再由[illegible]添建

新校舍十所、

丙、關於調整師資及進修

一、調查本市有教師是否失業，予以聘用
舉行備用教師登記及國民學校教師總登記，陸續淘汰能力不佳及教學不良教師，並依照市立師範學校培植大量師資

二、舉辦教師登記或檢定，羅致優良師資、
增加市立師範學校班級

三、設置市立師範學校，視本市國民學校需要開設

進修、

五、現任教師合格者予以留任，不合格者予以淘汰或加以短期訓練、

四、限制學校聘任登記或檢定合格之教師、

五、搜集当地生活状况，改善教师待遇，并暂实行年功加俸。

六、组织研究会，并发行定期刊物，促进教师研究及进修。

七、实行中心学校制，各区保国民学校由各中心国民学校负辅导工作之责。

丁、关于调查学龄儿童及失学民众并实施强迫教育者

一、第一期：在本期内，调查十岁至十四岁之儿童及十六岁至二十四岁之失学民众，并签一律强迫入学。

二、第二期：在本期内，调查六岁至十四岁之儿童及二十五岁至三十五岁之失学民众，一律强迫入学。

三、第三期：在本期內，調查八歲至十歲之兒童，及廿六歲至卅五歲之失學民眾，一律強迫入學。

四、第四期：在本期內，調查六歲至八歲之兒童，及卅六歲至四十歲之失學民眾，一律強迫入學。

五、第五期：在本期內，調查六歲至十四歲之兒童，及四十一歲至四十五歲之失學民眾，一律強迫入學。

戊、關於行政及視導者

二、組織視導網：實行分區視導制，並以每區有視導人為原則。

二、舉行視導研究會，各區視導情形及詳細報告視導研究會，互相研究，以資改進。

四、舉行教育工作競賽，將各區國民教育工作成績，分期展覽，並指定一區或二區為教育工作實驗區。

五、充實教育行政機構 擴大教育行政組織，並充實各部分辦事人員，以足敷推動全市教育行政為原則。

己、關於經費籌劃者

一、中心國民學校

1、建築費 由市庫籌撥，不足之數，請中央補助之。

2、開辦費 由市庫籌撥，不足之數，由各區籌集之。

3、經常費 由市庫撥給，不足之數，請中央補助之。

4、臨時費 由市庫及各區籌募之。

二、保國民學校

1、建築費 由各區籌募，不足之數，由市庫補助之。

2、開辦費 由各保籌募，不足之數，由市庫補助之。

3、經常費 由市庫撥給，並由地方公產公款補助之。

4、臨時費 由各保籌募之。

三、民衆補習學校

1、開辦費，由市庫籌撥，不足之數，請中央補助之。

2、經常費，由市庫籌撥，不足之數，請中央補助之。

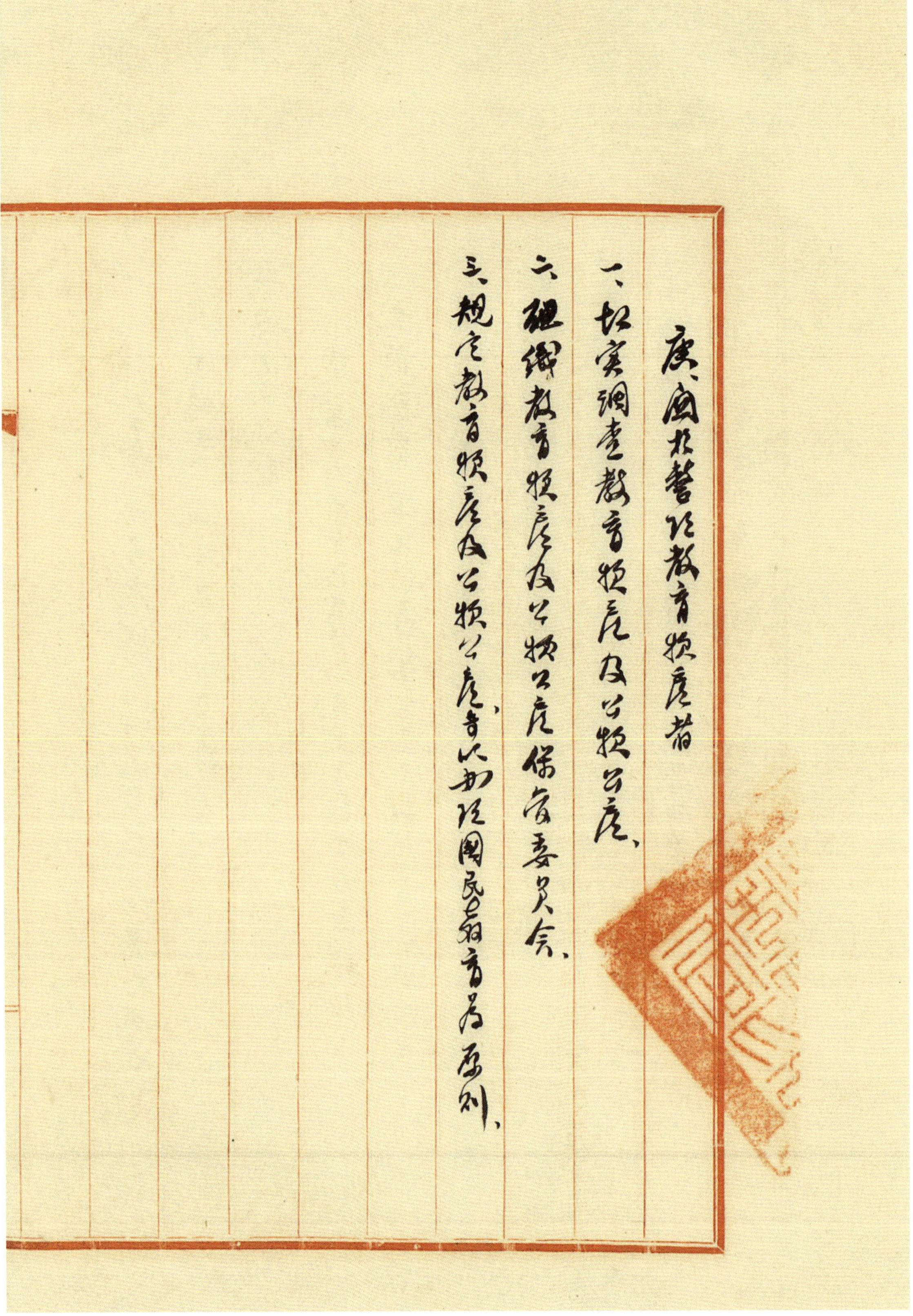

庚、關於普及教育款產者

一、切實調查教育款產及公款公產、

二、組織教育款產及公款公產保管委員會、

三、規定教育款產及公款公產、皆以輔助國民教育為原則、

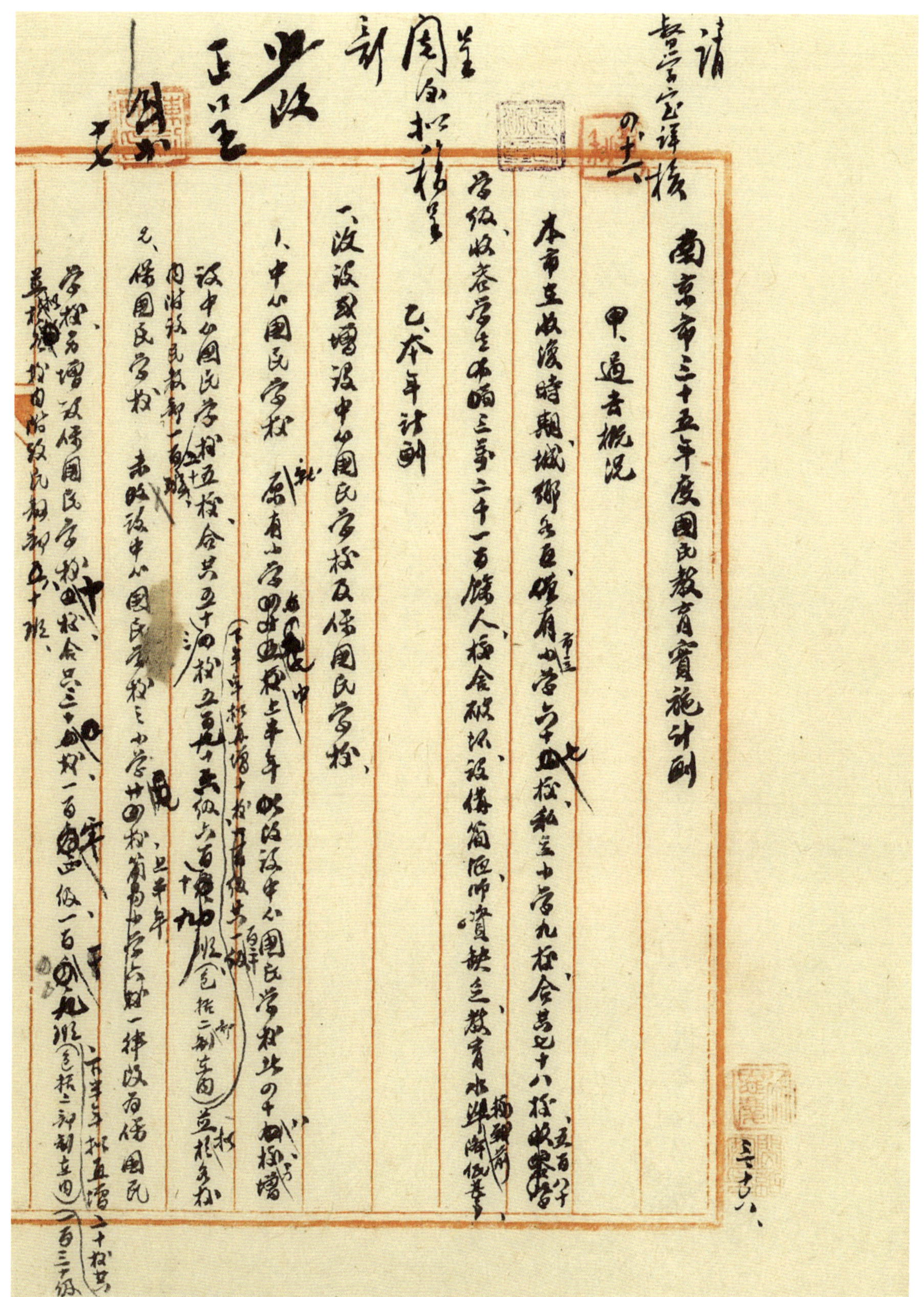

請督學室詳核

南京市三十五年度國民教育實施計劃

甲、過去概況

本市克復時期，城鄉各區原有市立小學六十七校、私立小學九校，合共七十六校，收容[illegible]學級，收容學生不過三萬二千一百餘人，校舍破壞，設備簡陋，師資缺乏，教育水準降低[illegible]。

乙、本年計劃

一、改設或增設中心國民學校及保國民學校

1、中心國民學校　原有小學[illegible]校上半年改設中心國民學校，並於[illegible]校增設中心國民學校[illegible]校，合共五十[illegible]校，五百[illegible]級，六百[illegible]班（包括二部制在內），並於各校內附設民教部一百[illegible]班。

2、保國民學校　未改設中心國民學校之小學廿四校，前為小學，今一律改為保國民學校，並增設保國民學校[illegible]校，合共三十[illegible]校，一百[illegible]級，一百[illegible]班（包括二部制在內），並於各校內附設民教部五十班。

9.

注意案
送教字

二、收容失学儿童及失学民众

1、本市现有学龄儿童约七万以上，上半年学级可收容学龄儿童四万五千余人，作学龄儿童总数百分之六十，下半年学级可收容学龄儿童六万五千余人，作学龄儿童总数百分之八十。

2、本市现有失学民众约五十万人以上，拟设之民众补习班，可收容失学民众一万五千余人，约作失学民众百分之三。

三、教职员训练任用待遇登记检定等事项

1、本市市立收复时前三小学教职员为八百余人，私立小学教职员为九十余人，上半年增班增级后共需教职员一千二百余人，连同私立小学教职员在内，约需教职员一千四百余人。

2、教职员之来源，除任用去年登记及格教员人外，并须任用沦陷申请

及分配事宜

員之教員、本上半年因尚敷分配、

3、為補充下半年增設級學校教職員起見、就市立師範學校增設

小學師資訓練班一級、並擬在假期前舉行教師總登記及檢定、

羅致優良師資、

4、市立小學教師、於去年十一月間加以甄審後、所有資歷較差者、

經分別淘汰、今後教師均以限定甄用登記及檢定合格者為原則、

5、現在有教職員待遇、除按照二十六年教職員待遇標準提高外、

其生活補助費及米貼等、悉照公務員同樣辦理、並另行逐年加

倍予以實施行、

四、教職員進修及輔導實驗研究事項、

1、進修事項：本年暑假期內擬辦暑期講習班二班，調現任教師輪流講習、並擬舉行定期刊物數種、通訊研究、定時通訊研究、藉資研究、

2、研究事項：各區組織區教育研究會、全市組織市教育研究會、實行分科研究、並將研究結果報告供獻各級國民學校參考、

3、輔導工作事項：實行中心學校輔導制、各保國民學校之教學及行政由各該區中心國民學校負輔導之責、

4、指定教育示範區：城區內指定第一區為教育示範區、並以珠江路中心國民學校為輔導、鄉區內指定第十三區為教育示範區、並以上新河中心國民學校為輔導、其工作要項及進程如左：

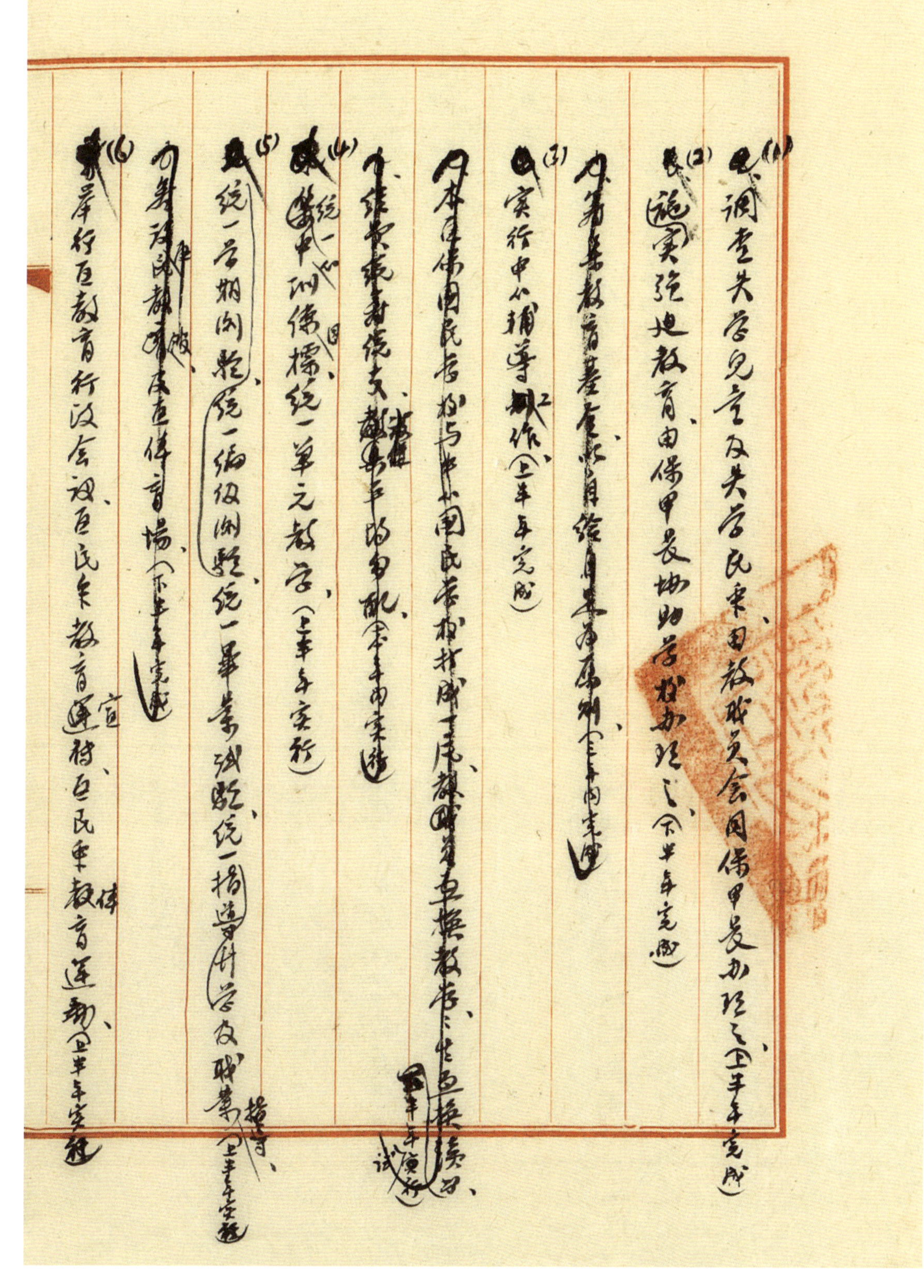

(1) 调查失学儿童及失学民众，由教育委员会同保甲长办理之（上半年完成）、

(2) 实施地教育，由保甲长协助学校办理之（下半年完成）、

(3) 实行中心辅导工作（上半年完成）、

(4) 统一中心学校标准、统一单元教学（上半年实行）、

(5) 统一学期制、统一编级制、统一毕业试验、统一指导升学及职业（上半年实施）、

(6) 举行区教育行政会议、区民众教育宣传、区民体育运动（上半年实施）

(7)举行区教育成绩展览、区讲演比赛、（上半年实行）

(8)组织区教育会、区教育研究会、区教师进修会、区教育参观团、区教师互助会、区教职员合作社、区教职员消费合作社（二年内逐渐完成）

(9)举行教育定期刊物、并报告施政设施教育成绩于全市国民学校、藉供参考、

（本年内次第实行）

五、充实学校中心设备及教材之选用

1. 各级国民学校、分商业区、住宅区、偏僻区三等、按其内容、并相当设施情形、照本年上半年、下半年两期分期次第充实

2. 自然科实验之简易仪器、令自然科教师会同劳作科教师协商自制、搜集标本、俾有相当经费、

直行設廠製造之、

3、國民學校教材一律採用國定本、民教部印教材或自行編輯、或以部頒本部印

4、鄉土教材由研究會延請專家着手編輯中、國民學校內各校由本校教師自編教學、

六、行政視導

1、教育行政人員、以足敷推動教育行政工作為原則、務力謀質量之健全、

2、組織教育視導網、並以專人負責視導為原則、

3、本區每月組織各校舉行國民教育工作競賽會一次、

七、籌設保聯國民教育協進會

1、聯合各保成立保聯保甲長會、由各區保甲長會同區內中心國民學校校長、聯合地方士紳、籌畫設立保國民學校

七、组织专筹国民教育基金委员会，由各区保甲长会同各区中国民学校负责办理，整理学产，筹集基金。

八、经费预算

1 设校经费

2 经常费 每月一万万五千万元

3 临时费 每月五百万元

4 师资训练经费 每月二百万元

5 教师进修及登记检定经费 每半年壹百万元

6 辅导事业经费 每月二百万元

7 其他 五百万元

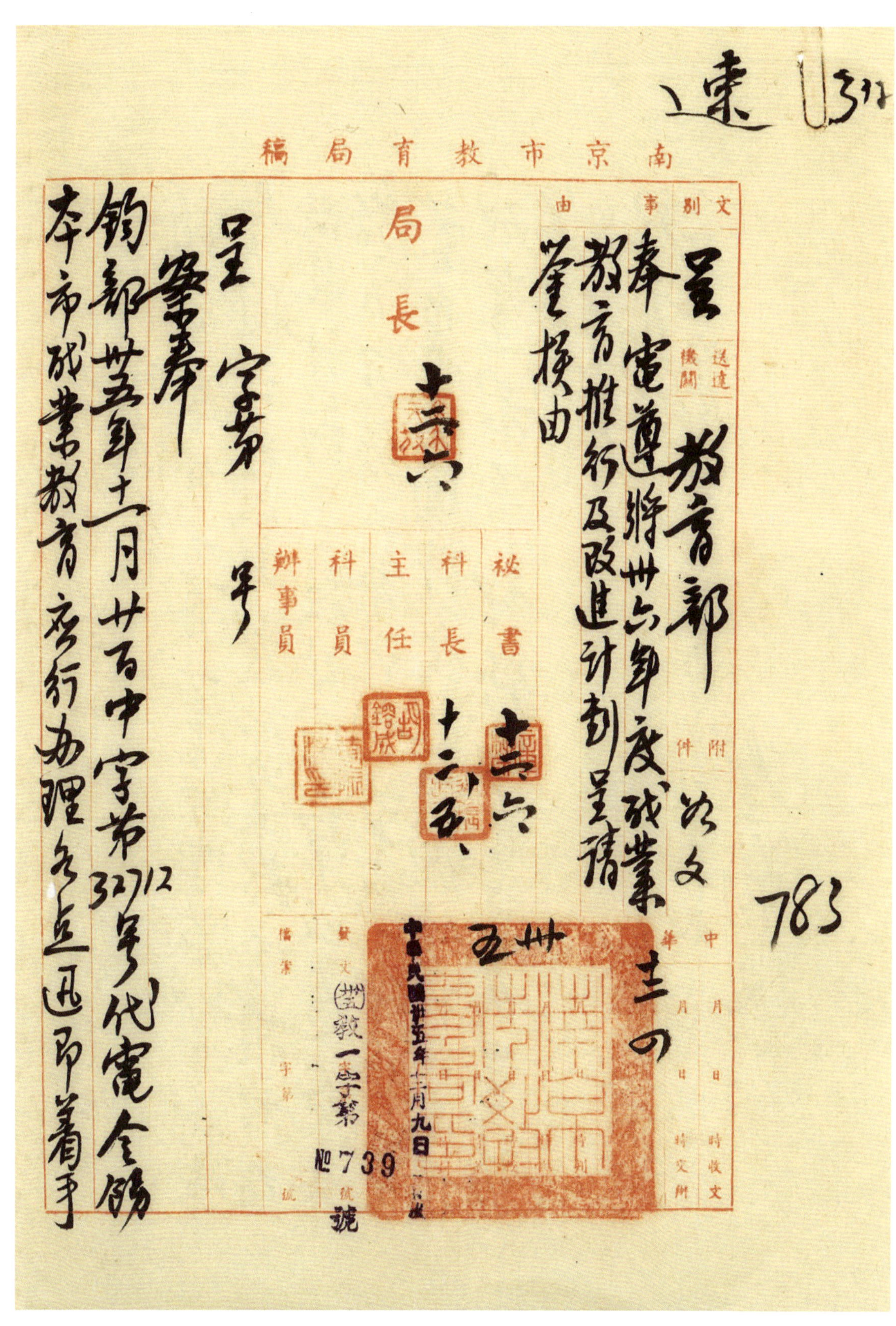

南京市教育局稿

文別：呈

事由：奉電遵將卅六年度職業教育推行及改進計劃呈請鑒核由

送達機關：教育部

附件：如文

局長

秘書　科長　主任　科員　辦事員

呈　字第　號

案奉

鈞部卅五年十一月廿日中字第32712號代電令飭

本市職業教育應行辦理各點迅即着手

中華民國卅五年十二月九日

發文（京）教一字第　號

№739

南京市教育局呈送國民政府教育部《南京市教育實施三年計劃草案》（一九四六年十二月九日）

檔號：1003-7-405

筹办并将规划进行情形具报部候核等因。正遵办间,复奉钧部本年十月廿三日中字第32712号代电,令拟订卅六年度职业教育推行及改进计划呈核等因。奉此,查本市教育实施三年计划草案业经拟就,兹奉前因,理合将该项计划内关于职业教育部份抄呈,具文呈请

鉴核。

谨呈

教育部

附呈南京市职业教育三年计划

全衔名

南京市教育實施三年計劃草案

南京市教育實施三年計劃草案

本市位於首都中外觀瞻所繫各項建設亟待推進教育設施尤應積極開展惟以淪陷八載原有各級學校及社教機關之屋舍設備橫被摧毀損失慘重救修建屋舍與充實設備乃本市教育復員工作中之迫切要圖且國府還都以來本市人口驟增中小學生數亦隨之急遽加增學校之增設更屬不容稍緩爰特擬訂南京市教育實施三年計劃冀於三年之内普及國民教育與掃除全市文盲並改進各級教育之素質以作整個教育之合理設施惟本市市庫收入短絀目前教育文化支出每月即需四億八千餘萬元幾及全市收入之數此四億餘之教育文化費僅能維持半數學童之就學欲謀普及教育與整個教育之合理設施尚需數倍

以上之經費校舍之建築與設備之購置需款尤鉅一市之收入決難負担此項巨額教育經費按本市內中央機關林立公務員之籍貫遍及全國各省市所有學生寔多為全國各省市籍公務員之子弟故京市之教育已非純粹之地方事業而為全國性之事業本市教育經費自應由國庫負旦庶可使首都教育與市政建設獲得迅速擴展此則不得不向

中央及各界迫切呼籲者也

本計劃分為國民教育中等教育社會教育及教育行政四大類各就寔際需要訂定實施辦法如下、

壹、國民教育

一、小學部

甲、計劃根據

1、全市學齡兒童數——根據三十五年八月首都警察廳調查報告全市學齡兒童數為一三三二三七名

2、現有學校數與在學兒童數——現有市立中心國民學校與國民學校共一一六所一〇二〇班在學兒童約六一二〇〇名又私立小學三三所平均每校五班約一六五班在學兒童九九〇〇名共七一一〇〇名（每班原應以五〇名為限但實際上均在六〇名以上此以每班六〇名計算）

3、國民學校在籍學生有一部份不足學齡（因無幼稚園之故）亦有一部份超過學齡此部份學生估計約一萬人以私立小學容納之學額抵補之

乙、實施計劃——力謀教育普及使全部學齡兒童均能入學學校分佈每區一中心國民學校鄉區每保一國民學校城區每三保或四保一國民學校

1、所需校數及班級數

（一）學校數　二一六校　平均每二保有一校除已有一一六校外尚須增設一〇〇校

（二）班級數　二四二〇班　平均每保六班已有一〇二〇班尚須增設一四〇〇班

2、所需師資　三八四六人　平均每班以一、五人計算再加校長二一六人共需如上數現已任用一六四六人尚須添聘二二〇〇人每年由市立師範

培養新師資以及吸收外來師資（可不感缺乏）

3、所需經費（詳見分年預算表）

第一年一六、六四六、一一七、七六〇元

第二年一五、七八六、一六八、一六〇元

第三年一七、三五六、二一八、五六〇元

共四九、七八八、五〇四、四八〇元

二、民教部

甲、計劃根據——根據三十五年八月首都警察廳調查報告本市文盲三六四、八六九人具有私塾教育程度者一〇八〇三人文盲人數除去年在四十五歲以上共身患痼疾或肢體殘廢者約有二七〇、〇〇〇人須受初級補習教育具有私塾教育程度者假定有五〇、〇〇〇人連同受初級補習教育二七〇、〇〇〇人共三二〇、〇〇〇人須受高級補習教育

乙、實施計劃——每區均設初高級成人班及婦女班使全部文盲均受補習教育具有私塾教育程度之須受高級補習教育者均受高級補習教育

1、所需班級數

(一)初級成人班及初級婦女班　五、四〇〇班（內三〇、〇〇〇人交民眾學校辦理）

(二)高級成人班及高級婦女班　六、四〇〇班（內三〇、〇〇〇人交民眾學校辦理）

2、所需師資　二九六〇人　以每年每四班添一人計算，師資來源可不感缺乏一如利用[illegible]教學師資可節省四分之三

3、所需經費（詳見分年預算表）

第一年　二、八四〇、七六〇、八〇〇元

第二年　二、九九五、四〇三、〇四〇元

第三年　三、〇八四、〇八、四〇〇元

共　八、九二〇、八八二、二四〇元

三、幼稚部

甲、計劃根據——根據三十五年八月首都警察廳調查報告本市有二歲以上未滿六歲之幼兒約五〇、〇〇〇人假定有三分之一須入學

乙、實施計劃——使本市二歲以上未滿四歲之嬰兒四分之一有入學機會四歲以上未滿六歲之幼兒半數有入學機會以城區每保有幼兒班嬰兒班各一班鄉區每二保有幼兒班嬰兒班各一班為原則

1、所需班級數

（一）幼兒班　三一三班（以每班容納四十人計算）

（二）嬰兒班　三一三班（以每班容納二十人計算）

2、所需師資　一二五二人（以每班二人計算）

3、所需經費（詳見分年預算表）

1

第一年四、八九二、五四二、六四〇元
第二年五、九四五、〇六五、二八〇元
第三年八、二七一、四一七、七六〇元
共一九、一〇九、〇二五、六八〇元

貳、中等教育

一、中學

甲、計劃根據

1、國民教育普及後每學期高級約有八千畢業生（全市學齡兒童十二萬餘人六個年級平均分配每一年級約二萬餘人再以春秋季兩分每一學期約一萬人高年級班級較低年為少故估計為八千人本年（三十五年）暑期小學畢業生實數為二千一百餘人三十四年全部在校兒童為三萬餘人比例以相等以四分之一升學計約有二千人

2、初級中學畢業生公私立合計每學期約有四千人（京市公立學校初三下有四十級私立中學數目大致相等故公私立各以二千人計合為四千人）以四分之一升高中計約一千人

3、南京首都所在公務人員較多非本京籍者其子弟率多在家鄉受國民教育再來京受中等教育附近南京各地以首都學校辦理較優亦往往

使不[illegible]一部份中學[illegible]職業學校之餘額及私立學校容納之

六、京市現有完全中學七所初中八十八級高中五十五級

乙、實施計劃——以各區普遍設立均衡發展為原則

1、所需學校數：初級中學十八所高級中學九所京市無市立初級中學為使各區小學畢業生通學便利起見應普遍設立以每區一所為原則今容集區域除完全中學有初中部外再增設五所至完全中學除已有七所外（男子中學五所女子中學二所）須增設男女中學各一所並遷建一所關於各校設置地點完全中學九所（一中在城南二中在城北四中在城西五中在城中一女中在城西南二女中在城東均各就原在地發展三中原在城南與一中過近應遷至城東新建第八大中學設下關第三女中設山西路附近初級中學十一所第八區至十三區各設一所共六所一區至七區均有完全中學但（一）因人口密集（二）因顧及男女分校及通學便利（三）因不便一校班級過多特增設五校（鼓樓附近設男初中新街口附近設女初中大行宮附近設男初中白下路附近設女初中門東設男初中）

2、所需班級數：初中二四〇班高中一〇八班全部初中應設二四〇班已設八八班應增一五二班全部高中應設一〇八班已設五五班應增五三班初中每學期約有

三千名入學，設四十班，六個學期共二四〇班，其分配如下：

（一）獨立之初級中學一律辦十二班（十一個初中共一百三十二班）

（二）完全中學之初中部亦限辦十二班（九個完全中學共一〇八班）

（三）八區至十二區之初級中學得分設男女二部，各設六班

完全中學高中部每一學期有一千人入學，應設十八班，六個學期共一〇八班，以九個完全中學分配，每校十二班，每一學期二班（完全中學高初中合計二十四班）

三、所需師資一一六〇人，全市初中二四〇班共需教職員八〇〇人（每班三三人），全市高中一〇八班共需教職員三六〇人（每班三三人），兩共一一六〇人，除已有教職員四八〇人外，尚需增教職員六八〇人

四、所需經費（詳見分年預算表）

第一年 五、〇一五、九一三、四四〇元

第二年 五、六四九、二三一、八四〇元

第三年 四、九一〇、七七九、二〇〇元

共一五、五七五、九二四、四八〇元

二、師範學校

甲、計劃根據

1.國民學校小學部共需教師一三八四六人，民教部共需教師二九五〇人，合併計可逐年

減少）幼稚園共需教師一三五二人

2、南京師資不感缺乏除幼稚園及社教師資須預為培養外餘僅作一般補充準備（以百分之五估計）

乙、實施計劃

1、調整班級　就原有師範學校調整班級設普通師範科三學級每年暑假招生一班勞作美術師範科三學級每年暑期招生一班體育音樂師範科三學級每年寒假招生一班（一次以音樂為主一次以體育為主）幼稚師範科三學級每年暑假招生一班社教師資三學級每年寒假招生一班另設鄉村學校辦普通師範科三學級全校共十八級

2、所需師資　全校十八級需教職員六十人（每班三、三人）以中央大學師範學院培養為主

3、所需經費（詳見分年預算表）

第一年一、二八六、四八四、八〇〇元

第二年四〇一、〇七〇、七二〇元

第三年四二三、七二七、二〇〇元

共二、一〇七、二八二、七二〇元

三、職業學校

丁、南京市職業教育三年計劃草案（此文請複寫二份一份送呈一部附卷）

甲、計劃根據

1、南京八卦洲江心洲亟待開發需要墾殖中級人才

2、南京有廣大之且為首都庭園花木菜蔬及農產製造皆需有人作合理之經營化學工業亦有極大需要

3、首都建設需要土木工程中級人才

4、首都交通發達工廠亦必大量增加新式農具之製造且可供給外埠關於機械製造與修理之人才必需培養

5、京市紡織業原有基礎應培養人才以謀復興

6、南京商業亦尚稱發達應培養新人才以謀發展

7、衛生事業關係全市人民福利至鉅將來公共衛生業務發展必須大量中級人才

乙、實施計劃——本市僅辦高級職業學校專科以上學校暫不設立各種高級技術人才可由本市各大學培養初級技術人員由職業學校附設之短期訓練班及補習教育培養之

1、所需校數及班數

(1)設高級農業職業學校弍所各設六學級

(2)設高級工業職業學校二所各設六學級

(3)設高級商業職業學校一所設六學級

以設高級家事職業學校一所該校暫緩

以上各校之配置如下：

(1)設第一高級農業職業學校於燕子磯注重農作（作開發八卦洲江心洲準備）

(2)設第二高級農業職業學校於孝陵衛注重園藝及農產製造（孝陵衛有中央農業試驗所可就近獲得指導與協助）

(3)設第一高級工業職業學校於浦口注重機械及土木工程（浦口工業區有工廠可供演習）

(4)設第二高級工業職業學校於上新河注重染織及應用化學（水運便利宜於設紡織染及化學工業工廠）

(5)設高級商業職業學校於城中（原火瓦巷地址）注重會計簿記貿易保險等

(6)設高級家事職業學校於城南（利用現有職業學校校址）注重家事疾病護理及公共衛生

2、所需師資 全部高級職業學校共三十六級共需教職員一二〇人（每班三.三人）除已有教職員四二人外尚需教職員七八人

3、所需經費（詳見分年預算表）抄後西分年進步表經費預計表

3.職業學校部份

第一年二、〇〇一、二四七、二〇〇元
第二年一、六九一、九七〇、五六〇元
第三年三五九、〇五二、九六〇元
共四、〇五二、二七〇、七二〇元

叁、社會教育

甲、計劃根據

1、所有部定社會教育方面重要設施如民教館圖書館體育場等均需普遍設立

2、為普及科學教育需設立科學館增設電教隊為實施藝術教育提倡正當娛樂需設藝術館

3、小學民教部普設成人班及婦女班需每區專設一民眾學校以示範輔導

4、為救濟不能入正軌學校之青年兼培養初級技術工作人員需普設補習學校

5、本市各種集會尚無適當場所亟需建一民眾大會堂

6、為給予社會兒童之適當教育兼輔助學校教育之實施需設立兒童教育館

7、本市缺乏兒童遊樂場所需設立兒童康樂園

5、京市要急需有特殊教育之設施，如盲啞學校、低能兒教養學校等。

6、本市現僅有民教館二所、圖書館一所、電教隊一隊，在籌辦中者有體育場、民教館、補習學校各一所。

乙、實施計劃

1、所需社教機構數

(一)民衆教育館　十五所　除已設二所外須增設十三所(每區一所)

(二)圖書館　四所　除已設一所外須設三所，並於區內擇相當地點設巡迴閱覽處以期普遍

(三)體育場　六所　城內四所，湯山、和平門外各一所，並於區內擇適當地點分設簡易體育場以普及國民體育

(四)科學館　一所　於市區適當地點設立，另分設科學中心，鼓推廣民衆科學教育，並協助學校實施科學教育

(五)藝術館　一所　除陳列並展覽藝術品外，並組織劇戲、美術、音樂教育工作隊實施民衆藝術教育，並協助學校發展藝術教育

(六)大會堂　一所　利用夫子廟大成殿廢址建一容五千人集會之會

堂平時由民教館利用施教

（七）電化教育輔導處一處

為推行並輔導本市電化教育之中心並指導各社教機關學校使用及修理電教之機件並辦理推設教育電影院及教育廣播電台各一處

（八）巡迴工作（戲劇教育）隊 七隊

除已設立一隊外增設六隊可每一區有一隊負責放映實施民眾教育並輔導學校教育

（九）民眾學校十三所

每區一所並指定其一所至二所為示範民校對教法教材從事研究實驗

（十）補習學校十二所

每區一所並指定其中二所至三所為示範補習學校除普通補習學校外並應設職業補習學校使工商從業員及低級公務員有進修機會其中並酌設婦女職業補習學校

（十一）兒童教育館五所

選擇適當地點建兒童教育館五所予社會兒童以適當教育並輔助學校教育之實施

（十二）兒童康樂園六所

每二區籌設一所為六歲以上之兒童遊戲運動之所

（十三）盲啞學校一所

戰前原設船板巷亟須恢復分設盲啞兩科語文教

[illegible]訓練兒童

（[illegible]）療養學校一所

選擇陵園山地建療養學校一所予身体虚弱之兒童以適當之療養與合理之教育

2、所需員額數六七四人

民教館圖書館体育場科學館藝術館二十二所各十五人電教處民校補校二十七所各[illegible]人電教隊六隊各六人兒童康樂園六所各五人盲啞學校[illegible]八人會堂一八人合計如上數

3、所需經費（詳見各年預算表）

第一年五、〇八八、四三、五二〇元

第二年五、〇六七、六二、〇六〇〇元

第三年五、二六七、二三一、二〇〇元

共一五、六二三、二七六、三二〇元

肆、教育行政

甲、計劃根據

1、加强視導工作以發揮教育最大效能

2、教育工作人員之任用及待遇應有合理之制度

3、教育工作人員之進修應多方增進

4、教育經費應作久遠之籌劃
5、各級學校及社教機關之設備應大加充實
6、發揮行政三聯制精神使設計執行與考核密切配合
7、應利用首都有關機關專門人才協助工作

乙、實施計劃

1、改進要項

（一）確立視導組織釐定視導標準改善視導方法增加視導次數舉行視導會議

（二）劃定中心國民學校區從新指定中心國民學校並加強其輔導工作

（三）設國民教育駐區視導每區一人注重一般學校行政之視導

（四）設國民教育專科及專門視導十人（國語二人算術一人社會一人自然一人音樂一人体育一人美術勞作一人幼稚教育一人公共衛生一人）注重分科與專門視導

（五）注重中等學校之分科視導（中等學校一般行政視導由督學担任中等學校分科視導請有關機關專家担任不另設員額）

（六）舉行國民教育研究會（全市每學期一次各區每月一次）中等教育研究會（全市每學期二次）社會教育研究會（每學期二次）及各級學

校分科研究會（以各學校主管學科分别組織）

（七）制定本市各級學校及社教機關工作人員任用待遇服務奬懲規則

（八）編印輔導定期刊物及叢書

（九）舉辦教師通訊講習會及假期學校

（十）組織教育工作人員參觀團與考察團

（十一）設立教育參考室搜集各項足資示範之章則圖表教材教具研究實驗報告建築設備模型學生作業等分類陳列展覽

（十二）籌建教育公有生產事業（指定京市公有山地作教育公有林場指定八卦洲江心洲大小黄洲旗地作教育公有農場指定大城廢址作教育公有菜園）用新方法經營以純利充作教育經費及教育銀行股本

（十三）籌設教育銀行以教育公營事業收入之一部及教育工作人員投資為股本辦理教育工作人員保險信用貸款子女教育儲金及教育公營事業之投資等業務

（十四）創設教育設備工廠製造各項教具儀器課桌椅運動遊戲器具等

（十五）聘請專家舉行設計會議每年一次或二次

2、所需人員

(一)視導一三人(縣區視導(三人)—每區一人專科視導(一○人))

(二)編審八人(編譯輔導刊物辦理教師通訊并担任設計考核事宜)

(三)主任廠長幹事及技士(教育參考室設主任一人幹事二人教育設備工廠設廠長一人幹事四人技士十四人)

(四)教育(公有生產事業人員另行規定)

3、所需經費(詳見分年預算表)

第一年七五二、七一八、八八○元

第二年九○八、八八四、八八○元

第三年七○八、八八四、八八○元

共二、三七○、四八八、六四○元

南京市教育實施三年計劃分年進度表

項目	第一年	第二年	第三年	備註
一、國民教育				
（一）增設國民學校	六〇所	二〇所	二〇所	第一年六〇校平均每校八個教室第二三年各二〇校平均每校十二教室
（二）添建教室	一二〇個	二〇〇個	二〇二個	補充舊有學校教室使二部制逐漸減少並調整至每校六班或十二班
（三）增加國民學校小學部班級	六〇〇班	四〇〇班	四〇〇班	第一年可使全體學齡兒童百分之七十五入學第二年可使百分之九十入學第三年全部入學並使每級不超過五十人
（四）舉辦初級成人班及婦女班	二、一六〇班	二、一六〇班	一、〇八〇班	第一二年每年掃除現有文盲百分之四十第三年上半年再掃除百分之二十
（五）舉辦高級成人班及婦女班	一、六〇〇班	一、八〇〇班	三、〇〇〇班	第一年使百分之二十五有私塾教育程度及受初級成人或婦女班教育之民眾受高級補習教育第二年再使百分之二十八受高級補習教育第三年全部受高級補習教育
（六）設立幼兒班	九六班	九六班	一二八班	第一年城區每三保有一班鄉區每鄉鎮一班第二年城區每三保有一班鄉區每鄉鎮二班第三年城區每保一班鄉區每二保一班
（七）設立嬰兒班	九六班	九六班	一二八班	仝上
二、中等教育				
（一）增設初級中學	六所	五所		第一年六所分設第八第九第十第十一第十二及湯山區第二年五所設城區
（二）增加初級中學班級	二八班	六四班	四四班	第一年六校（鄉區）每校春秋季各招一年級生兩班第二年除原六校仍春秋季各招兩班外新增五校（城區）各招春秋季一二年級學生各二班第三年十一校各招春秋季一年級學生二班

(三)增設完全中學	一所	一所	一所	第一年設第三女子中學第二年設第六中學第三[illegible]遷建第三中學
(四)增加高中班級	三班	二班	八班	第一年新校增四級舊校補充九級第二年新校增十級舊校補充十級第三年新校增八級舊校補充十級
(五)增加初中班級	四班	十班	六班	調整舊有完全中學初中班級移四班至新設校計[illegible]二年移二班第三年移二班
(六)建築師範學校	一所			師範學校校址被燬必須重建
(七)增加師範班級	六班	六班	六班	每年招普通師範科二班勞美音体幼稚[illegible]範各一班
(八)修建職業學校	四所	二所		第一年建築工業職校一所於上新河農業學[illegible]一所燕子磯修理商業職校一所（火瓦巷）家事職校[illegible]所（[illegible]定門）第二年建築工業職校一所於浦口農業學校一所於[illegible]陵衛
(九)增加職業學校班級	八班	十二班	十二班	第一年農業工業商業家事職校各招一年級學[illegible]班第二年除原有四校繼續各招一年級生二班外新增[illegible]校亦各招一年生二班第三年六校各招一年級生二班
三、社會教育				
(一)增加民衆教育館	四所	四所	三所	連舊有二所共十三所使每區有一所
(二)增設圖書館	一所	一所	一所	除舊有一所設城南外餘設城區東西北
(三)增設体育場	二所	二所	二所	（一設大中橋一設漢西門一設五台山一設三牌樓一設湯山設和平門外
(四)設立民衆學校	五所	四所	四所	每區一所並於城内指定六所為示範民校
(五)設立補習學校	五所	四所	四所	每區一所並於城内指定三所為示範補習學校
(六)設立兒童教育館	一所	二所	二所	城區東西南北中各設一所

(七)設立兒童樂園	二所	二所	二所	城區東南西北中各設一所，下關設一所
(八)增設電教隊	二隊	二隊	二隊	連舊有共七隊劃全市為七施教區分別駐區施教
(九)設立電化教育處	一所			設夫子廟
(十)電教處附設電影院		一所		利用大會堂作電影院
(十一)電教處附設電台			一所	設電教處内
(十二)設立科學館	一所			設城中原公共講演廳地址
(十三)設民衆大會堂	一所			設夫子廟
(十四)設立藝術館			一所	設新街口附近
(十五)設立盲啞學校		一所		設邁皋橋
(十六)設立療養學校			一所	設陵園
四、教育行政				
(一)設立教育參攷室	一所			設城中
(二)設立教育公有林場	一所	一所	一所	公有生產事業每年撥發基金三年後自給之
(三)設立教育公有農場	一所	一所	一所	
(四)設立教育公有菓園	一所	一所	一所	
(五)設立教育銀行			一所	集資創設不列經費
(六)設立教育設備工廠		一所		設漢西門外

南京市教育擴展計劃分年經費預算表

項目	第一年	第二年	第三年	備註
一、國民教育				
1、小學部				
(一)建築設備費	九、〇〇〇、〇〇〇、〇〇〇元	六、六〇〇、〇〇〇、〇〇〇元	六、七二〇、〇〇〇、〇〇〇元	第一年共建六百個教室每個教室及附屬工程以一千五百萬元九十億元第二年建四百四十個教室共需六十六億元第三年建四百四十八個教室共需六十七億二千萬元
(二)校舍修繕費	四六四、〇〇〇、〇〇〇元	三四八、〇〇〇、〇〇〇元	三四八、〇〇〇、〇〇〇元	舊有學校共一一六所第一年平均每校四百萬元共四億六千四百萬元第二年第三年各平均每校三百萬元各共需三億四千八百萬元
(三)充實設備費	二三二、〇〇〇、〇〇〇元	二三二、〇〇〇、〇〇〇元	一一六、〇〇〇、〇〇〇元	第一年第二年充實各舊有學校設備平均每校二百萬元一一六校各共需二億三千二百萬元第三年每校一百萬元共需一億一千六百萬元
(四)辦公費	一九二、九六〇、〇〇〇元	二二一、七六〇、〇〇〇元	二五〇、五六〇、〇〇〇元	第一年二六八〇班每月需一六、〇八〇、〇〇〇元全年需一九二、九六〇、〇〇〇元第二年增四〇〇班每月需二、四〇〇、〇〇〇元全年需二八、八〇〇、〇〇〇元連同舊有班級共需二二一、七六〇、〇〇〇元第三年再增四〇〇班年需二八、八〇〇、〇〇〇元連同第二年舊有班級共需二五〇、五六〇、〇〇〇元
(五)[illegible]				
(六)教師薪津	六〇、四八〇二〇、八〇〇元	七〇、六〇二〇三六八〇〇元	九〇、六四二五〇八、八〇〇元	第一年除舊有教師一六四六人外增九六〇人(每班九〇〇人加校長[illegible])〇人共二六〇八人每月薪一〇〇元生活補助費一九六四〇〇元第二年除第一年員額薪津仍舊外再增九六〇人(四〇〇班)六〇〇人

（六）人餉	五、六九六、九六〇元	六、三九〇、三八三、六〇元	七、六三二、六五七、六〇元	第一年需入伕六二人第二年八〇七人第三年九六二人，每人每日入餉以六六、〇四〇元計算，全年合計各如上數。
小計	一八、六四八、〇八七、六〇元	二三、〇八八、六八八、六〇元	二九、三五六、八八〇、八〇元	
乙、教部	[illegible]元	[illegible]元	八八四、[illegible]元	
（一）辦公費	[illegible]〇元	二八[illegible]元	八八六、〇〇〇、〇〇〇元	
初級	七、二八〇、〇〇〇元	七二、八〇〇、〇〇〇元	八、六四〇、〇〇〇元	第一二年各二六〇〇班第三年一〇八〇〇班每班每月二〇〇〇元每班以四個月計算
高級	九、二〇〇、〇〇〇元	二六、〇〇〇、〇〇〇元	三六、〇〇〇、〇〇〇元	第一年一六〇〇班第二年一八〇〇班第三年三〇〇〇班每班每月二〇〇〇元每班以六個月計算。
（二）教師薪津				
初級	三、九六〇、八〇〇元	三、九六〇、八〇〇元	六二、六三二、六〇〇元	每四班二個教師每教師月薪二〇元連生活補助費九六四〇〇元全年合計各如上數。
高級	九四、二九三、〇〇〇元	一〇、六八〇、五六〇元	七七、六六〇、〇〇〇元	人工……人
（三）課本費				

加校長二〇人（共六二〇人）第三年除第二年員額薪津仍舊外再增六二〇人（四〇〇班六〇〇人加校長二〇人共六二〇人）全年合計各如上數。

項目	第一年	第二年	第三年	備考
初級	一六、二○○、○○○元	一六二○○、○○○元	八、一○○、○○○元	第一年第二年各一○八○○人第三年五四、○○○人以半數每本三○○元計合各如上數
高級	三○○○、○○○元	三五○○、○○○元	二二五○○、○○○元	第一年一○、○○○人第二年九、○○○人第三年一五、○○○人以半數每本六○○元計合各如上數
(四)工餉	一八六、三三八、○○○元	一九六、五三五、四○○元	一○二○、八○、四○○元	第一年需工友二三五人第二年二四八人第三年二五五人每人每月工餉以六六四○元計算全年合計各如上數
小計	三八四、七九八、八○○元	三九六、五九五、四○○元	四○八、[illegible]元	
3. 幼稚部				
(一)建築設備費				
幼兒班	一九二、○○○、○○○元	一九二、○○○、○○○元	二四○、○○○、○○○元	第一第二年各九六班第三年一二○班每班以二、○○○、○○○元合各如上數
嬰兒班	一九二、○○○、○○○元	一九二、○○○、○○○元	二四○、○○○、○○○元	仝上
(二)辦公費				
幼兒班	二三○、四○、○○○元	四六○、八○、○○○元	七五、二○、○○○元	第一年九六班第二年增設九六班共一九二班第三年增設二八班共二二○班每班每月二○、○○○元全年合各如上數
嬰兒班	二三○、四○、○○○元	四六○、八○、○○○元	七五、二○、○○○元	仝上

項目	第一年	第二年	第三年	備註
（三）教師薪津				
幼兒班	四五三、五七六〇元	九〇五、〇五二〇〇元	一、四七五、三三六〇〇元	第一年九六班，第二年增設九六班共一九二班，第三年增設一二一班共三一三班，每班二人，每人月薪一二〇元，連生活補助以一九六六四〇元，全年合計各如上數。
嬰兒班	四五三、五七六〇元	九〇五、五二〇〇元	一、四七五、三三六〇〇元	全上
（四）工餉	一一三、六六七、八四〇元	二一〇、八六二、〇八〇元	三九二、八九九、三六〇元	第一年需工友一三八人，第二年需工友二五六人，第三年需工友四七七人，每人每月工餉以六八六四〇元計，算全年合計合上數
小計	四八五、五四二、六〇〇元	一、九四〇、五五二、六〇〇元	八〇七、四五七、六〇〇元	
合計	二、九三八、四二二、〇〇〇元	二、四三七、〇六三、四〇〇元	二、八〇七、二五四〇元	
中等教育				
一、中學				
（一）建築設備費	二、四〇〇、〇〇〇、〇〇〇元	二、一〇〇、〇〇〇、〇〇〇元	六〇〇、〇〇〇、〇〇〇元	第二年建初中六校、完全中學一校，初中每校以三億元計，完全中學以六億元計；第三年建初中五校、完全中學一校，第三年暨改建市立第三中學，各合如上數
（二）修繕費	二八〇、〇〇〇、〇〇〇元	二一〇、〇〇〇、〇〇〇元	二一〇、〇〇〇、〇〇〇元	舊有完全中學七所，第一年平均每校四〇、〇〇〇、〇〇〇元，第二年每校平均三〇、〇〇〇、〇〇〇元
（三）充實設備費	二八〇、〇〇〇、〇〇〇元	二一〇、〇〇〇、〇〇〇元	二一〇、〇〇〇、〇〇〇元	舊有完全中學七所，第一年平均每校四〇、〇〇〇、〇〇〇元，第二、三年各三〇、〇〇〇、〇〇〇元

(四)辦公費	六六二、四〇〇、〇〇〇元	一、〇〇八、〇〇〇、〇〇〇元	一、二五二、八〇〇、〇〇〇元	第一年共一八四班原有一三六班新增四八班每班每月三〇〇、〇〇〇元全年共六六二、四〇〇、〇〇〇元第二年增九六班連舊有共二八〇班全年計共需一、〇〇八、〇〇〇、〇〇〇元第三年增六八班連舊有共三四八班全年共需一、二五二、八〇〇、〇〇〇元
(五)教師薪津	一、八六八、四二四、〇〇〇元	二、八四三、七八四、〇〇〇元	三、五三五、六八〇、〇〇〇元	第一年需教職員六一三人第二年需教職員九三三人第三年需教職員一一六〇人每人每月平均二五四、〇〇〇元全年合如上數
(六)工餉	一二一、二四九、四四〇元	一八四、六四七、八四〇元	二二九、八一九、二〇〇元	第一年需工友一五三人第二年二三三人第三年二九〇人每人每月工餉以六六、〇四〇元計算全年合計各如上數
小計	二、六五二、〇七三、四四〇元	四、〇三六、四三一、八四〇元	五、〇一八、二九九、二〇〇元	
五、師範學校				
(一)建築費	一〇〇、〇〇〇、〇〇〇元			現有師範學校校舍係借用國民學校必須重建連同鄉村分校附屬小學幼稚園及各項設備合計如上數
(二)辦公費	八、六四〇、〇〇〇元	一二、九六〇、〇〇〇元	一七、二八〇、〇〇〇元	第一年一二班(舊有六班新增六班)第二年一八班(舊有一二班新增六班)第三年二四班(舊有一八班新增六班)每班每月六〇、〇〇〇元全年合各如上數
(三)教師薪津	一二一、九二〇、〇〇〇元	一七三、七三六、〇〇〇元	一八二、八八〇、〇〇〇元	第一年需教師四〇人第二年需教師五七人第三年需教師六〇人每人每月二五四、〇〇〇元全年合各如上數
(四)師範生膳食費	四三、二〇〇、〇〇〇元	一〇二、〇〇〇、〇〇〇元	二一六、〇〇〇、〇〇〇元	第一年師範生三六〇人第二年師範生八五〇人第三年一八〇〇人每生每月膳食費一〇、〇〇〇元全年合各如上數

7

(五)工餉	七、九二四、八〇〇元	一一、〇九四、七二〇元	一一、八八七、二〇〇元	第一年需工友一〇人,第二年一四人,第三年一五人,每人每月工餉以六六〇四〇元計算,全年合計各如上數
小計	三、八〇四、八〇〇元	四〇、一〇七、二〇〇元	四三、二七七、三〇〇元	
3、職業學校				
(一)建築設備費	一、四〇〇、〇〇〇、〇〇〇元	一、四〇〇、〇〇〇、〇〇〇元		第一二年各設工業職校一所、農業職校一所,工校建築設備費十億元,農校四億元,合各如上數
(二)修繕設備費	四〇〇、〇〇〇、〇〇〇元			商業職校及農事職校修建設備費各二億元,共如上數
(三)辦公費	六、四八〇、〇〇〇元	九、三六〇、〇〇〇元	一一、五二〇、〇〇〇元	第一年十八班,第二年二六班,第三年三二班,每班每月三萬元,全年合各如上數
(四)教師薪津	一八、二八八、〇〇〇元	二六、五一七、六〇〇元	三二、六一三、六〇〇元	第一年需教職員六〇人,第二年需教職員八七人,第三年需教職員一〇七人,每人每月薪津二五四〇〇元,全年合各如上數
(五)工餉	一一、八八七、二〇〇元	一七、四三四、五六〇元	二一、三九六、九六〇元	第一年需工友一五人,第二年二二人,第三年二七人,每人每月工餉六六〇四〇元,計算全年合計各如上數
小計	二〇一、三四七、二〇〇元	二、六九九、七〇五、六〇〇元	三、五九八、五九六〇元	
合計	八九、九八四、五四四元	七七四、四七三、三二〇元	五六九、三五五、八六六元	

三、社會教育

項目	第一年	第二年	第三年	說明
1、民眾教育館				
(一)建築費	八○○、○○○、○○○元	八○○、○○○、○○○元	六○○、○○○、○○○元	第一二年各建築四所第三年三所每所二億元合如上數
(二)設備費	六○○、○○○、○○○元	六○○、○○○、○○○元	四五○、○○○、○○○元	每館設備費一五○、○○○、○○○元各年如上數
(三)修建設備費	一○○、○○○、○○○元	一○○、○○○、○○○元		舊有二民教館第一二年各館各五○、○○○、○○○元
(四)辦公及事業費	三、六○○、○○○元	六、○○○、○○○元	七、八○○、○○○元	第一年六所(舊有二所新設四所)第二年一○所第三年一三所每所每月五○、○○○元全年合各如上數
(五)職員薪津	二五、九二○、○○○元	四三、二○○、○○○元	五六、一六○、○○○元	第一年需九○人(每所五人六所共九○人)第二年需一五○人(十所共一五○人)第三年需一九五人(一三所共一九五人)每人每月平均一七○元連生活補助費共二四、○○○元全年合各如上數
(六)工餉	二、三七七、四四○元	三、九六二、四○○元	五、一五一、一二○元	第一年需工友三○人第二年五○人第三年六五人每人每月工餉以六、六○四元計算全年合計各如上數
小計	一、七七四、六六四、○○○元	一、四四四、九四四、○○○元	一、一三八、三七二、○○○元	
2、圖書館				

（一）建築費	二〇〇、〇〇〇、〇〇〇元	二〇〇、〇〇〇、〇〇〇元	二〇〇、〇〇〇、〇〇〇元	每年各建一所每所二億元合如上數
（二）設備費	五〇、〇〇〇、〇〇〇元	五〇、〇〇〇、〇〇〇元	五〇、〇〇〇、〇〇〇元	每館設備費五〇、〇〇〇、〇〇〇元如上數
（三）修建設備費	一〇〇、〇〇〇、〇〇〇元			舊有圖書館一所修建設備費如上數
（四）辦公費	一二〇、〇〇〇、〇〇〇元	一八〇、〇〇〇、〇〇〇元	二四〇、〇〇〇、〇〇〇元	第一年二館（新舊各一）第二年三館（新一舊二）第三年四館（新一舊三）每館每月五〇、〇〇〇元全年合各如上數
（五）職員薪津	八三、六六四、〇〇〇元	一二五、四九六、〇〇〇元	一六七、三二八、〇〇〇元	第一年三〇人第二年四五人第三年六〇人每人每月二三二、四〇〇元全年合各如上數
六、工餉	七、九二四、八〇〇元	一一、八八七、二〇〇元	一五、八四九、六〇〇元	第一年需工友一〇人第二年一五人第三年二〇人每人每月工餉以六六、〇四〇元計算全年合計各如上數
小計	四六一、五八八、八〇〇元	三六七、三八三、二〇〇元	四七三、一七七、六〇〇元	
乙、體育場				
（一）建築費	四〇〇、〇〇〇、〇〇〇元	四〇〇、〇〇〇、〇〇〇元	四〇〇、〇〇〇、〇〇〇元	每年建築體育場二所每所二億元合各如上數
（二）設備費	三〇、〇〇〇、〇〇〇元	三〇、〇〇〇、〇〇〇元	三〇、〇〇〇、〇〇〇元	每場設備費一五、〇〇〇、〇〇〇元

(三)辦公費	一二、000、000元	二四、000、000元	三六、000、000元	第一年二所第二年四所第三年六所每所每月五00、000元全年合各如上數
(四)職員薪津	八、三六六、四00元	一六、七三二、八00元	二五、0九九、二00元	第一年需三0人第二年需六0人第三年需九0人每人每月二三、二四0元全年合各如上數
(五)工餉	七九六、八00元	一、五九三、六00元	二、三九0、四00元	第一年需工友一0人第二年二0人第三年三0人每人每月工餉以六、六四0元計算全年合計各如上數
小計	五三、五八八、八00元	六三七、七六七、六00元	一五四、七六六、四00元	
4、民眾学校				
建築設備費	一二、000、000元	一二、000、000元		第一二年各建民眾学校一所每所一二、000、000元文已揭除後改補習学校
修建設備費	八0、000、000元	六0、000、000元	八0、000、000元	第一年修建四所民眾学校第二年三所第三年四所每所二0、000、000元合如上數
辦公費				由國民教育[illegible]教部經費內撥充每校每年辦高初級各二部班
職員薪津	二七、六四0、000元	二二、二二0、00元	三0、六三八、四00元	教師薪津由民教部經費撥充每校十人(高級六人)每年教四班(低級四人)每年教六班另每校設一主持人月薪三0元東生活補助費一九六、四00元第一年五校第二年九校第三年十三校

項目	第一年	第二年	第三年	備考
(五)餉	三九、六四〇元	七三、二三〇元	一〇三、〇二、三四〇元	第一年需工友五人第二年九人第三年十三人每人每月工餉以六六〇四〇元計算全年合計各如上數
小計	三五、七四六、四〇〇元	三〇八、三四三、二三〇元	三三〇、九四〇、六六〇元	
分補習學校				
(一)建築校舍	三六〇、〇〇〇、〇〇〇元	三〇〇、〇〇〇、〇〇〇元	三〇〇、〇〇〇、〇〇〇元	每年建較大規模補習學校一所各約一二〇、〇〇〇、〇〇〇元第二年另建規模較小者四所第三年三所每所以六〇、〇〇〇、〇〇〇元計合各如上數
(二)辦公費	八、〇〇〇、〇〇〇元	三三、二〇〇、〇〇〇元	九〇、〇〇〇、〇〇〇元	第一年二校四校每月二十萬元餘十萬元第二年十三校內三校每月二十萬元餘十萬元全年合計各如上數
(三)教職員薪津	三九、〇〇〇、〇〇〇元	二五〇、九九二、〇〇〇元	三六二、五四四、八〇〇元	第一年五〇人(平均每校十人)第二年九〇人第三年一三〇人每人每月平均七〇〇元連生活補助費共二三二、四〇〇元全年合各如上數
(四)工餉	一〇、〇三二、三〇〇元	一八、二二七、〇四〇元	二六、五八六、四〇〇元	第一年需工友三人第二年二三人第三年三三人每人每月工餉以六六〇四〇元計算全年合計各如上數
小計	五一、六七四、三二〇元	五八〇、四九九、四〇〇元	七九〇、八九五、六四〇元	
分區社會教育館				
(一)建築館舍費	一〇〇、〇〇〇、〇〇〇元	四〇〇、〇〇〇、〇〇〇元	四〇〇、〇〇〇、〇〇〇元	第一年建一館第二三年各建二館每館建築費以二〇〇、〇〇〇、〇〇〇元合如上數

（二）辦公及事業費	六〇〇、〇〇〇元	一、八〇〇、〇〇〇元	三、〇〇〇、〇〇〇元	第一年一館第二年三館第三年五館每館每月辦公及事業費五〇、〇〇〇元全年合各如上數
（三）職員薪津	四、八三二、〇〇〇元	一三、五四九、六〇〇元	二〇、九八六、〇〇〇元	第一年需一五人第二年需四五人第三年需七五人每人每月薪津平均七〇元與生活補助費共二三、四〇〇元全年合各如上數
（四）人餉	三一六、九九二元	九五〇、九七六元	一、五八四、九六〇元	第一年需工友四人第二年一二人第三年二〇人每人每月工餉以六六〇四元計算全年合計各如上數
小計	二五、〇〇九、二〇元	五五三、〇〇五、七六〇元	六五五、〇〇九、六〇〇元	
乙 兒童樂園				
（一）修建設備費	二〇、〇〇〇、〇〇〇元	二〇、〇〇〇、〇〇〇元	二〇、〇〇〇、〇〇〇元	每年建兒童樂園二所每所一〇、〇〇〇、〇〇〇元合如上數
（二）辦公費	一、二〇〇、〇〇〇元	二、四〇〇、〇〇〇元	三、六〇〇、〇〇〇元	第一年二所第二年四所第三年六所每所每月辦公費五〇、〇〇〇元全年合各如上數
（三）職員薪津	三、五六八、〇〇〇元	七、一三六、〇〇〇元	一〇、七〇四、〇〇〇元	第一年需一〇人（平均每所五人）第二年需二〇人第三年需三〇人每人平均月薪一二〇元與生活補助共二九、六四〇元全年合各如上數
（四）人餉	三一六、九九二元	六三三、九八四元	九五〇、九七六元	第一年需工友四人第二年八人第三年一二人每人每月工餉以六六〇四元計算全年合計各如上數
小計	三七、九三七、九二〇元	三五、五八五、四〇〇元	二八、三八二、七六〇元	

8、電教隊				
（一）設備費	二〇、〇〇〇、〇〇〇元	二〇、〇〇〇、〇〇〇元	二〇、〇〇〇、〇〇〇元	每年增設二隊每隊設備費一〇、〇〇〇、〇〇〇元合如上數
（二）辦公費	八、四〇〇、〇〇〇元	二四、〇〇〇、〇〇〇元	三、三六〇、〇〇〇元	第一年三隊（舊有一隊新增二隊）第二年五隊第三年七隊每隊每月四〇、〇〇〇元全年合各如上數
（三）職員薪津	五〇、九八、四〇〇元	八三、六六四〇〇〇元	一七、三九、六〇〇元	第一年需一八人（每隊六人）第二年需三〇人第三年需四二人每人每月薪津平均二三〇元連生活補助費共二三六四〇元全年合各如上數
（四）工餉	四七五四、八八〇元	七九二四、八〇〇元	二〇九四七二〇元	第一年需工友六人第二年一〇人第三年一四人每人每月工餉以六六〇四〇元計算全年合計各如上數
小計	七六、三九三、二八〇元	二一三、九八八、八〇〇元	五八、五八四、三二〇元	
9、電教處				
~~（一）電影院及電台~~				
（一）建築及設備費	一〇〇、〇〇〇、〇〇〇元	三〇〇、〇〇〇、〇〇〇元	二〇〇、〇〇〇、〇〇〇元	第一年建電教處第二年添建電影院第三年添電台
（二）辦公費	二四〇〇、〇〇〇元	四、八〇〇、〇〇〇元	七、二〇〇、〇〇〇元	第一年每月二〇萬元第二年每月四〇萬元第三年每月六〇萬元合各如上數

(三)職員薪津	九五三、六〇〇元	三、〇七六、八〇〇元	四、八三六、〇〇〇元	第一年七人第二年十二人第三年一五人每人每月薪津均[illegible]元連生活補助費共二三二、四〇〇元全年合計如上數
四工餉	一、五八四、九六〇元	三、一六九、九二〇元	四、七五四、八八〇元	第一年需工友二人第二年四人第三年六人每人每月工餉以六六、〇四〇元計算全年合計各如上數
小計	二、五三八、五六〇元	六、二四六、七二〇元	九、五九〇、八八〇元	
10、科學館				
(一)建築設備費	四〇、〇〇〇、〇〇〇元			
(二)辦公費	六、〇〇〇、〇〇〇元	六、〇〇〇、〇〇〇元	六、〇〇〇、〇〇〇元	每月五〇〇、〇〇〇元全年六、〇〇〇、〇〇〇元
(三)職員薪津	四、八三二、〇〇〇元	四、八三二、〇〇〇元	四、八三二、〇〇〇元	職員一五人每人每月薪津平均一七〇元連生活補助費共三二二、四〇〇元全年如上數
(四)工餉	三、一六九、九二〇元	三、一六九、九二〇元	三、一六九、九二〇元	每年各需工友四人每人每月工餉以六六、〇四〇元計算全年各計如上數
小計	五四、〇〇一、九二〇元	一四、〇〇一、九二〇元	一四、〇〇一、九二〇元	
11、大會堂				

(一)建築設備費	二○,○○○,○○○元			大會堂二所建築設備費一○,○○○,○○○元設備費一○,○○○,○○○元
(二)辦公費				附設民衆教育館內不另列辦公費
(三)職員薪津	二三五,六八○元	二三五,六八○元	二三五,六八○元	管理員月薪一二○元連生活補助費共一九六○○全年如上數
(四)工餉	七九二,四八○元	七九二,四八○元	七九二,四八○元	每年各需工友一人每月工餉以六六○四○元計算全年共需如上數
小計	二一,○二八,一六○元	一,○二八,一六○元	三,二四九,二八○元	
五、藝術館				
(一)建築設備費		四○,○○○,○○○元		
(二)辦公費		六,○○○,○○○元	六,○○○,○○○元	每月五○○,○○○元全年六,○○○,○○○元
(三)職員薪津		四,八三二,○○○元	四,八三二,○○○元	職員十五人每人每月薪津連生活補助費共二二四○○元全年如上數
(四)工餉	三,一六九,九二○元	三,一六九,九二○元	三,一六九,九二○元	第二年第三年各需工友四人每人每月工餉以六六○四○元計算全年合計如上數

小計		四三六五一九二〇元	五三六〇〇一九六〇元	
13、盲啞學校				
(一)建築設備費		一〇〇〇〇〇〇〇〇元		建築八〇、〇〇〇、〇〇〇元設備二〇、〇〇〇、〇〇〇元
(二)辦公費		三〇〇、〇〇〇元	一、二〇〇、〇〇〇元	每月一〇〇、〇〇〇元全年如上數
(三)職員薪津		九、五三二、六〇〇元	一九、五三二、六〇〇元	職員七人每人每月薪津平均七〇元連生活補助費共二三二、四〇〇元全年如上數
(四)入餉		三、九六二、四〇〇元	三、九六二、四〇〇元	第二年第三年分需三友五人每人每月二餉以六六〇四〇元計算全年合計如上數
小計		一一三、七九五、〇〇〇元	二四、六九五、〇〇〇元	
14、感化學校				
(一)建築設備費			四〇〇、〇〇〇、〇〇〇元	建築二〇〇、〇〇〇、〇〇〇元設備二〇〇、〇〇〇、〇〇〇元
(二)辦公費			三、六〇〇、〇〇〇元	每月三〇〇、〇〇〇元全年如上數

(三)教師薪津			七三、五二〇、〇〇〇元	六學級每學級四人共二十四人每人每月平均薪津每生活補助費共二五四、〇〇〇元全年如上數
(四)工友			六、三三九、六四〇元	工友八人每人每月工餉以六六〇、四〇元計算全年共需如上數
小計			四八三、〇九八、六四〇元	
合計	五八八、四三五、五〇〇元	五六七、六三六、〇〇〇元	五二六、七八三、三六八元	
(四)教育復興費	[illegible]元			
(一)建築設備費	一〇〇、〇〇〇、〇〇〇元	二〇〇、〇〇〇、〇〇〇元		第一年設立教育參考陳列室建築費五〇、〇〇〇、〇〇〇元設備費五〇、〇〇〇、〇〇〇元第二年設立附屬教育實驗工廠及學校建築費五〇、〇〇〇、〇〇〇元設備及材料費一五〇、〇〇〇、〇〇〇元
(二)編著印刷費	一〇〇、〇〇〇、〇〇〇元	一〇〇、〇〇〇、〇〇〇元	一〇〇、〇〇〇、〇〇〇元	每年編印定期刊物二種(一為首都教育月刊一為教師通訊)編印專叢書二十冊報告書計劃書四種
(三)視導旅費	二六、八八〇、〇〇〇元	三六、八八〇、〇〇〇元	三六、八八〇、〇〇〇元	督學視導員共二十八人平均每人每年六〇〇、〇〇〇元共一六、八〇〇、〇〇〇元餘作聘請專家担任中等學校分科視導費。
(四)集會費	三五、〇〇〇、〇〇〇元	三五、〇〇〇、〇〇〇元	三五、〇〇〇、〇〇〇元	每年舉行國民教育研究會二次中等教育研究會二次社會教育研究會二次視導會議二次每次紙張印刷茶點等每次須以五、〇〇〇、〇〇〇元計合如上數
(五)講習會	[illegible]元	[illegible]元	[illegible]元	每年舉辦暑期講習會一次注重分科講師待遇職員伙食及紙張印刷等如上數

（六）参观考察费	六四、〇〇〇、〇〇〇元	六四、〇〇〇、〇〇〇元	六四、〇〇〇、〇〇〇元	每年选派职员及优良工人或教育工作人员分赴国内外参观考察，每年需费如上数
（七）办公费	八二八〇、〇〇〇元	一三〇八〇、〇〇〇元	一三〇八〇、〇〇〇元	驻厂视导办公费（包括书报邮费纸张及分厂联合费用）每厂每月五〇、〇〇〇元，十三厂共六五〇、〇〇〇元，年共七、八〇〇、〇〇〇元，教育股室办公费每月四〇、〇〇〇元，年共四八〇、〇〇〇元；第二年增设输子厂，每月增办公费四〇〇、〇〇〇元，每年四八〇〇、〇〇〇元，合各如上数
（八）人员薪津	一二、六四六、四〇〇元	四九、三五〇、〇〇〇元	四九、三五〇、〇〇〇元	第一年设视导员辅导员共二十五人（视导员十三人除已设六人外应增七人，加辅导员八人）共二十五人，每人每月薪津平均二八〇〇元，连生活补助费共六二、六〇〇元，全年需九三、四八〇〇元，教育股室主任及干事三人每人每月薪津平均二〇、〇〇〇元，连生活补助费共三二八、四〇〇元，全年需八、三六六、四〇〇元；第二、三年增设工厂干事技士七人，仍以每人每月薪津六〇〇元平均，全年需五五七七〇〇〇元，合各如上数
（九）工饷	七九、三四〇、八〇〇元	四七、五四八、〇〇〇元	四七、五四八、〇〇〇元	教育参观室每年需用工友六人，教育设输工厂在第二三年各需工友五人，每人每月工饷以六六〇四〇元计算，全年合计各如上数
（十）公有生产事业基金	三〇、〇〇〇、〇〇〇元	二〇、〇〇〇、〇〇〇元	二〇、〇〇〇、〇〇〇元	每年以三亿元作公营生产事业（教育公有农场林场及菜园）基金，用于本会计三年后自给自足并分年归还基金
合计	七五三、七八八、〇〇〇元	九八、〇四〇、八〇〇元	七六八、〇四〇、八〇〇元	
总计	一八六、八六六、九四〇元	一八五、五四六、〇八〇元	四一、三八〇、三六〇、一六〇元	二七、五四七、九五五、二八〇元

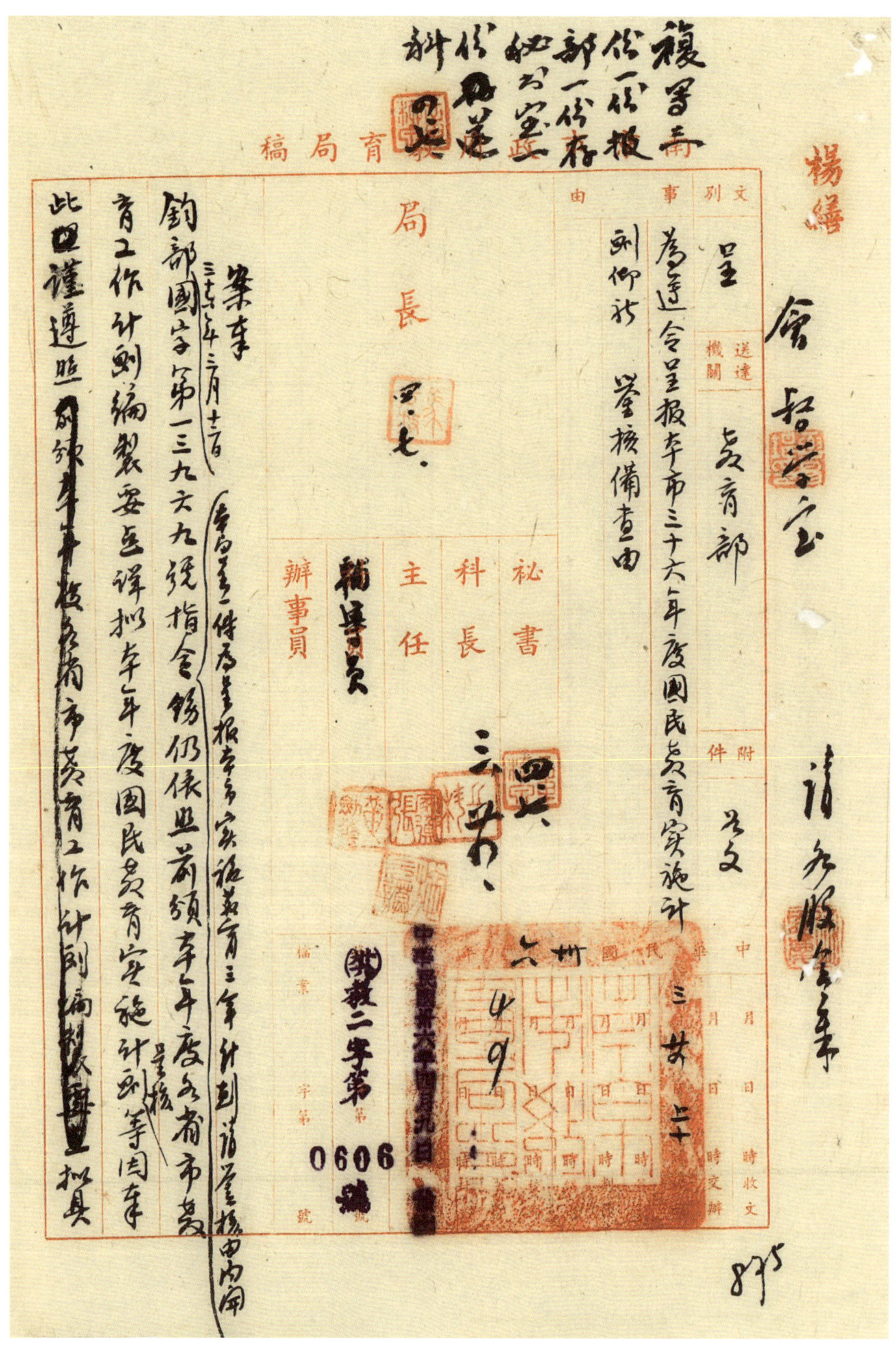
南京市教育局稿

文別：呈

送達機關：教育部

事由：為遵令呈報本市三十六年度國民教育實施計劃仰祈鑒核備查由

附件：如文

局長

秘書

科長

主任

辦事員

中華民國 年 月 日 時收文

月 日 時交辦

檔案 字第 號

案奉

鈞部國字第一三九六九號指令，飭仍依照前頒本年度各省市教育工作計劃編製要點詳擬本年度國民教育實施計劃等因，奉此，謹遵照……

0606

南京市教育局呈送國民政府教育部《南京市一九四七年度國民教育實施計劃》（一九四七年四月九日）

檔號：1003-7-391

南京市三十六年度國民教育實施計劃備文呈報仰祈

鑒核備查實爲公便

謹呈

教育部部長朱

附呈南京市三十六年度國民教育實施計劃一份

全銜 馬〇〇

南京市三十六年度國民教育實施計劃

一、計劃根據

(一)已收容學齡兒童及不識字民眾

(1)全市學齡兒童及不識字民眾　根據三十五年九月首都警察廳調查報告全市學齡兒童數為一二三一七六名不識字民眾數為三七〇四八六名

(2)現有學校數及在學兒童數　三十五年度原有中心國民學校及國民學校共一一七所計一〇三五班在學兒童有五七〇一〇名又私立小學共三三所計一六五班在學兒童有七〇〇〇名合共學校一五〇所班級一三〇〇班在學兒童有六四〇一〇名

(3)現有民教班數及入學民眾數　三十五年度就原有中心國民學校及國民學校內添設初級成人班及婦女班計七三班入學民眾有四五〇〇名

二、實施計劃

（一）調整中心國民學校添設國民學校及增加班級

（1）調整中心國民學校　三十五年度係普遍設立中心國民學校本年度擬從新劃定按自治區指定每區設立中心國民學校一所力求其機構健全組織完善內容充實並選拔資歷較深成績優良人員充任校長負輔導國民學校責任

（2）添設國民學校　本年度上半年下半年擬各添設三〇校國民學校平均每校開辦四班計共添設二四〇班每班以收容兒童五〇名計每半年可增收學齡兒童六〇〇〇名全年共一二〇〇〇名

（3）設立幼稚園　本年度上半年擬在市中心區設立市立幼稚園一所下半年

在市南市北兩區各設市立幼稚園一所每所開辦大班計一八班並提倡私人創設私立幼稚園約計十班每班以收容不足學齡兒童四五名計可收容一二六〇名

(4)增加原有學校班級　本年度擬每半年各增加一八〇班計三六〇班每班以五〇名計每半年可增加收容學齡兒童九〇〇〇名全年計一八〇〇〇名因中心國民學校在學兒童有一部份不足學齡擬在中心國民學校各增設幼稚班二班全市一三校計增加二四班每班以四五名計可增收不足學齡兒童一〇八〇名又擬每半年各增設民教班三〇〇班計六〇〇班每班以六〇名計可增收不識字民衆每半年一八〇〇〇名全年計三六〇〇〇名約可使全市學齡兒童百分之七五入學不識字民衆得分期受識字或補習教育

(二)改進私塾

(1)嚴辦私塾登記　凡在本市已設或新設之私塾均須填具

設立私塾表經調查發給許可証後方得招生開塾上課

(2)規定科目　分基本及補充科目兩種以國語常識算術三科為基本科目體育音樂勞作圖畫等科為補充科目

(3)訓練與輔導　利用寒暑假或相當時機舉行塾師訓練班或講習會使能對各科教學法得實際研究調查入塾兒童生活習慣及學習程度介紹進修讀物或指派參觀優良國民學校使其有進修改善機會

(4)獎勵與取締　核准之改良私塾其成績優良者改為代用國民學校並酌予補助以資獎勵其不遵令登記與不良私塾隨時取締之

(三)教師進修與輔導

(1)續辦國民教育實驗區　三十五年十月份成立國民教育實驗區本市

第六行政區為實驗區範圍指定實驗體育衛生訓育三項本年度擬增設國 加實
驗項目并加强工作
民教育實驗區一所以本市第三行政區為實驗區範圍指定實驗學校辦理

教學改進二項

(一)組織成立市區國民教育研究會　組織成立區國民教育研究會督導按月舉行成立市國民教育研究會定期舉行

(三)舉辦寒暑假訓練　本市國民教育師資來源雖不感缺乏但現代教育思想及方法日新月異教師應予以進修機會擬繼續舉辦國民教師暑期講習班體育音樂專科教師寒假講習班及並舉辦塾師訓練班等

(4)編印定期刊物　擬編印首都教育或本市國民教育輔導月刊刊載①專家著作②名人講述③實驗研究報告④個人進修心得⑤教育法令規章

等並編印地方性兒童補充教材課外補充讀物及各科測驗統計材料等

(5)加強輔導工作　中心國民學校輔導國民學校為輔導基層工作本年中心國民學校之設置及校長人選從新調整並製訂中心國民學校組織規程中心國民學校工作大綱中心國民學校輔導國民學校辦法等令飭各校切實遵辦

(6)增加視導效率　視導在教育行政中佔重要部門本局擬訂國民學校視導標準(一)視導辦法(二)學校曆(三)各科教學進度(四)各科教學記分表(五)研究會組織大綱(六)私立小學管理辦法(七)管理私塾辦法等並嚴密視導方法增加視導次數及員額以期效率之增進

(7)舉辦國民教育工作競賽　本年度擬分區舉辦學校行政及學生作業成績展覽等競賽

(四)辦理教職員總登記

(1)已辦登記教職員　三十五年度已辦備用教師登記計一一〇四人補行辦理

登記手續者計九二〇人

(2)辦理在職教職員總登記　本年度擬自上學期起在開學後一月內即

發教職員登記表及辦理在職教員總登記注意要點由各學校取具全校教

教員申請登記應繳各件彙送本局審核製成考查表及服務卡片留

並飭填就送校長彙報本局存查

(3)選拔任用優良教師　凡在師範學校或師範科或教育系畢業曾經登記

或檢定合格志願充任教師者均得向本局申請登記經審查合格並認為優良師資

本局介紹各校儘先聘用

(四)改善教職員待遇

(1)提高薪給　三十五年度教職員薪給校長最高一七〇元最九〇元主任最高一五〇元最低九〇元教員最高八〇元最低六五元~~事務員最高八〇元最低六〇元~~平均數為一一五元本年度擬提高薪給校長最高二三〇元最低一一〇元主任最高二〇〇元最低九五元教員最高一四〇元最低七五元~~事務員最高八〇元最低六〇元~~平均數為一四〇元

(2)配給實物　擬配給日用必需實物安定教職員生活以提高專業信念

(六)寬籌經費充實學校

(1)寬籌教育經費　本年度擬儘量寬籌國民教育經費①在本市支出總預算額提高百分比②請求中央撥款補助③加緊獻校祝壽運動④籌措國民學校及中心國民學校基金

(2)建修校舍　本年上半年建築新校舍一〇所修整校舍六〇所下半年

建築新校舍一〇〇所修整校舍六〇所

(B)充實設備　本年度(1)分兩期添製課桌椅一〇〇〇〇套(2)添製黑板辦公桌

椅風琴及其他急需校具(3)充實各校圖書體育美勞衛生等設備(4)購辦

理化儀器分發各中心國民學校以供區內各國民學校輪流應用

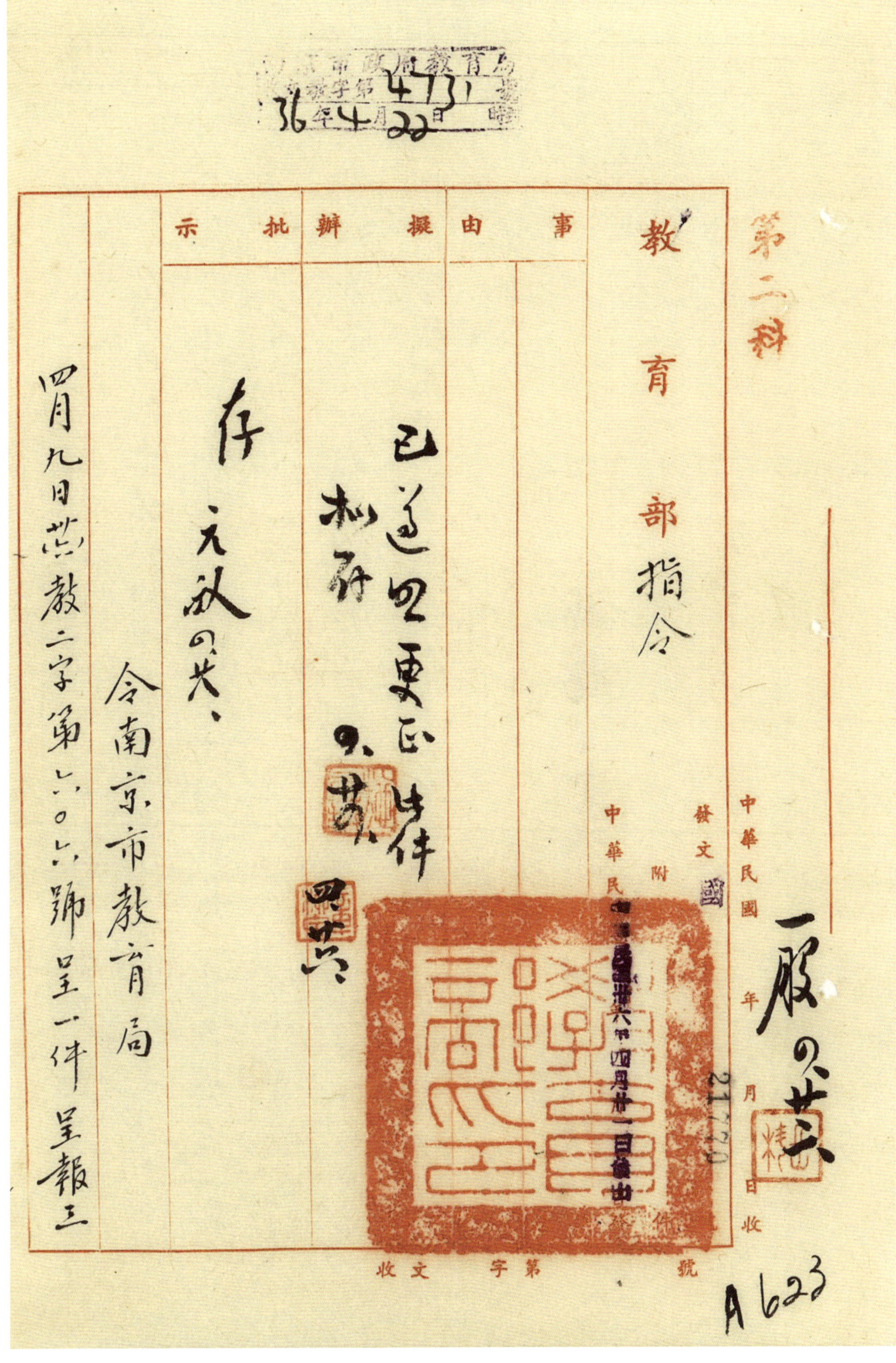

南京市政府教育局 收文教字第4731號 36年4月22日 時

第二科

教育部指令

事由	擬辦	批示
	已送回更正批存 ○八 廿六 四廿六	存 元駁 ○八 廿六、

令南京市教育局

四月九日廿○教二字第六○六號呈一件 呈報三

發文 附件

中華民國三十六年四月廿一日發出

中華民國 年 月 日收

收文 字第 號

一般 ○八 廿六

A623

十六年度國教實施計劃祈鑒核由

呈件均悉，核示如次：一、原計劃（二）（2）內「課程」二字均應改爲「科目」；二、原計劃（三）（1）擬增設國民教育實驗區一節，應毋庸增設，必要時得就該市原設國教實驗區增加實驗項目，並加強工作；三、原計劃（六）（1）應加入「籌集國民學校及中心國民學校基金」一項。仰即遵照。件暫存。此令。

部長 朱家驊

監印
校對

1947.2.10000

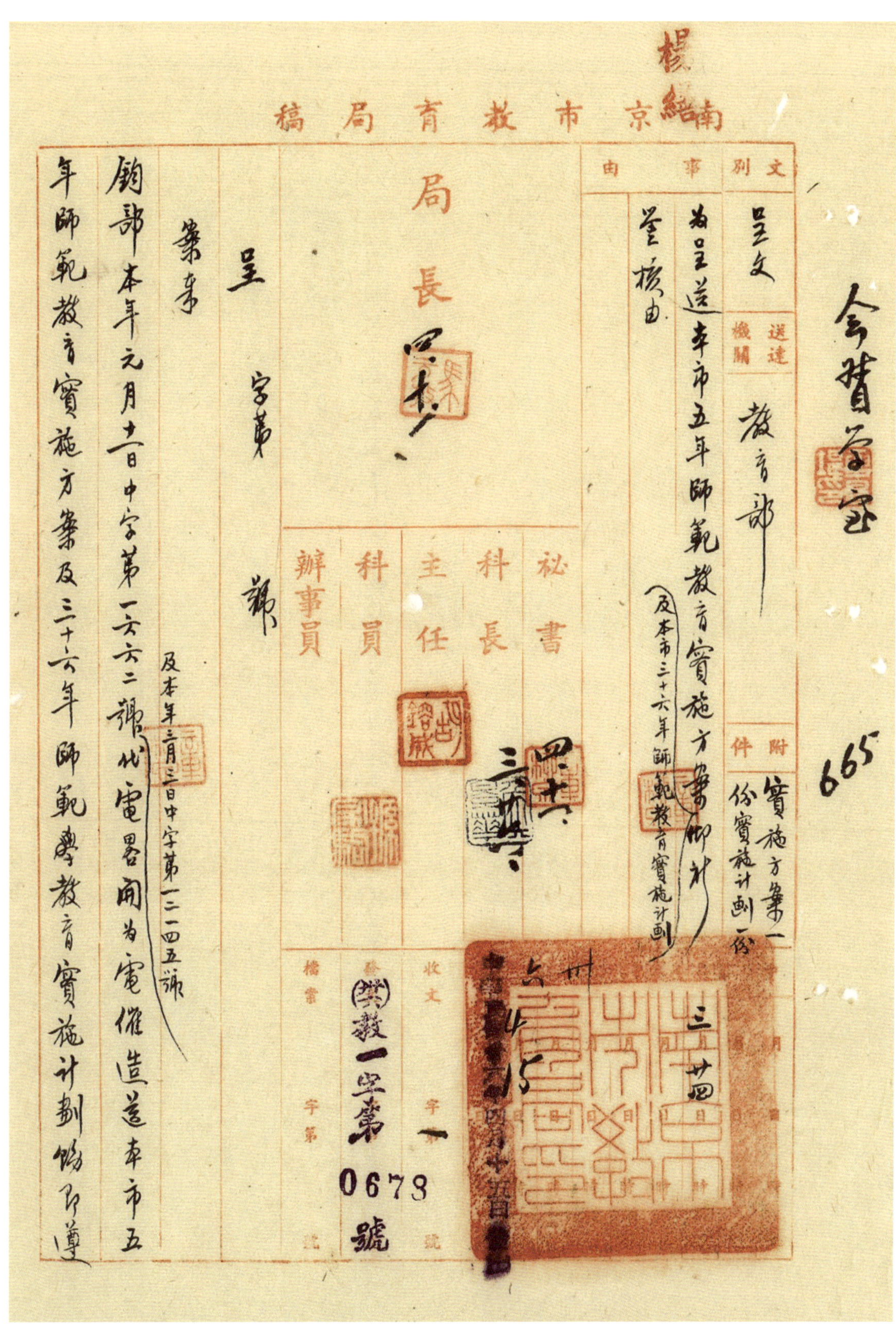
南京市教育局稿

文別：呈文

事由：為呈送本市五年師範教育實施方案及本市三十六年師範教育實施計劃仰祈鑒核由

送達機關：教育部

附件：實施方案一份 實施計劃一份

局長

秘書

科長

主任

科員

辦事員

收文 字第 號

發（英）教一字第0678號

檔案 字第 號

呈 字第 號

案奉

鈞部本年元月十一日中字第一六六二號（及本年三月三日中字第一二一四五號）代電略開為電催造送本市五年師範教育實施方案及三十六年師範學教育實施計劃仰即遵

會計室

665

南京市教育局呈送國民政府教育部《南京市五年師範教育實施方案》及《南京市一九四七年師範教育實施計劃》（一九四七年四月十五日）

檔號：1003-7-54

此等因奉此，遵經分別擬訂卅六年師範教育實施計劃另文送呈外，理合先將本市五年師範教育實施方案及三十六年師範教育實施計劃具文呈報，仰祈

鑒核。

謹呈

教育部部長朱

附呈本市五年師範教育實施方案一份及三十六年師範教育實施計劃一份

（全銜）馬元〇

南京市五年師範教育實施方案

(甲)方案根據

(一)遵照教育部頒發各省市五年師範教育實施方案擬訂本方案

(二)依照本市教育實施三年計劃中國民教育部門就國民教育逐年發展情形及所需師資擬訂本方案(查三年計劃中除現有師資外尚需國民學校教員二〇二八人民教部教員一三五〇人幼稚園教員三一二人合共需三六九〇人惟目前本市師資不感恐慌且覺過剩者一則因各地不靖二則因各地經費困難待遇較差合格教員紛紛來局登記晋用楚材何虞缺乏倘俟各地秩序恢復待遇提高之時此項人材恐難永留京市為儲才計仍應大量培植本市師資)

(乙)實施要項

(一)關於增校及建校者

（1）遷建市立師範學校校舍—本市市立師範學校原址久已被燬，現借用國民學校之舍，因民教育亟須推進，其校舍勢難久借，擬於城南小市口該校原址新建校舍遷入辦理

（2）改設鄉村師範學校—本市市立師範學校現有分校一所設於燕子磯，與該校本部距離甚遠，管轄不便，擬將該分校單獨設立，以一事權，並改為鄉村師範學校，造就鄉村小學之師資

（3）增設女子師範學校—本市市立師範及其分校招收男女学生分班教学，將來擬增設市立女子師範學校一所於城內中心區域，以現有師範學校女生併入辦理，以符男女分校之原則

（4）增設專科師範學校—將來擬擇適宜地點增設五年制及二年制……招收初中及高中畢業生，以提高國民學校教師之程度

（5）添辦附屬小學及幼稚園—本市市立師範學校現有附屬小學一所，將來擬每一師範學校均各添辦附屬小學及幼稚園，一則推廣國民教育，一則供給該校師範生之實習

（二）關於學級及學額者

(1)擴充師範學校學級——本市市立師範學校及其分校現有除特別師範科及幼稚師範科外普通師範科十班，為適應需要起見，擬逐年擴充其班級，使所有畢業學生足敷充任本市各級國民學校之教師，同時可以逐漸減少[illegible]

(2)增設專科師範科——本市市立師範學校及其分校現有特別師範科一班及幼稚師範科三班，將來特別師範科不再續辦，幼稚師範科仍應繼續辦理，並擴充班級外，尚須增設勞作、美術師範科、音樂、體育師範科及社教師資科，以造就小學專科教員

(3)充實師範學校各級學額者——本市師範學校本年因合併其他中學之師範科學生，情形特殊，致少數學級尚有未盡充實者，以後將設法充實，務使每班有學生五十人（至少有學生四十人，新增班級每班須招足），以符經濟原則

(4)協助流亡師範生之復學——凡流亡之師範學校學生來京者，一律予以協助，就本市各師範學校現有班級之可能容量，儘量收容，既免失學，並可為國家培育小學師資

（三）關於環境及設備者

（1）改善師範學校環境——增設之師範學校校舍場地建築佈置務使其適合標準，其原有之師範學校如因限於地方不能盡合理想者亦須注意逐漸改善其環境佈置，遍植花木藉增美感，懸掛古今中外名人與教育家之肖像及其關於教育之格言，加強學生對教育之信念，尤須特別注意整齊清潔，養成學生優良習慣

（2）充實師範學校設備——本市師範學校之圖書儀器掛圖標本模型等一切教具及醫藥衛生藥品器材均極缺乏，擬設法充實，使足敷教學及學生實驗之用

（3）提倡自製教具——本市各師範學校對於教學方面之教具能於自製者應提倡自製，能於創造者應提倡創造，以供教學及實驗之用，并可啓發學生研究精神及製作創造能力

（四）關於檢定教員及提高薪俸者

（1）檢定師範學校教員——為改進師範學校之素質起見，對於師資須特別注意，儘量選用合格教員，并須依照規定組織師範學校教員檢定委員會作試驗及無試驗之檢定

(2)提高師範學校教員之薪給——師範學校教員之優良與否關係國家民族至巨為羅致優良合格而勝任之教員并安定其生活起見必須提高其薪給并保障其服務

(五)關於師範教育之研究及教育之進修者

(1)組織師範教育研究會——依照規定組織師範教育研究會研究師範學校之課程教學訓育及校務管理等實際問題以便改善

(2)獎勵師範學校教員之進修及研究事項——師範學校教員應隨時注意進修并多作問題研究學術研究教學方法之研究及實驗工作等其能繼續供職至一定年限而對教育學術有高深之研究并撰有著作者得呈請獎勵或選送國內外學術機關參觀研究

(六)關於學生入學及精神訓練者

(1)嚴格奉行師範生之入學試驗——為招收優良師範生起見對於師範生之入學

試驗須嚴格，並除試驗其學業外，並須考查其品行、體格，尤須注意其是否對師範教育事業有堅強之信念及終身服務之興趣。師範專科學校之二年制者得抽調現任優良小學教師入學繼續深造，以提高教師之素質。

(2)保送優秀學生入學——各師範區內之中學得保送優秀初中畢業生入師範學校肄業，畢業後仍回原區服務。

(3)加強師範生精神訓練——依照本市師範生訓練實施方案切實施行訓練，並依考核辦法按期考查。

(七)關於師範生之公費待遇及獎學金者

(1)改善師範生之公費待遇——本市師範生之特公費待遇除免繳學雜費外，膳食一項僅按月發給津貼一部份，不足以維持其最簡單之伙食。擬依照本市分期實施師範生公費待遇計劃逐步提高，以符國家優待師範生之本旨。

(2)設置師範生清寒優秀獎學生——設置獎學金獎勵家境清寒及學行優秀之師範生。

(八)關於師範畢業生之服務指導及考核者

(1) 組織師範生服務指導委員會——師範學校應組織師範生服務指導委員會自師範生入學之日起至畢業服務期限屆滿為止負指導之全責

(2) 管理并考查師範生之服務狀況——師範畢業生之服務實況應妥為支配服務狀況應嚴密查考并組織服務檢討會檢討服務狀況

(九) 關於輔導地方教育者

實行師範學校輔導地方教育辦法

(1) 師範學校應負輔導地方教育之責應組織地方教育輔導委員會辦理輔導區內各校改進及實驗事項設置地方教育通訊研究作問題之解答專題之討論搜集或編輯鄉土教材及補充教材開辦假期講習會及進修班督行教員進修刊物等項之工作并根據輔導結果為改進師範學校設施之準則

(2) 分區擔任輔導地方教育工作——本市現有師範學校一所所有輔導地方教育工作均由該校擔任將來俟鄉村師範及女子師範兩校成立後將全市分為三區由三校分任輔導工作在師範專科學校成立後由該校負全市國民教育輔導之責任

(十) 關於師範教育運動者

推進師範教育運動

(1) 依照規定每年按期舉行師範教育運動週邀請各機關團體及社會人士參加以樹立社會風氣形成社會運動

(丙)實施程序

(一)依照實施要項視事之緩急輕重及經費情形分配於五年内實施之

(二)分年實施進度另行擬訂(附後)

(丁)經費

(一)本方案所需經費就分年實施辦法編列預算

五年師範教育實施進度表

項目	第一年	第二年	第三年	第四年	第五年
(一)關於增校及建校者	(1)遷建市立師範於城南 (2)設市口師範分校為鄉村師範學校	(1)增設女子師範學校 (2)增設市立師範學校附屬中心幼稚園	(1)增設女子師範學校附屬小學 (2)增設鄉村師範學校附屬小學及幼稚園	(1)增設師範專科學校 (2)增設鄉村師範附屬幼稚園	(1)增設女子師範學校附屬小學及幼稚園
(二)關於增設學校及學額者	(1)增設普通師範二班 (2)增設美術勞作師範科、音樂體育師範科、幼稚師範科及社教師範科各一班 (3)充實師範學校各級學額 (4)協助流亡師範生之復學	(1)各師範學校幼稚師範科併入女子師範學校 (2)增設各師範學校普通師範科班級 (3)增設美勞師範科、音體師範科、幼稚師範科及社教師範科班級 (4)充實各師範學校各級學額	(1)增設各師範學校普通師範科班級 (2)增設美勞師範科、音體師範科、幼稚師範科及社教師範科班級 (3)增設鄉村師範[illegible]班級 (4)充實各師範學校各級學額	(1)增設各師範學校[illegible]班級 (2)增設[illegible]師範學校附屬[illegible]班級	(1)增設各師範學校班級
(三)關於環境及設備者	(1)改善市立師範及鄉村師範學校	(1)注意女子師範學校環境	(1)充實各師範學校設備	(1)注意各師範專科學校環境	(1)充實各師範學校設備

（十）增加師[illegible]學[illegible]（旁注）

擴充	(2)充實各師範學校設備 (3)提倡自製教具	(2)充實各師範學校設備 (3)提倡自製教具	(2)提倡自製教具	(2)充實各師範學校設備 (3)提倡自製教具	(2)提倡自製教具
(四)關於檢定教員及提高薪給者	(1)儘量選用師範學校合格教師 (2)協助派之師範學校教師之就業	(1)同上(1)項 (2)組織師範學校教員檢定委員会	(1)至(2)項同上 (3)提高師範學校教員薪給百分之十	(1)仝上 (2)仝上 (3)提高師範學校教員薪給百分之五	(1)仝上 (2)仝上 (3)同上(3)項
(五)關於師範教育之研究及進修者	(1)組織師範教育研究会 (2)鼓勵師範學校教員進修	(1)仝上 (2)仝上 (3)選派合格優良師範學校教員至各地參觀	(1)至(3)項仝上 (4)為師範學校教員進修有成績者中選獎勵金以作學術研究	(1)至(4)項同上 (5)選派服務至一定年限對教育學術有高深研究之師範學校教員至國內學術機關參觀研究	(1)至(5)項同上 (6)選派服務至一定年限對教育學術有高深研究之師範學校教員至國外學術機關參觀研究
(六)關於學生入學及精神訓練者	(1)嚴格奉行師範學校學生入學試驗 (2)依照本市師範生訓練實施方案施行保送期考查	(1)同上(1)項 (2)由各中學保送優秀（初中畢業）學生入學 (3)同上(2)	(1)—(3)項同上	(1)至(3)項同上 (4)抽調現任優良小學教師入二年制之師範專科學校肄業	(1)至(4)項同上
(七)關於師範生之公費	(1)師範生免徵各費	(1)同上(1) (2)供給師範生全	(1)至(2)項同上 (6)酌配發師範生	(1)至(3)項同上	(1)至(3)項同上

待遇及獎學金者	(2)增加師範生之膳食津貼 (3)發給三年師範畢業生參觀費 (4)設置師範生獎學金	部膳食 (1)至(3)項同上 (5)借給或補助師範生勞作美術理化生物等科實習材料費	制服	制服
(八)關於師範畢業生服務指導及考核者	(1)組織師範畢業生服務指導委員會 (2)支配師範畢業生之服務	(1)至(2)項同上 (3)考核師範畢業生之服務（並組織服務檢討會）	(1)至(3)項同上	(1)至(3)項同上
(九)關於輔導地方教育者	(1)組織地方教育輔導委員會辦理輔導區內各校改進事項、地方教育通訊研究事項及專題討論事項	(1)同上 (2)增辦指導區內各校實驗事項、搜集或編輯鄉土教材等項 (3)劃分師範學校輔導地方教育區域	(1)至(2)項同上 (3)增辦假期講習會或進修班、發行進修刊物	(1)至(3)項同上 (4)增辦其他地方教育輔導等項
(十)關於師範教育運動者	(1)行大年行師範教育運動：通知理師範生效忠國家獻身教育之宣誓，開師範教育座談會，為師範教育之宣傳，電影招待師範學校師生及小學教師，徵集壁報鼓勵師範，畢業服務十年以上現任工作人員設定優待，師範畢業服務二十年以上現任教育工作人員	(1)就當年情形決定項目舉行	(1)同上	(1)同上

程[illegible]

本办法本室同意惟應屆畢業班級招收新生一節似可不列入請
酌之
督學室 四月日

南京市卅六年師範教育實施計劃

遵照教育部頒發戰後五年師範教育實施方案并依照本市五年師範教育實施方案擬訂本市卅六年師範教育實施計劃茲將實施要項分列于后

(一)關於增校及建校者

(1)遷建市立師範學校校舍——本市市立師範學校原有校舍久已被燬現係借用國民学校之校舍本年擬在該校原址即城南小市口重行建築全部校舍遷入辦理

(2)改設鄉村師範學校——本年擬就市立師範之燕子磯分校改設於燕子磯該地係在郊外環境幽美本年擬改為鄉村師範學校造就鄉村小学之師資并增建校舍以應添設班級之需

(3)推進女子師範教育——本年擬於各師範學校招生時增加女生錄取

~~爲額以進推女子師範教育并為將來增設女子師範學校之準備~~

(二)關於學級及學額者

(1)擴充師範學校學級——本市師範學校照原有畢業班級除招收新生補足外本年擬增加普通師範科二班

2、增設特別師範科專科師範科——本市師範學校及其分校除現有特別師範科(1)幼稚師範科仍繼續辦理外本年擬再增設幼稚師範科一班并增設勞作美術師範科——音樂體育師範科及社教師資科各一班

3、充實師範學校各級學額——本市師範學校現有學額如有未盡充實者本年擬設法補充新增班級每班均須招足學生五十人

4、協助流亡師範生之復學——凡流亡之師範學校學生來京者一律予以協助就本市師範學校現有班級之可能容量儘量收容既免學

生之失學并可為國家培育小學師資

（三）關於環境及設備者

（1）改善師範學校環境——本年遷建師範學校務使校舍場地建築佈置適合標準富有美感內部之佈置及整齊清潔尤應特別注意

（2）充實師範學校設備——本市師範學校之圖書儀器掛圖標本模型等一切教具及醫藥衛生藥品器材均極缺乏本年除已由教育部分配理化儀器各校若一套分別再購辦一部份以供教學及實驗之用

（3）提倡自製教具——師範學校之教學用具儘量提倡自製或創造以增進研究興趣

（四）關於選用合格教員及協助流亡教師之復業者

（1）選用師範學校合格師資——師範學校之原有教員除切實考核外本年新聘教員應儘量選用合格而優良之人材

（2）協助流亡師範教師之就業——師範學校教員之流亡來京者特別予以協助介紹相當工作

(五)關於師範教育之研究及教員之進修者

(1)組織師範教育研究會——本年擬依規定組織師範教育研究會以為改善師範教育之張本

(2)獎勵師範學校教員之進修及研究——本市師範學校之教員應隨時注意進修并多作問題研究學術研究及教學方法之研究及實驗工作等其有特殊成績合於規定者本年擬呈請獎勵

(六)關於學生入學及精神訓練者

(1)嚴格舉行師範生之入學試驗——本年對於師範生之入學試驗須嚴格舉行除試驗其學業外須考查其品行體格尤須注意其對教育事業之信念及專業之興趣

(2)加強師範生精神訓練——本年依照本市師範生訓練實施方案切實施行并依考核辦法按期考查

（七）關於師範生之公費待遇者

（1）改善師範生之公費待遇——飭县市分期實施提高師範生公費待遇計劃本年除免繳學雜等費外擬增加師範生之膳食津貼以維持其最簡單之膳食

（八）關於師範生之服務指導及支配者

（1）組織師範生服務指導委員會——由師範學校組織師範生服務指導委員會指導師範生之服務

（2）支配師範畢業生之服務——本年師範學校畢業生之服務處所應事前妥為支配

（九）關於輔導地方教育者

（1）實行師範學校輔導地方教育办法——師範學校應組織地方教育輔導委員會先行办理輔導區内各校改進及實驗事項設置地方教育通訊研究作問題之解答专題之討論及搜集或編訂鄉土教材及補充教材等項工作

(十)關於推進師範教育運動者

(1)推進師範教育運動——本年為加強師範教育運動起見擬于舉行師範教育運動週勸勉師範生致忠國家獻身教育之業宣誓召開師範教育座談會發行師範教育專號同放映電影招待師範學校師生及全體中學教師及本市繼續設宴招待師範畢業生服務二十年以上之教育人員發給獎狀獎勵師範畢業生服務十年以上之教育人員等項藉以表示政府對師範學校師生及師範畢業生之敬意使社會人士注意瞭解師範教育之重要

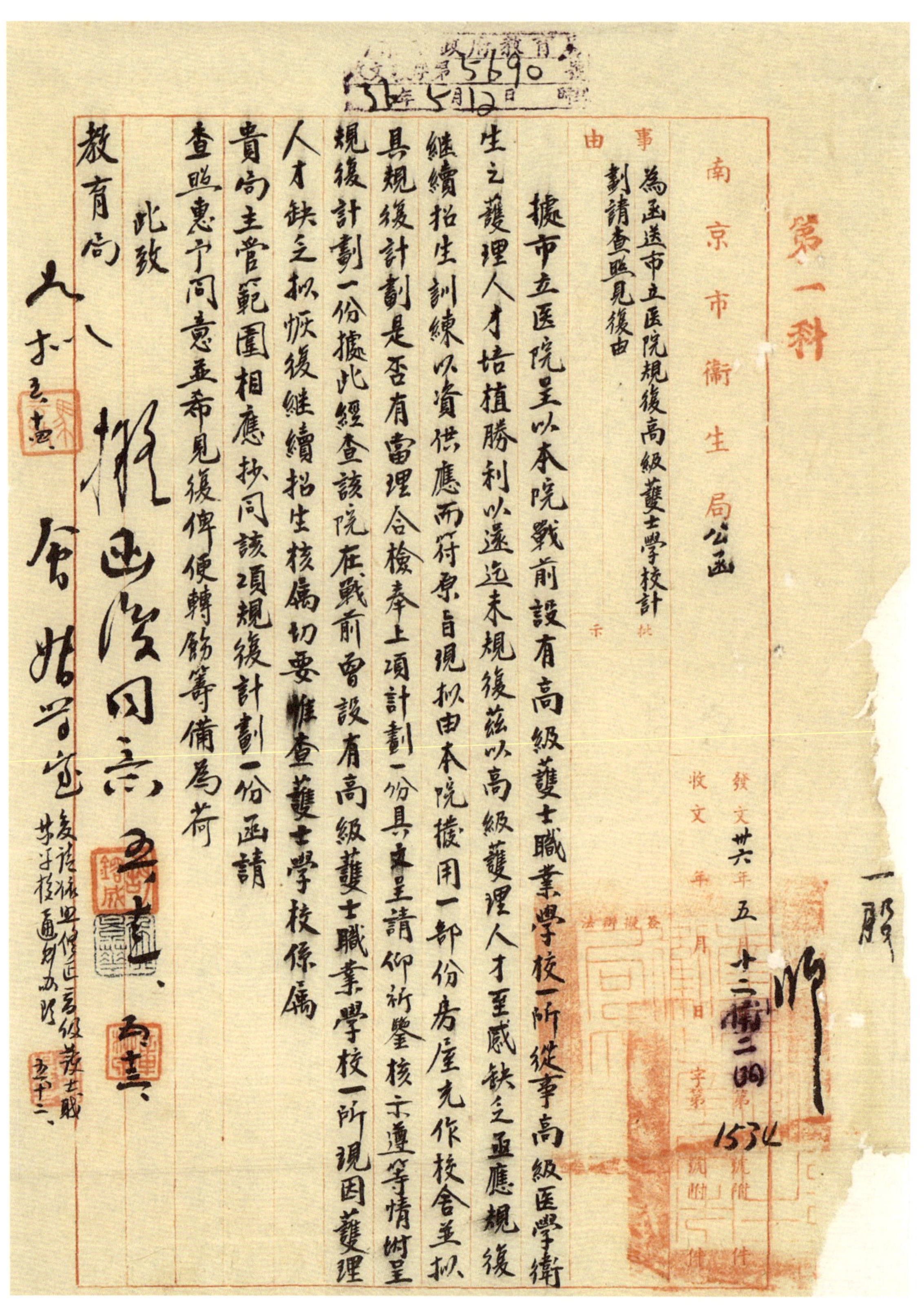

第一科

南京市衛生局公函

事由：為函送市立医院規復高級護士學校計劃請查照見復由

批示

據市立医院呈以本院戰前設有高級護士職業學校一所從事高級医學衛生之護理人才培植勝利以還迄未規復茲以高級護理人才至感缺乏亟應規復繼續招生訓練以資供應而符原旨現擬由本院撥用一部份房屋充作校舍並擬具規復計劃是否有當理合檢奉上項計劃一份具文呈請仰祈鑒核示遵等情附呈規復計劃一份據此經查該院在戰前曾設有高級護士職業學校一所現因護理人才缺乏之擬恢復繼續招生核屬切要惟查護士學校係屬
貴局主管範圍相應抄同該項規復計劃一份函請
查照惠予同意並希見復俾便轉飭籌備為荷

此致

教育局

發文 卅六年五月十二日 衛二四 第1534號

南京市衛生局函送市教育局《南京市立醫院高級護士職業學校規復計劃》（一九四七年五月十二日）

檔號：1003-7-676

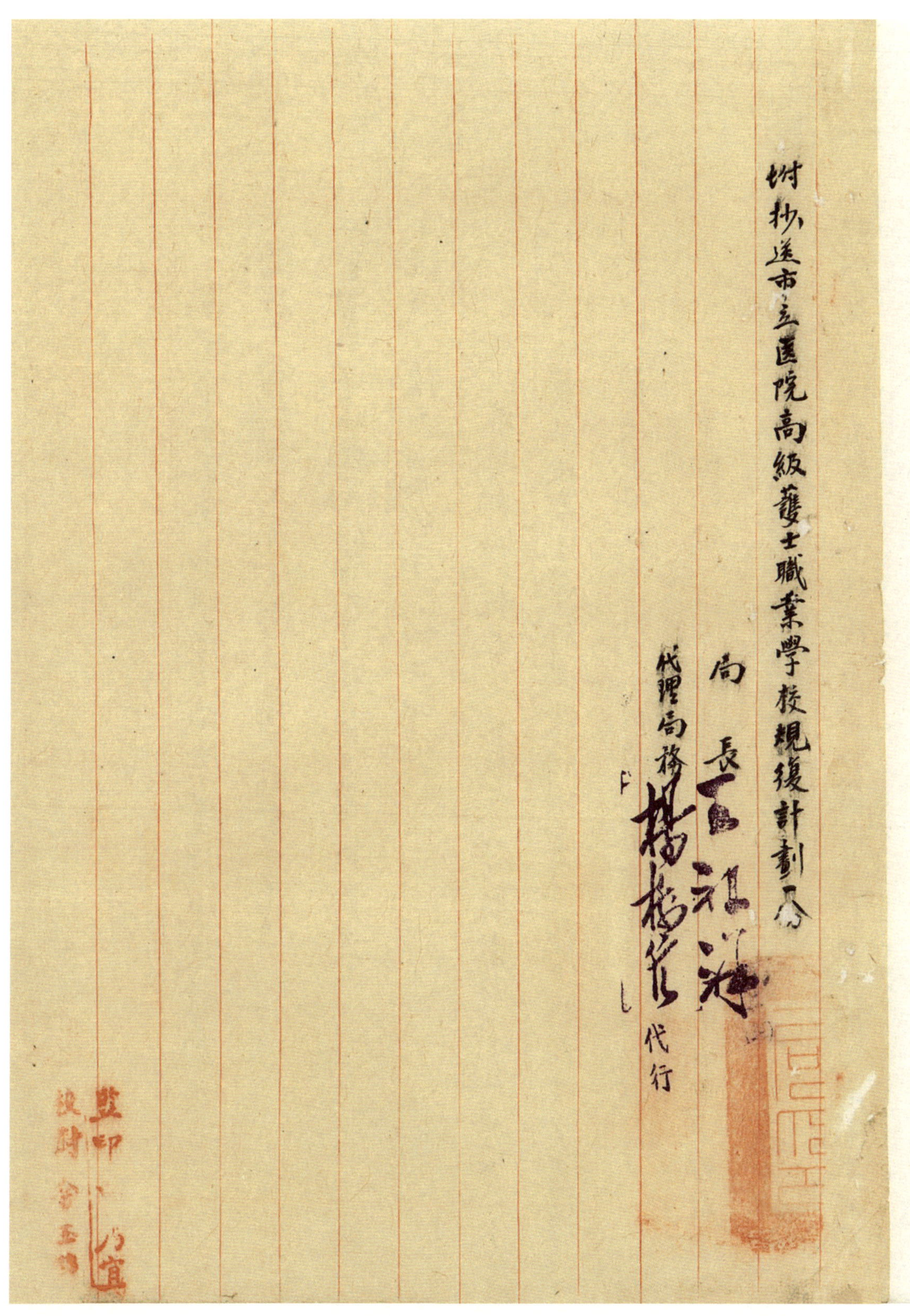

附抄送市立醫院高級護士職業學校規復計劃一份

局長 ○祖○

代理局務 楊○○代行

監印 ○○○

校對 ○○○

南京市立醫院高級護士職業學校規復計劃

一、定名：南京市立醫院高級護士職業學校

二、宗旨：以造就高級醫學衛生之護理人才

三、組織：校長以下暫分下列二部份

（一）教導部份：設教導主任一人，以下設教務員、訓導員各一人，秉承校長之命辦理教務、訓導、註册、管理招生、實習等事項，並視照各科目之性質設教員若干人，分任教學。

（二）事務部份：設事務主任一人，以下設事務員四人，秉承校長之命辦理文書、會計、庶務、出納等事項，其組織章程另訂之。

四、人員：校長暫由本院院長兼任，教導主任及事務主任分别聘由本院護士主任及事務主任兼任教務員訓導員各一人事務員四人由校長分別派充各科目教員由校長聘任之所有人員除專任支給薪貼講師教員按所授鐘点計算外其他兼任人員概不支薪但視其事務繁簡酌給办公津貼

五、設備：根據教育部二十七年七月廿七日頒佈高級護士職業學校暫行設備標準視其需要緩急分別逐步置辦以三年完成之其校舍暫由本院撥借應用

六、經費：所需規復經常各項經費另編預算呈由市政府撥發

七、編級：第一年暫定一班定額三十名招考初中畢業女生入校肄業三年畢業第一學年第一學期為試讀期得酌

收學費及寔習膳宿各費其招生章程另訂之

八、籌備：由本院就醫護事務人員中聘定三人至五人爲籌備委員負責籌備事宜

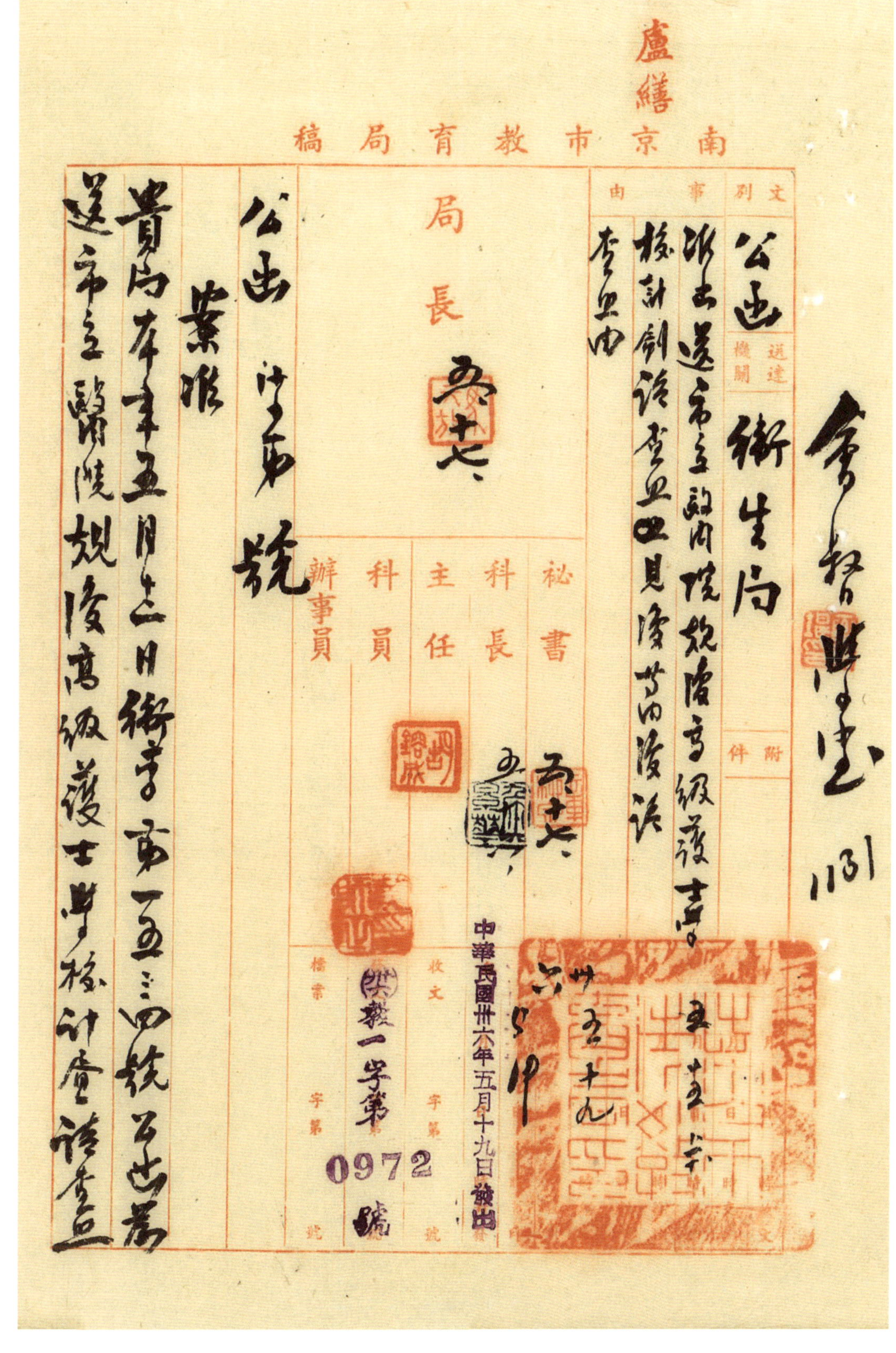

南京市教育局稿

文別：公函

送達機關：衛生局

事由：准函送市立鼓樓醫院高級護士學校計劃請查照見復等由

附件

局長

秘書　科長　主任　科員　辦事員

收文　字第　號

檔案　字第　號

中華民國卅六年五月十九日發出

公函

貴局本年五月十七日衛字第一五三四號公函，送市立鼓樓醫院高級護士學校計劃請查照

見復。茲由沈氏本局核表同意，相應復請轉飭依照部頒修正高級農業職業學校通則辦理為荷。此致

衛生局

局長 馬元放

NANKING MUNICIPAL GOVERNMENT

查南京市尚無護士學校之設立。茲擬計劃在南京市立医院內附設一護士學校，惟此項學校之教育系統，應由教育局主管，並由教育局編列卅七年度預算中。此不過係一部分計劃，尚未知貴局之主管長意見以為如何之？敬請惠予示知，俾便籌畫進行。此致

教育局第二科

衛生局第二科啟

月 日

移請

第一科核办

運震

六、十五、

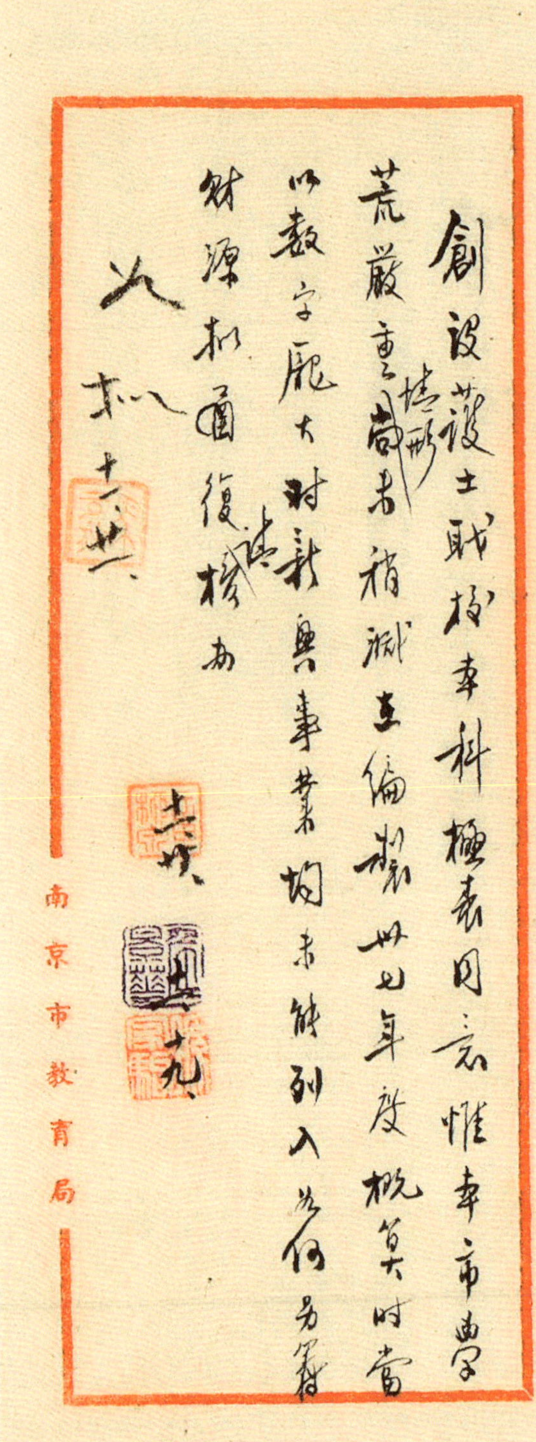

創設護士職校專科極表同意惟本市中學荒嚴重情形尚未稍減並編製卅七年度概算時當以數字龐大財政與事業均未能列入茲仍另籌財源擬圖復請核辦

次

來

十六 廿

十六

廿九

南京市教育局

陸光生

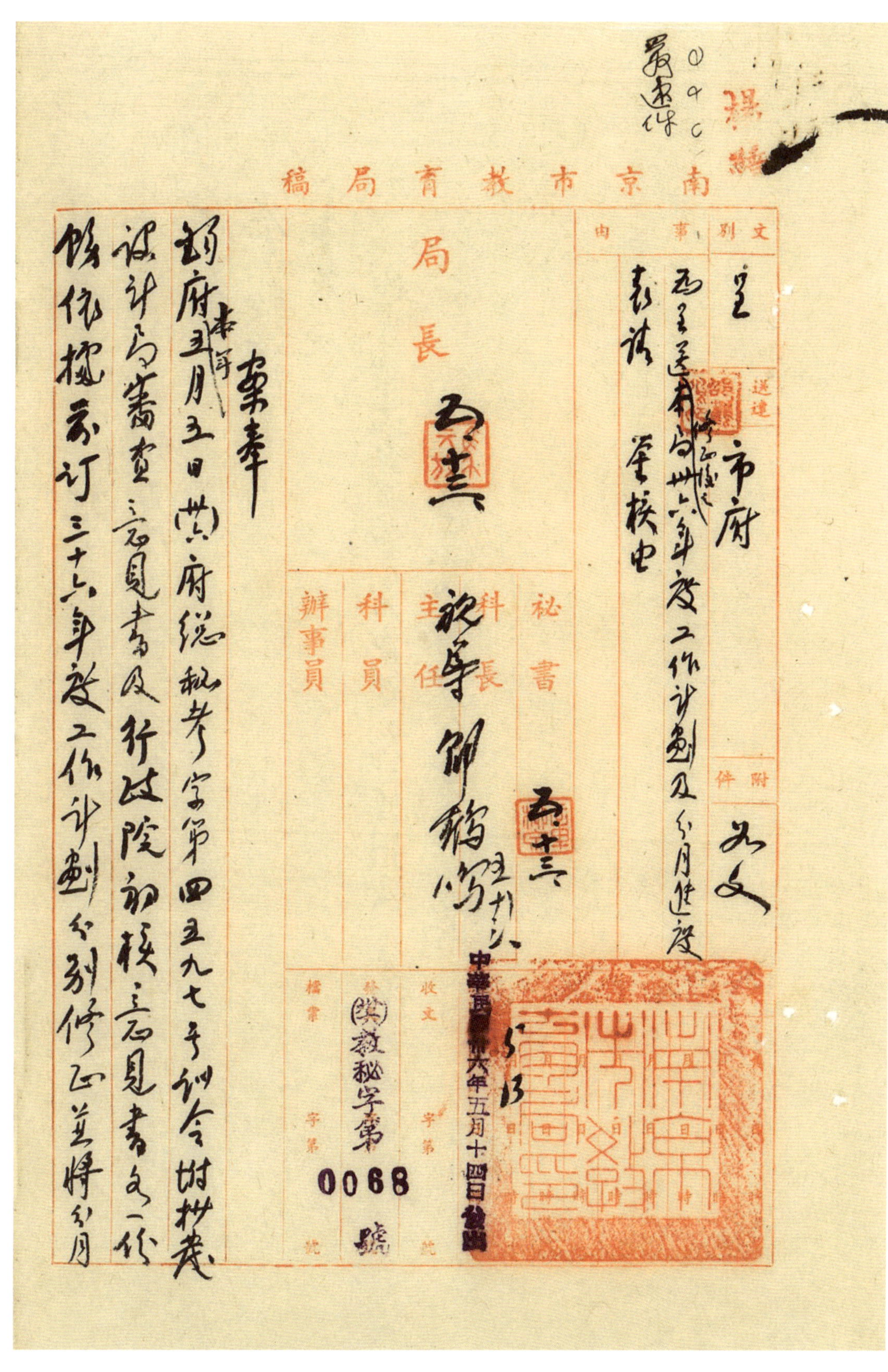

南京市教育局稿

文別：呈

送達：市府

事由：為呈送本局卅六年度工作計劃及分月進度表請　鑒核由

附件：如文

局長

秘書

科長

主任

科員

辦事員

收文　字第　號

發文　（卅六）教秘字第0068號

檔書

中華民國卅六年五月十四日發出

案奉

鈞府本年五月五日（卅六）府總秘參字第四五九七号訓令附抄發設計局審查意見書及行政院新核意見書各一份飭依據分訂三十六年度工作計劃分別修正並將分月

南京市教育局呈送市政府《南京市教育局一九四七年度工作計劃及分月進度表》

（一九四七年五月十四日）

檔號：1003-7-32

進度表擬定克日送府以憑彙編等因奉此自應遵
辦茲謹將修正後之工作計劃及分月進度表備文
呈請
鑒核謹呈
市長沈
附呈南京市教育局三十六年度工作計劃及分月進度表各一份
南京市教育局兼局長馬〇〇

南京市教育局三十六年度工作計劃

行政部份

甲　計劃提要

一、增進視導效率：嚴密訂定視導人員之視導辦法加强視導功能以整頓學風改善學校行政增進教學效率並釐訂私立學校嚴密辦法以整飭私立學校。

二、調整學校配置：現有中等學校九所中心國民學校與國民學校一一七所學校數量僅能收容全市中小學生之半數校址分佈亦欠均匀亟應增設各級學校並在校址分佈上予以適當配置。

三、寬籌教育經費：本市失學兒童為數甚鉅亟應寬籌經費增設學校請求中央大量補助與寬籌本市教育經費實為當務之急。

乙、計劃表

計劃類別	教育
計劃號次	一、
計劃項目	增進視導效率
續辦或新辦	續辦
過去辦理概況或創辦緣起	視導制度原已實行尚待加強執行
計劃限度或要點	加強視導工作以整頓學風改善學校行政增進教育效率
實施方法	一、訂定視導办法 二、提高視導人員素質 三、訂定視導標準及應用表冊 四、訂定學校曆 五、訂定各級學校各科教學進程 六、訂定各級學校訓育實施方案 七、分區與分科視導
完成期限	本年內
工作成績百分比	
說明	

二、	調整學校配置	續辦	現有中等學校九所中心國民學校與國民學校一二七所尚待增設學校並適當支配各級學校之分布	增設各級學校並使之分布適當	一、增設國民學校六〇所 二、增設初級中學二所女子中學一所 三、擴充原有職業學校分設農工商職業學校各一所 四、增設男女師範學校各一所 五、充實原有各級學校之設備 六、舉辦教師登記與檢定	本年內
三、	寬籌教育經費	續辦	本市教育經費異常拮据亟應設法開源	向中央請求大量補助并在本市寬籌教育經費	一、向中央請求大量補助 二、在本市寬籌教育經費	本年內

四、	整頓并獎助私立學校	續辦	私立學校已日見增加，整頓與獎助工作亟應加强實施	訂立私立學校管理办法與獎助優良私立學校	一、規定私立學校收費標準 二、訂定私立學校經費稽核办法 三、指示私立學校改進事項 四、加强私立學校之視導工作 五、策動本市各實業機關及職業團体附設職業校班 六、獎助優良私立學校	本年內
五、	提高教師待遇	續辦	本市各級學校教師待遇均嫌過低，亟應逐漸提高以安定其生活	訂定各項办法提高教師待遇	一、訂定各級學校教師任用待遇服務獎勵办法 二、盡可能提高教師底薪 三、實行年功加俸撫卹退休等制度	本年內

事業部份

甲　計劃提要

一、普及國民教育：增設國民學校六〇所計小學部六〇〇班幼稚部五二班國民教部四〇〇班

二、增設中等學校：增設初級中學二所女子中學一所擴充原有職業學校各一所為農工商科職業學校

三、擴展社會教育：增設民衆教育館二所科學館一所体育場二所民衆學校一所大會堂一所補習學校一所兒童福利館一所

四、修繕各校館場所並補充設備：本市各校館場所三十五年度雖經權衡輕重緩急予以修繕惟各校館場所待修繕者為數仍多應繼續予以修繕使全市各校館場所在三十五三十六兩年度中凡需要修繕者均予以修繕並補充原有各級學校之設備

五、舉辦師資訓練並編印輔導刊物：辦理國民教育師資訓練班及國民教師暑期講習會並編印輔導刊物

乙、計劃表

計劃類別	教育
計劃號次	一、
計劃項目	普及國民教育
續辦或新辦	續辦
過去辦理概況或創辦緣起	原有國民學校僅能收容本市學齡兒童之半數亟應增設國民教育實驗區成立伊始亟應加強其實驗研究工作
計劃限度　全計劃限度或要点	增設國民學校六〇所計小學部六〇〇班幼稚部五二班民教部四〇〇班並加強國民教育實驗區之實驗研究工作
計劃限度　已完成限度或進度概要	
計劃限度　本年度完成限度或要点	全計劃完成
實施方法	擇定適当地点建築學校校舍期使分佈合理建築完善並加強國民教育實驗區之實驗研究工作
實施期限　全部計劃完成期限	一年
實施期限　本年計劃完成期限	本年內
工作成績百分比	
預算　歲入或歲出	歲出
預算　數額	12867,348,000元
說明	預算數包括建築設備費經常費職員生活補助費以三十五年一月份標準計算

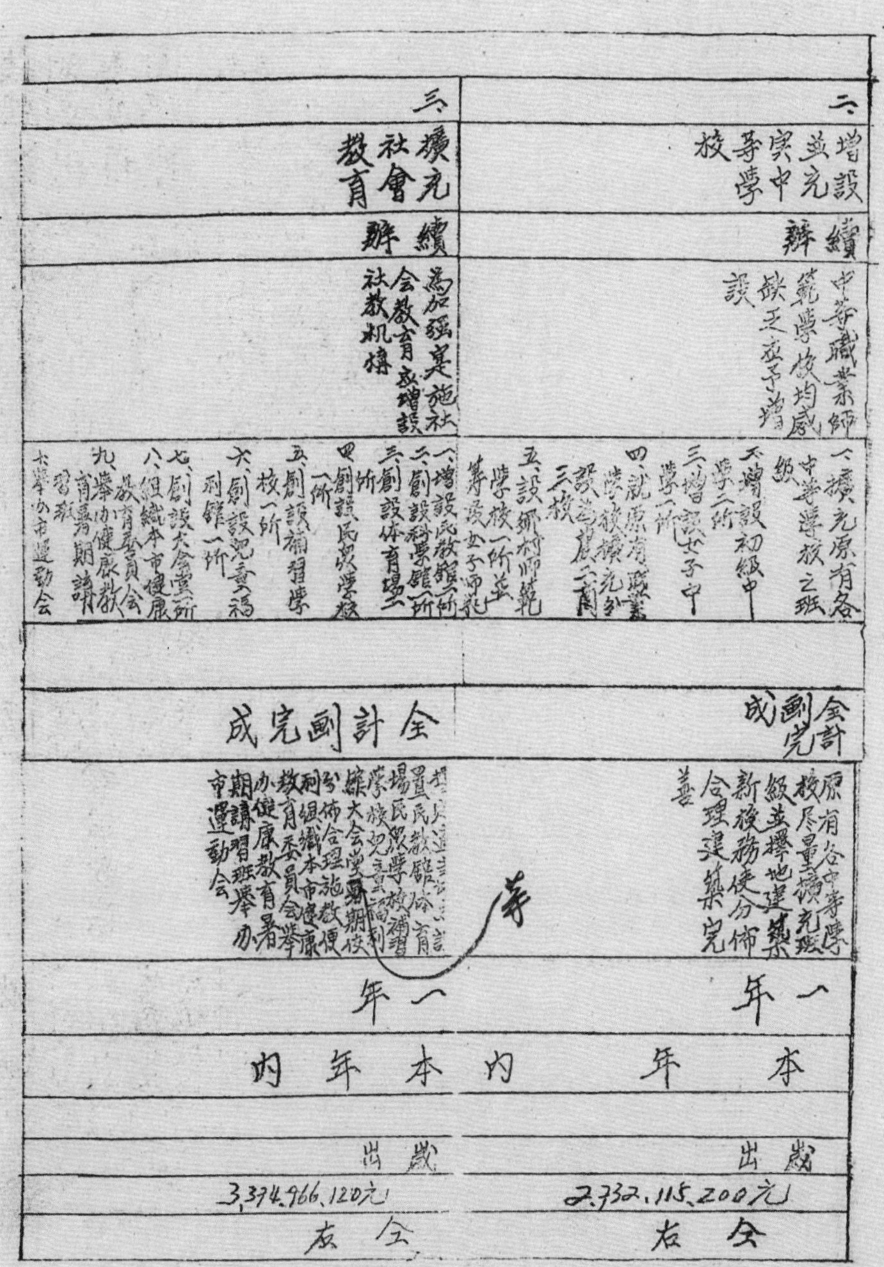

二	三
增設並充實中等學校	擴充社會教育
續辦	續辦
中等職業師範學校均感缺乏亟予增設	為加强實施社会教育亟增設社教机構
一、擴充原有各中等學校之班級 二、增設初級中學二所 三、增設女子中學一所 四、就原有職業學校擴充外設商業、農業三校 五、設鄉村師範學校一所並籌設女子師範	一、增設民教館六所 二、創設科學館一所 三、創設体育場一所 四、創設民衆學校一所 五、創設補習學校一所 六、創設兒童福利館一所 七、創設大会堂一所 八、組織本市健康教育委員会 九、舉办健康教育暑期講習班 十、舉办市運動会
全計劃完成	全計劃完成
原有各中等學校尽量擴充班級並擇地建築新校務使分佈合理建築完善	擬[illegible]育館置民教館体育場民衆學校補習學校兒童福利館大会堂等期校分佈合理施教便利組織本市健康教育委員会舉办健康教育暑期講習班舉办市運動会
一年	一年
本年内	本年内
岁出	岁出
2,332,115,200元	3,374,966,120元
全右	全右

四、	五、
修繕各校體場所並補充設備	舉辦師資訓練並編印輔導刊物
續辦	新辦
本市各校體場三十五年度雖經權衡輕重緩急予以修繕惟各校體場所待修繕者為數仍多設備均甚簡陋亟予補充	舉辦師資訓練班造就大量國民教育代用教員以應本市需要利用假期舉辦講習会除補充教學知能鍛鍊体格及改進生活習慣外尤注意思想之訓練並編印輔導刊物以改進教育設施
未經大修繕之各校體場所視需要均予修繕並補充各該體場所之設備	一、舉辦師資訓練班 二、舉辦國民教師暑期講習会 三、舉辦中學教師暑期講習会 四、編印輔導刊物
全計劃完成	全計劃完成
修繕各校體場所房屋並補充其設備以利教學而策安全	擇定適當場所舉辦師資訓練班利用三十六年暑假邀請國民教育專家與中等教育專家舉辦國民教師暑期講習会及中學教師暑期講習会並編印輔導刊物
一年	一年
本年內	本年內
歲出	歲出
1,949,000,000元	110,000,000元

中華民國三十六年度南京市政府教育局工作分月進度表

南京市政府教育局局長馬元放　三十六年一月　日

月份	增進視導效率	調整學校配備
一月	編造三十五年度第一學期視導總報告；根據視導情形指示各學校下學期應行改進事宜；討論下學期視導辦法；規劃各學校應備之表冊；分配下學期視導工作；擬訂視導應用表冊	調整中心國民學校分布地點及調整校長人選
二月	視察市立各學校辦理情形並隨時指導改進；視察私立各學校辦理情形並隨時指導改進；視察市立及私立各社教機關補習學校辦理情形並隨時指導改進；討論各級學校校曆	
三月	仝上；仝上；同上；指導分科教學研究會；計劃抽查各級學校學生成績事宜	籌辦在職教師登記
四月	仝上；仝上；同上；同上；開始抽查各級學校學生成績	
五月	仝上；仝上；同上；同上；同上	
六月	仝上；仝上；同上；同上；同上	擇地建築新增設各中學校校舍；籌辦中學教師檢定
七月	編造三十五年度第二學期視導總報告；根據視導情形指示各學校三十六年度第一學期應行改進事宜；[illegible]學校及社教機關調整方案；討論各學校[illegible]辦法；設高視導人員責任；規劃各學校應備之表冊；分配下學期視導工作；擬訂視導應用表冊；指導分科教學研究會；討論各級學校校曆[illegible]	調整校長人選
八月	視察市立各學校辦理情形並隨時指導改進；視察私立各學校辦理情形並隨時指導改進；視察市立及私立各社教機關補習學校辦理情形並隨時指導改進；本月視導側重各學校[illegible]新生事項；舉行市教育行政檢討會議	籌設第一女中第二、三分部及[illegible]學校
九月	仝上；仝上；同上；指導分科教學研究會；計劃抽查各級學校學生成績事宜；舉行視導會議	
十月	仝上；仝上；同上；同上；開始抽查各級學校學生成績；檢討第一期視導工作舉行各科成績競賽	
十一月	仝上；仝上；同上；同上；同上	
十二月	仝上；仝上；同上；同上；同上；檢討第二期視導工作；獎勵優良教師	
備註		

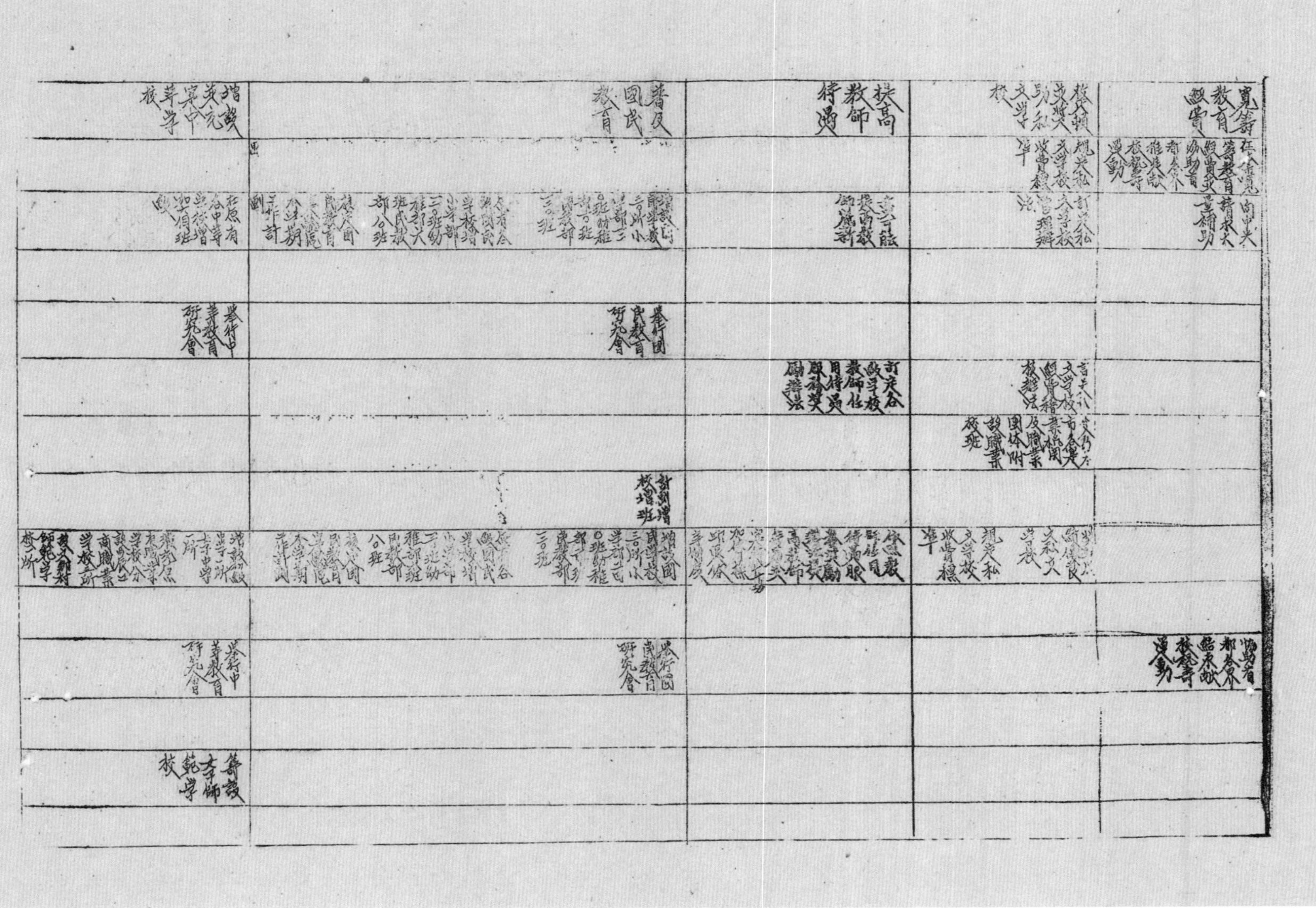

寬籌教育經費	整頓並獎助私立大學校	提高教師待遇	普及國民教育	增設並充實中等學校	普設師範學校

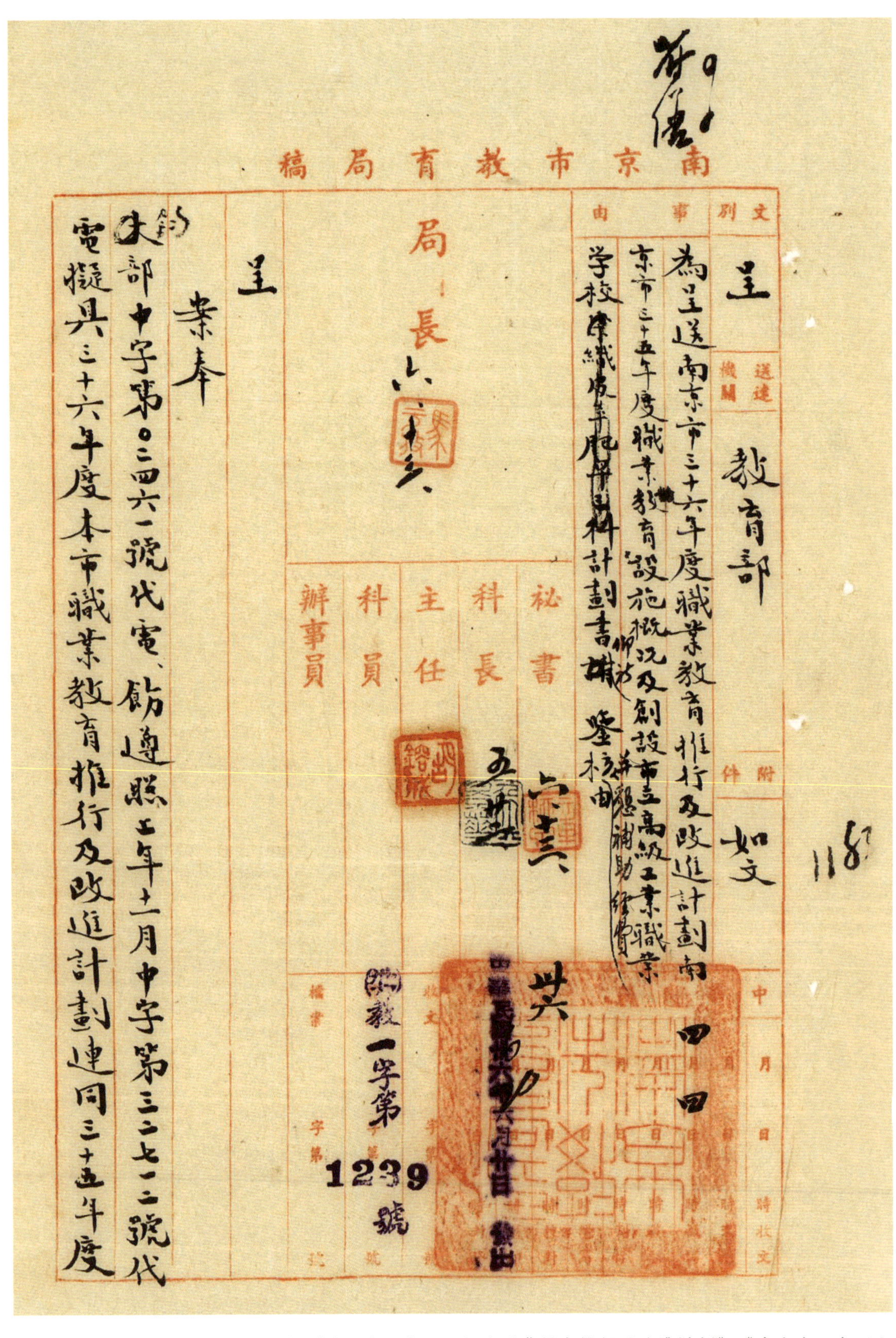
南京市教育局稿

文別：呈
事由：為呈送南京市三十六年度職業教育推行及改進計劃、南京市三十五年度職業教育設施概況及創設市立高級工業職業學校計劃書，並懇補助經費，仰祈鑒核由
送達機關：教育部
附件：如文

局長
秘書
科長
主任
科員
辦事員

呈
案奉
鈞部中字第〇二四六一號代電，飭遵照三十五年十二月中字第三二七一二號代電擬具三十六年度本市職業教育推行及改進計劃，連同三十五年度

（卅六）教一字第1239號

南京市教育局呈送國民政府教育部《南京市一九四七年度職業教育推行及改進計劃》《南京市一九四六年度職業教育設施概況》及《創設市立高級工業職業學校計劃書》（一九四七年六月二十日）
檔號：1003-7-405

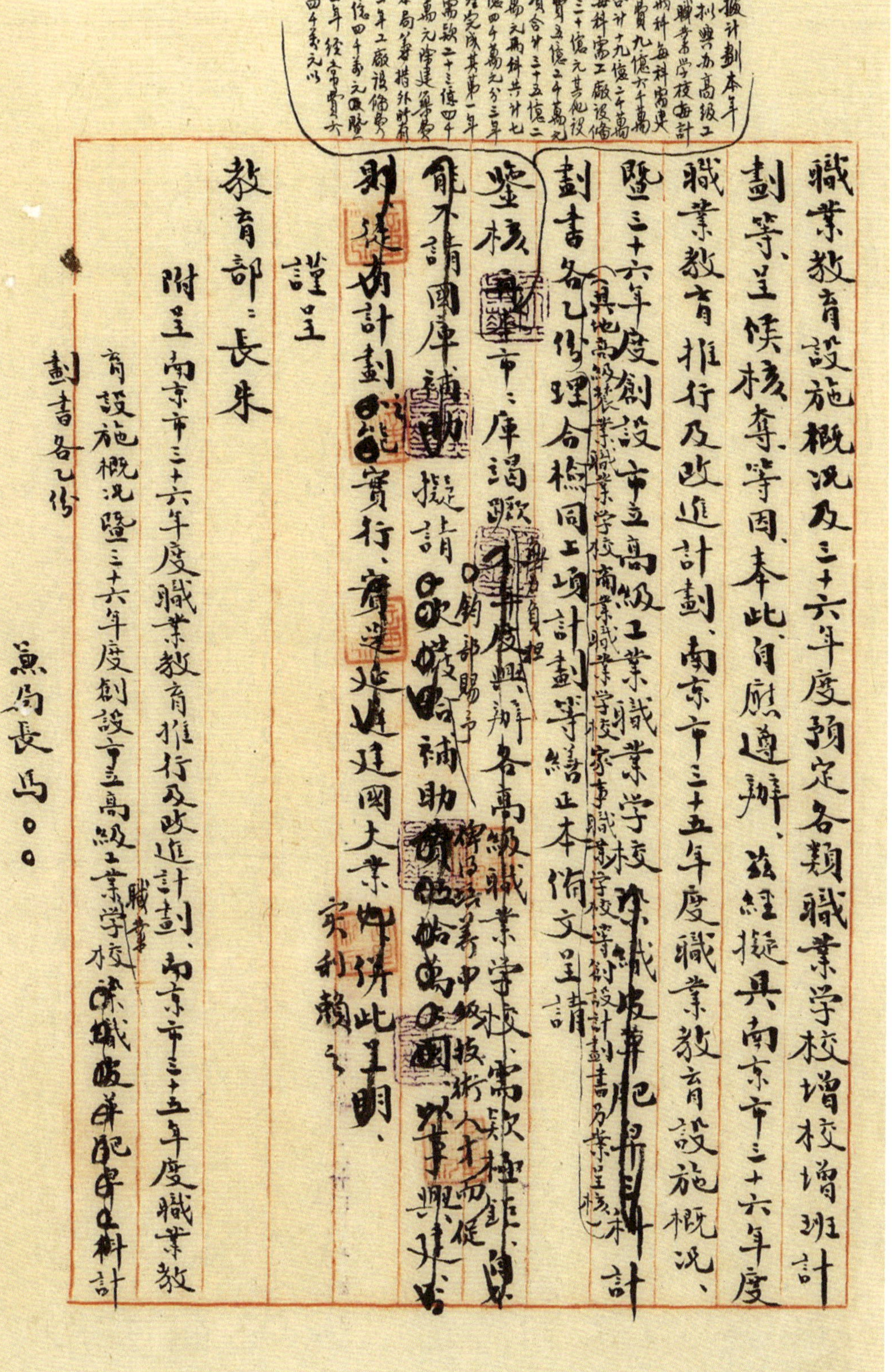

依據計劃本年度擬興辦高級工業職業学校每計設兩科，每科需建築費九億六千萬元，合計十九億二千萬元，每科需工廠設備費三十億元，其他設備費五億二千萬元，兩項合計三十五億二千萬元，兩科共計七十億四千萬元，分三年辦理完成，其第一年約需款二十三億四千餘萬元，除建築費由本局另籌措外，計有第一年工廠設備費廿三億四千萬元暨第一年經常費六億四千萬元，以

職業教育設施概況及三十六年度預定各類職業学校增校增班計劃等，呈候核奪等因。奉此，自應遵辦。茲經擬具南京市三十六年度職業教育推行及改進計劃、南京市三十五年度職業教育設施概況、暨三十六年度創設市立高級工業職業学校染織皮革肥皂科計劃書各乙份（其他高級農業職業学校、商業職業学校、家事職業学校等創設計劃書另案呈核），理合檢同上項計劃等，繕正本備文呈請

鑒核。本市市庫竭蹶，本年度興辦各高級職業学校，需款極鉅，自難負担，能否請國庫補助，擬請鈞部賜予補助，俾得籌養中級技術人才，而促實業建國大業，則建設計劃始能實行，併此呈明，實利賴之。

謹呈

教育部部長朱

附呈南京市三十六年度職業教育推行及改進計劃、南京市三十五年度職業教育設施概況暨三十六年度創設市立高級工業職業学校染織皮革肥皂科計劃書各乙份

兼局長馬〇〇

南京市三十六年度職業教育推行及改進計劃

本市自復員以來、在百廢待举之際、即積極恢復市立職業学校、內設農商兩科、終以經費之竭蹶、校舍之簡陋、應有設備、無從置辦、但自勝利以後、建國大業、非多培植幹部人才、不足濟事、本局除在南京市教育實施三年計劃內所規定外、茲將本年度之推行及改進各項、臚列於次、

一、遷建学校

本年度擬建築工業職業学校一所於漢中门外、注重染織及燃料化学工程、建築農業職業学校一所於燕子磯、注重農作、修理本市區內火瓦巷職業学校舊址、設立商業職業学校、注重會計簿記貿易保險等、而將原有之市立第一職業学校地址、改設家事職業学校、注重家事疾病護理及各種衛生等、以上諸辦法、類皆適應

各該環境之所宜，以謀学校之順利發展，如能興建完成，對於首都職業教育，粗立基礎。次年度內，再設第二農業学校於上新河，注重園藝及農產製造，設第二工業学校於浦口，注重機械及土木工程，如有充裕經費，以事建設，自不難延攬專才，獲致圓滿効果。

二、分科設置

本市之區遼闊，各區性質互異，故職業学校宜採用分科設置辦法，以期適應環境，俾可順利發展。上項所列各職業学校設置區域，即以地區之所宜而設置者，例如染織及照明化学工程之所以設於漢中門外，以該地秦淮河可供漂染，且接收南郊之熊興棉織廠易，故也。商業職業学校之所以設於城中，以城中地區現為本市商業較為發達之處，機械及土木工程之所以設於浦口，以浦口為本市之工業地區，有工廠可資實習，且與市區隔絕，上新河之所以設立農產製造性之

職業学校、以該區戰前嘗設有麵粉廠、又為米市集散區域、皖南北及本市南部之農產、皆以此作吐納口、故宜於設立農產製造工廠也、

三、專辦高級職業学校

初級職業学校之畢業生、對於職業界、無裨實際、南京為首都所在、各項建設、亟須推進、允宜積極培植中級幹部人才、以為國用、且依經濟言、以辦初級職業学校之經費、移充專辦高級職業学校之用、實為最切要者、故於本年度起、即停招初級職業班級、

四、充實設備

職業学校学生之訓練、不僅為知識的、且為技術的、故学校之設備、決非可因陋就簡而迄事者、今後關於改進方面、最基本者、當為圖書儀器藥品標本模型之設置、工場農場營業及推廣部合作社之開設以及

特種有關教具之購辦、皆為職業學校所切要、自不能不勉力以赴、否則、設備不周、直接影響學生應有之學識、抑且阻礙學生技能之訓練、遺害可謂至大、

五、注重實習

職業學校之學生、除一般普通教育外、尤重專業訓練、授以應具之專門技能、故平日之課程、務多注重實習、此種實習、不僅在學校內之實習、且須由學校與同性質之農場工廠商店等聯絡、供給學生實習場所、否則、亦應由學校指定廣大場所、使學生自行計劃、組織營業耕種收穫、或其他工作、總之、職業學生之訓練、在必須之精神學科外、應注意其鍛鍊技術經營及管理能力之培養、以期造成產業界中級幹部人才為主、

六、與需才機關配合

職業学校之畢業生，為經濟建設之基本幹部，故畢業於職業学校之学生，應使其進入社會各項職業之內層，漸次成為各項職業之基本幹部，藉以發展產業，充裕民生，此職業学生應有之使命，亦國家辦理職業学校之目的也，故学校對於学生在学習期間，固須利用机會，與當地之農場工廠商店等聯絡，供給学生之實習，並須於学生畢業後，與需才机關聯絡，予以就業机會，欲求達到上項目的，政府與学校平時自不能不與需才机關，有密切聯絡，以求社會事業與人才之配合，

七、專業精神的培養

職業学生專業精神的培養，至為重要，抗戰以前，知識教育稍有成功，人格教育，未能重視，戰後因社會經濟壓迫，及其他條件之欠缺，一般畢業学生，恐其一藝之長，不肯從事業上下功夫，以

致朝秦暮楚，二三其德，為世詬病，現在百業蕭條，生計艱苦，職業学生應以忠信篤敬，克勤克儉，為立身處世之本，故学校訓練於專门技術與知識之傳授外，尤宜致力於職業道德的培養，對於学生思想習慣，平日能利用各種實習及有關課業，以作潛移默化之助，固屬在所必須，而聘請創業鉅子或職業界成功之人，足資青年楷模者，随時莅校講演，闡其服務與成功經過，予青年以深刻印象，其收効當更宏大，

南京市三十五年度職業教育設施概況

本年度南京市職業教育方面僅有一所市立職業學校[illegible]

[illegible]

南京市立第一職業學校卅五年度設施概況 三五、四、廿六

本校商農兩科原有之班次計分高商初商共八班農科則僅有初級兩班自三十五年度上學期開始乃增設高級農科一年級一班初級農科一年級一班商科一年級兩班全校男女學生遂驟增至六百零三人教職員亦增為四十七人同時本校一切設施雖為經費所限不能儘量擴充然而百計籌維逐步建設已不似接收偽校時空無所有之景況謹述設施概況於后

一、教務方面：

甲、為適合京市環境及社會需要對於農商兩科

之設施採重點制其標準如下

1、商科以會計簿記爲中心增加各該科教學時

數并增設計政法規及會計制度有關學科

2、農科以園藝爲中心增設花卉園藝蔬菜園藝

果樹園藝造庭園藝各學科

乙、爲適合教育目的對於教材之選擇係依左列各項

標準

1、以節省學習之時間及學生之精力爲原則

2、採自然的連續的逐漸擴充的步驟

3、各科以教學作合一爲主旨

丙、為引起學生研究學科興趣舉辦下列三項競賽

1、學科比賽

2、論文比賽

3、專題研究

丁、為訓練學生試行農商業之技能予以左列參觀及實習之機會

1、平時參觀

2、平時實習

3、農商業調查

4、系统參觀

成、為注重實用起見對於職業介紹採用左列辦法
1、根據學生之成績呈請教育局轉呈市政府儘量分發
2、根據調查學生之個性能力代向商會銀行工會及各大企業機構酌予位置
3、用訪問通訊宣傳等方法聯絡農商業機關及職業介紹機關以便介紹

二、訓導方面：除依照原定訓導目標「陶冶高尚人格」「培養職業技能」推進外並以三民主義建國要旨為原則於每星期舉行三民主義精神講話一次俾有深切之認識

三、商科方面：　商科學生習於會計、簿記、統計、審計、打字等應用學科，故於銀行商社之實習頗關重要，乃由師生集資組設合作社一所，經營日常用品及農科出產品，以供高級學生之實驗，同時復組織小型銀行，增置中西文打字機，以因多予練習之機會。

四、農科方面：　農科課程重在實習者尤多，將就原有之農場加以擴充，闢為園藝、蔬菜、苗圃三部，採購種籽，補充農具，俾供實習外，復購置蜂、兔、羊、雞等，以實驗牧畜之學。至若溫房之構築，標本之採集，儀器之購用，化學藥品器具之添置，均足供師

生之研究

五、體育方面：在本年度以前，因於運動設備尚付闕如，嗣就財力所及，購置籃球、鉛球、双槓、單槓等器具，及設置沙坑跑道，以鍛鍊學生之體格

六、圖書方面：為增進學生之智能，特闢一室陳列圖書，該項圖書除向師生徵集外，即以所收之圖書費項下儘量購置，現已粗具規模

七、校舍方面：該校房屋狹小，不敷使用，曾為減少教學之困難，增建教室四個，辦公室一個，該項工程已招商承辦，但尚未獲完工，預計最近期

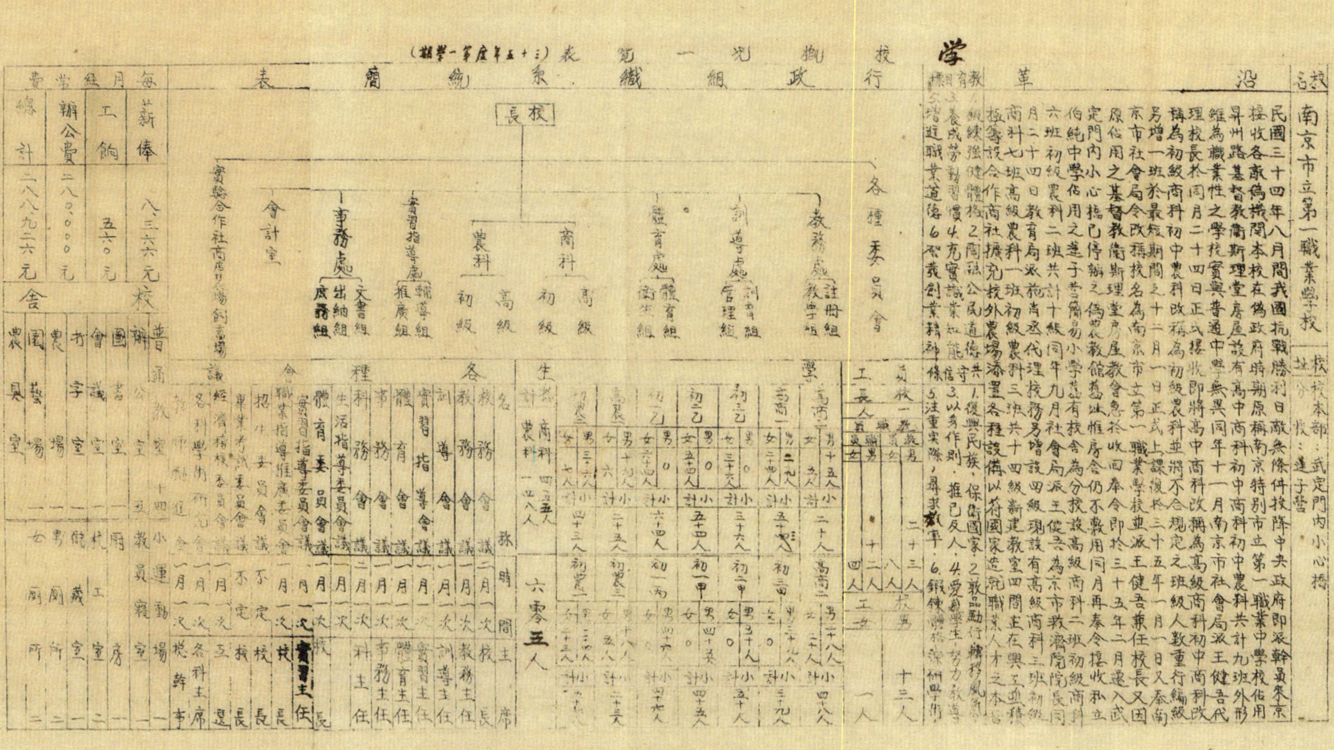

學校概況一覽表（三十五年度第一學期）

校名：南京市立第一職業學校

校址：校本部：武定門內小心橋；分校：蓬子營

沿革

民國三十四年八月間我國抗戰勝利日敵無條件投降中央政府即派幹員來京接收各敵偽機關本校在偽政府時期原稱南京特別市立第一職業中學校佔用昇州路基督教衛斯理堂房屋設有高中商科初中商科初中農科共計九班外形雖為職業性之學校實與普通中學無異同年十一月南京市社會局派王健吾代理校長於同月二十四日正式接收即將高中商科改稱為高級商科初中商科改稱為初級商科初中農科改稱為初級農科並將不合規定之班級人數重行編級另增一班於最短期間之十二月一日正式上課復於三十五年一月一日又奉南京市社會局令改稱校名為南京市立第一職業學校並派王健吾兼任校長又因原佔用之基督教衛斯理堂房屋教會急於收回奉令即於三十五年二月遷入武定門內小心橋已停辦之偽農教館舊址惟房舍仍不敷用同月再奉令接收私立伯純中學佔用之蓬子營簡易小學舊有校舍為分校設高級商科二班初級商科六班初級農科二班共計十級同年九月社會局派王健吾為京市救濟院院長同月二十四日教育局派肖丞代理校務另增設四級現設有高級商科三班初級商科七班高級農科一班初級農科三班共十四級新建教室四間正在興工並積極籌設合作商社擴充校外農場添置各種設備以符國家造就職業人才之本旨

教育綱領：1.復興民族，保衛國家　2.敦品勵行，轉移風氣　3.以身作則，推己及人　4.愛護學生，努力教導　5.注重實際，尋求效率　6.鍛鍊體格，深研學術

訓練綱領：1.鍛鍊強健體格　2.陶冶公民道德，共信共守　3.養成勞動習慣　4.充實職業知能　5.增進職業道德　6.啟發創業精神

行政組織系統表

- 校長
  - 各種委員會
  - 教務處：註冊組、教學組
  - 訓導處：訓育組、管理組
  - 體育處：體育組、衛生組
  - 商科：高級、初級
  - 農科：高級、初級
  - 實習指導處：輔導組、推廣組
  - 事務處：文書組、出納組、庶務組
  - 會計室
  - 實驗合作社商店農場飼畜場

教職員工人數

	男	女
教職員	二十三人	八人
工長人	十二人	四人
工友	十三人	一人

學生

班級	男	女	小計
高商三	十五人	五人	二十人
高商一	二十九人	二十四人	五十三人
初三乙	0	三十六人	三十六人
初二乙	0	五十四人	五十四人
初一乙	0	六十四人	六十四人
高農一	十九人	六	二十五人
初農二	三十六人	七人	四十三人
高商二	二十八人	二十人	四十八人
初三甲	三十九人	0	三十九人
初二甲	五十人	0	五十人
初一甲	四十五人	0	四十五人
初一丙	四十六人	0	四十六人
初農三	十八人	五人	二十三人
初農一	二十四人	二十五人	[illegible]

總計：商科四五五人，農科一四八人，計六零五人

各種會議

名稱	時間	主席
校務會議	二月一次	校長
教務會議	一月一次	教務主任
訓導會議	一月一次	訓導主任
實習指導會議	一月一次	實習主任
體育會議	一月一次	體育主任
事務會議	一月一次	事務主任
科務會議	二月一次	科主任
生活指導委員會議	一月一次	
體育委員會議	一月一次	校長
實習指導委員會議	一月一次	實習主任
職業指導推廣委員會	一月一次	校長
招生委員會議	不定	校長
畢業考試委員會議	不定	校長
經濟稽核委員會議	一月一次	互選
各科學術研究會	一月一次	各科主席
[illegible]會	一月一次	總幹事

校舍

名稱	數量	名稱	數量
普通教室	十四	小運動場	一
辦公室	五	教員寢室	一
圖書室	一	廚房	一
會議室	一	技工室	二
打字室	一	儲藏室	一
農場	一	男廁所	二
園藝場	一	女廁所	二
農具室	一		

每月經常費

薪俸	工餉	辦公費	總計
八、三六六元	五六〇元	二〇、〇〇〇元	二八、九二六元

P.1.

創設市立高級工業職業學校計劃書

甲 計劃根據

吾國興學數十年對於職業教育一向未加注意以至技術人才缺乏天然資源無法利用工業落後生產陷於停滯經濟瀕臨破產抗戰軍興因事實之需要職業教育始加注意如八中全會議決：「增設職業學校培養國民經濟建設人才實行民生主義發達地方產業以富國家而厚民生」又蔣主席昭示我們「在吾國工業建設最初十年需要技術人員共計二百七十萬人并希望青年個個能做工程師」觀今世界大勢吾國工業化已刻不容緩故技術人才之訓練必須加緊推行本局成立之後即積極規劃職業教育冀能與生產界相配合按南京人口眾多且為首都化學工業人才需要甚殷故擬於今暑添設市立高級工業

臺灣省工業研究所

臺灣省工業研究所

職業學校一所以應事實之需要。

乙、實施辦法

本局對於職業教育於南京市教育實施三年計劃中決定開辦農工商業暨家事科職業學校多所藉以培養技術幹部人才茲擬先設高級之業職業學校一所最先設立染織之程及化學工程兩科染織工程科分設紡織漂染二組化學工程科則分設皮革油脂二組嗣後視實際需要酌量添辦其他科組其辦法如左

(一)學生入學程度以初中畢業生為標準修業年限為三年

(二)每年暑假招生一次

(三)每次各科招新生二班以四十人至五十人為標準

(四)校址設於漢中门外鳳凰街（該處給水便利頓宜設置紡織及化工之廠）

(五)學校分年設備項目及各年級授課科目與每週時間表另訂之

丙、經費

(一)建築設備費

依照教育部最近規定私立中等以上學校開辦費標準并參照目前物價指數每科計需建築費九六〇.〇〇〇.〇〇〇元工廠及設備費三.〇〇〇.〇〇〇.〇〇〇元其他設備費五二〇.〇〇〇.〇〇〇元二科合計共需八、九六〇.〇〇〇.〇〇〇元

(二)經常費(每班以(六〇.〇〇〇.〇〇〇元計算)

第一年為六四〇.〇〇〇.〇〇〇元

第二年為一、二八〇.〇〇〇.〇〇〇元

第三年為一、九二〇.〇〇〇.〇〇〇元

丁、各科組授課科目與每週教學時數表

南京市立高級工業職業學校染織工程科紡織組教學科目及每週教學時數表

學年	學期		公民	軍訓	體育	應用國文	應用外國文	數學	本國地理	本國歷史	實用物理	實用化學	分析化學	織物原料	機織法	織物分解	漂染法	織物整理	紡織學	圖案畫
第一學年	第一學期	講授	1	3	1	2	3	4	2		3	3		1	2					3
		實習									3	6			3					
	第二學期	講授	1	3	1	2	3	4	2		3	3		1	2					3
		實習									3	6			3					
第二學年	第一學期	講授	1	3	1	2	3	3		2			2		2	2	2			
		實習											6		3	2	3			
	第二學期	講授	1	3	1	2	3	3		2			2		2	2	2			
		實習											6		3	2	3			
第三學年	第一學期	講授	1	3	1	2	2									1		2	3	
		實習														2		6	8	
	第二學期	講授	1	3	1	2	2									1			3	
		實習														3			12	

臺灣省工業研究所

臺灣省工業研究所

機械製圖	應用機械	力織機	原動機	工廠管理	每週共計時數	
2					30	42
					12	
2					30	42
					12	
3	2				28	42
					14	
3	2				28	42
					14	
		3	2		20	42
		3	3		22	
		3	2	2	20	42
		4	3		22	

南京市立高級工業職業學校染織工程科漂染組教學科目及每週教學時數表

學科＼學年、學期	第一學年				第二學年				第三學年			
	第一學期		第二學期		第一學期		第二學期		第一學期		第二學期	
	講授	實習	講授	實習	講授	實習	講授	實習	講授	實習	講授	實習
公民	1		1		1		1		1		1	
軍訓	3		3		3		3		3		3	
體育	1		1		1		1		1		1	
應用國文	2		2		2		2		2		2	
應用外國文	3		3		3		3		2		2	
數學	4		4		3		3					
本國地理	2		2									
本國歷史					2		2					
實用物理	3	3	3	3								
實用化學	3	3	3	3	2	3	2	3				
工業化學					2		2					
分析化學					2	3	2	3	2	3		
織物原料	1		1									
精練漂白學	2	2	2	2	2	2	2	2				
色染學	2	2	2	2	3	2	3	2				
印染學					1		1		2	3	2	6
織物整理									2	3	2	3
染料學									2	3	2	6

紡織學	圖案畫	機械製圖	應用機械	原動機	工廠管理	每週共計時數	
	3	2				32	42
						10	
	3	2				32	42
						10	
		3	2			32	42
						10	
		3	2			32	42
						10	
2				3		22	42
6				2		20	
2				3	2	22	42
3				2		20	

臺灣省工業研究所

南京市立高級工業職業學校化學工程科改革組教學科目及每週教學時數表

學科	第一學年				第二學年				第三學年			
學期	第一學期		第二學期		第一學期		第二學期		第一學期		第二學期	
	講授	實習	講授	實習	講授	實習	講授	實習	講授	實習	講授	實習
公民	1		1		1		1		1		1	
軍訓	3		3		3		3		3		3	
體育	1		1		1		1		1		1	
應用國文	2		2		2		2		2		2	
應用外國文	3		3		3		3		2		2	
數學	4		4		3		3					
本國地理	2		2									
本國歷史					2		2					
實用物理	3	6	3	6								
普通化學	5	6	5	6								
有機化學					4	4	4	4				
定性分析					2	6						
定量分析							2	6				
工業分析									2	6		
工業化學					2	4	2	4				
化學工程					2		2					
化工計算									2		2	
化工機械											2	
機械製圖	3		3									

臺灣省工業研究所

製革機械	製革原理	毛皮學	植物鞣料	乳化劑	皮革原料	動物膠	鞣革實習	皮革染色實習	工廠管理							每週共計時數	
					3											30	42
																12	
					3											30	42
																12	
			3													28	42
																14	
	3															28	42
																14	
2	3			2												20	42
				4			6	6								22	
		3				2			2							20	42
		4					12	6								22	

臺灣省工業研究所

南京市立高級工業職業學校化學工程科油脂組教學科目及每週教學時數表

學科 ＼ 學年／學期	第一學年 第一學期 講授	第一學年 第一學期 實習	第一學年 第二學期 講授	第一學年 第二學期 實習	第二學年 第一學期 講授	第二學年 第一學期 實習	第二學年 第二學期 講授	第二學年 第二學期 實習	第三學年 第一學期 講授	第三學年 第一學期 實習	第三學年 第二學期 講授	第三學年 第二學期 實習
公民	1		1		1		1		1		1	
軍訓	3		3		3		3		3		3	
體育	1		1		1		1		1		1	
應用國文	2		2		2		2		2		2	
應用外國文	3		3		3		3		2		2	
數學	4		4		3		3					
本國地理	2		2									
本國歷史					2		2					
實用物理學	3	6	3	6								
普通化學	5	6	5	6								
有機化學					4	4	4	4				
定性分析					2	6						
定量分析							2	6				
工業分析									2	6		
工業化學					2	4	2	4				
化學工程					2		2					
化工計算									2		2	
化工機械											2	

臺灣省工業研究所

臺灣省工業研究所

機械製圖	油脂原料	油脂工業	肥皂工業	油漆工業	甘油工業	蠟燭工業	脂肪酸工業	工廠管理	每週共計時數	
3	3								30	42
									12	
3	3								30	42
									12	
		3							28	42
									14	
		3							28	42
									14	
			3	2	1		1		20	42
			6	4	3		3		22	
			3	2		1		2	20	42
			12	6		4			22	

戊 各科分年重要設備項目表

(一)第一學年

名稱	數量	約價	備註
普通化學實驗室	一座		可容納五十人
化學實驗所需儀器藥品	全套		二科合用(二十組)
普通物理實驗室	一座		可容納五十人
物理實驗所需儀器藥品	全套		二科合用(二十組)
手織機	三〇台		染織科用
毛巾機	六台		〃〃〃
木架整經機	一座		〃〃〃
捲經緯紗機	各六具		〃〃〃
手工木製紮紗用具	一組		〃〃〃
手工漂染用具	一組		〃〃〃
檢驗儀器	全套		〃〃〃
精密天平	十架		二科合用
高倍顯微鏡	六架		〃〃〃
各式絹紗及棉紗	各二〇〇〇〇条		染織科用
棉染用各色染料	全組		〃〃〃
棉染用助劑藥品	全組		〃〃〃
乾燥箱	十個		〃〃〃
鐵火爐	十個		〃〃〃

臺灣省工業研究所

臺灣省工業研究所

小型蒸壓鍋	一具			〃〃〃〃
小長方形染槽機	一個			〃〃〃〃
小抽水機（連絲用）	一台			〃〃〃〃
硬水軟化塔	一只			〃〃〃〃
染毛布機	一台			〃〃〃〃
壓光機	一座			〃〃〃〃
原動機	一座			〃〃〃〃
鍋爐	一座			〃〃〃〃
染棉機	一台			〃〃〃〃
溶解顏料器	一台			〃〃〃〃
染紗線機	一台			〃〃〃〃
硫化顏料染布機	一台			〃〃〃〃
水泥浸皮槽	六只			化工料用
底皮鞣槽	四只			〃〃〃〃
水壓機	二台			〃〃〃〃
磨碎機	一台			〃〃〃〃
粉碎機	一台			〃〃〃〃
蒸餾裝置	全套			〃〃〃〃

（二）第二學年

名稱	數量	約價	備註
定性分析化學室	一座		可容納五十人
定性分析所需之儀器藥品	全套		二科合用（二十組）
定量分析化學室	一座		可容納五十人
定量分析所需之儀器藥品	全套		二科合用（二十組）
有機化學實驗室	一座		可容納五十人
有機實驗所需儀器藥品	全套		二科合用（二十組）
足踏機	一〇台		染織科用
多備式手織提綜機	一〇台		〃 〃 〃 〃
寬幅手織機	四台		〃 〃 〃 〃
各式平斜二用輕力織機	四台		〃 〃 〃 〃
多備式力織機	二台		〃 〃 〃 〃
寬幅重力織機	一台		〃 〃 〃 〃
毛巾力織機	一台		〃 〃 〃 〃
一般式整經機	一台		〃 〃 〃 〃
直錠式絡緯機	一台		〃 〃 〃 〃
合股紡線機	一台		〃 〃 〃 〃
橫錠式捲緯機	一台		〃 〃 〃 〃
木製切紋機	一座		〃 〃 〃 〃
鐵架紋紙札孔機	二座		〃 〃 〃 〃
紋版編連機	一台		〃 〃 〃 〃

臺灣省工業研究所

臺灣省工業研究所

鋼針起絨機	一台			〃〃〃〃
剪絨機	一台			〃〃〃〃
燒毛機	一台			〃〃〃〃
刷毛機	一台			〃〃〃〃
擴張式水洗機	一台			〃〃〃〃
離心力脫水機	一台			〃〃〃〃
汽壓精練釜	一台			〃〃〃〃
染紗機	一台			〃〃〃〃
漂白機	一台			〃〃〃〃
漿紗機	一台			〃〃〃〃
橫筒式乾燥機	一台			〃〃〃〃
噴霧潤濕機	一台			〃〃〃〃
伸幅機	一台			〃〃〃〃
折布機	一台			〃〃〃〃
蒸汽鍋爐	一座			〃〃〃〃
廠房	全部設備			〃〃〃〃
染色試驗轉用紗器	一個			〃〃〃〃
單筒式印花	一台			〃〃〃〃
各种人造染料	全套			〃〃〃〃
土產植物染料	全套			〃〃〃〃
各種藥劑糊料油類	全套			〃〃〃〃
食鹽電解器	一具			化工科用
遠心分離機	一台			〃〃〃〃
真空抽氣機	一台			〃〃〃〃

名稱	數量			備註
電氣PH值計	一具			化工料用
壓濾機	一台			〃 〃 〃 〃
噴霧乾燥器	一具			〃 〃 〃 〃
冷凍機	一具			〃 〃 〃 〃
保溫箱	四只			〃 〃 〃 〃
真空蒸餾機	一具			〃 〃 〃 〃
蒸煮器	一具			〃 〃 〃 〃
糖化鍋	一只			〃 〃 〃 〃
標準篩子	全套			〃 〃 〃 〃
蒸汽鍋爐連水管	全套			〃 〃 〃 〃
水塔連水管	全套			〃 〃 〃 〃
錘碎機	一台			〃 〃 〃 〃
輥轆機	一台			〃 〃 〃 〃
球磨機	一座			〃 〃 〃 〃
多效蒸濃器	一只			〃 〃 〃 〃

臺灣省工業研究所

(三) 第三學年

名稱	數量	約價	備註
二氧化硫漂白毛布設備	一套		染織科用
Gallenkamp式色量計	一套		〃
Dubose式色量計	一套		〃
攪拌鼓	四只		化工科用
蒸桶	十只		〃
發光機	一台		〃
去毛板及工具	十套		〃
製皮機	一台		〃
切皮機	一台		〃
乾燥室	二间		〃
小型粉碎機	一台		〃
分篩機	一台		〃
混合機	一台		〃
軋合機	一台		〃
凡立油鍋灶	二座		〃
鹼化釜	二台		
肥皂混和機	一台		
皂箱	十只		
皂匡	四十張		
切皂機	一台		

臺灣省工業研究所

名稱	數量			備註
壓模機	二台			
捏和機	一台			
連續燭蕊澆模機	二架			
燭鍋	二只			
磨光機	一架			
燭心旋轉環繞器	一付			
工業分析實驗室	一座			可容納五十人
工業分析所需之儀器及藥品	全套			二科合用（二十組）

臺灣省工業研究所

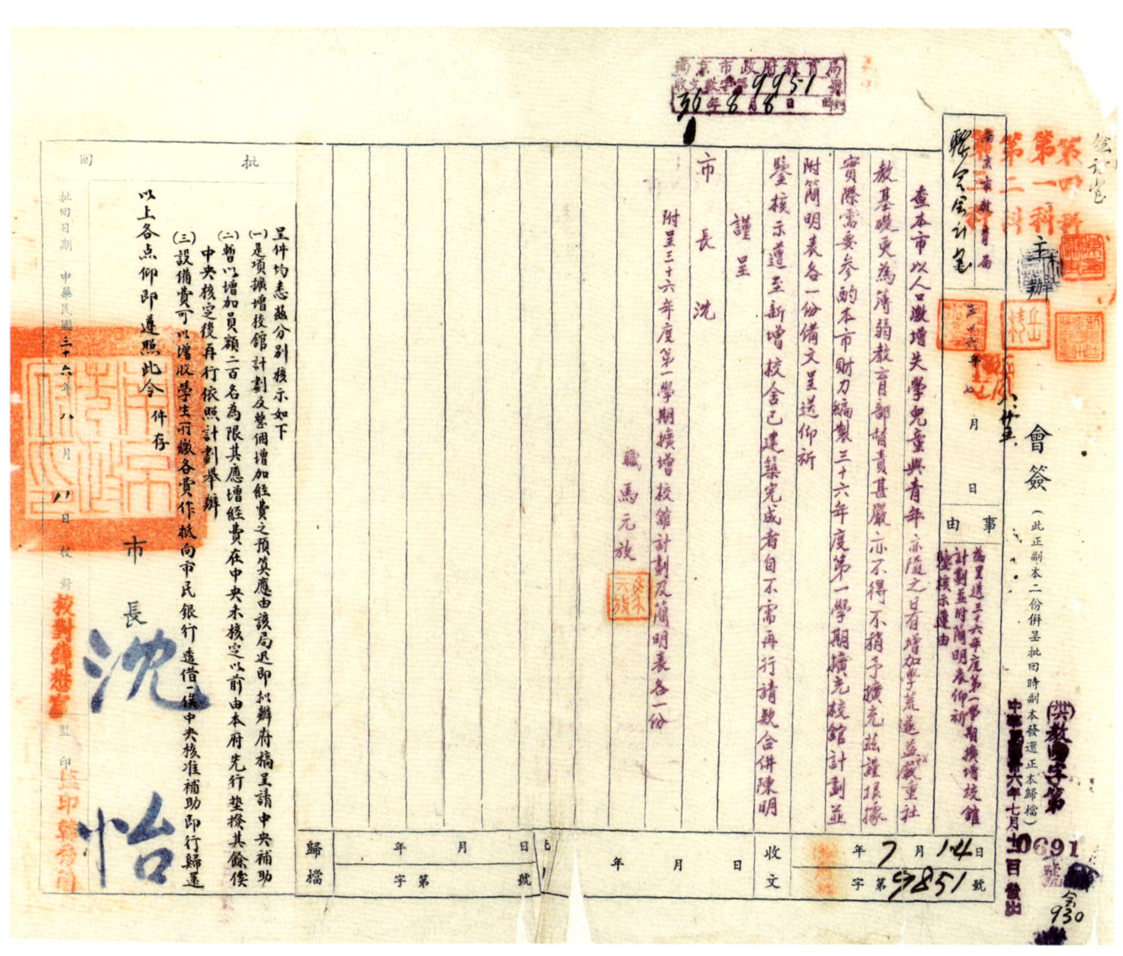

南京市政府教育局收文　9951　36年8月6日

南京市教育局　簽呈　第二科　擬稿　36年7月11日

事由：為呈送三十六年度第一學期擴增校館計劃並附簡明表仰祈鑒核示遵由

查本市以人口激增失學兒童與青年亦隨之日有增加學荒遂益嚴重社教基礎更為薄弱教育部督責甚嚴亦不得不稍予擴充茲謹根據實際需要參酌本市財力編製三十六年度第一學期擴充校館計劃並附簡明表各一份備文呈送仰祈鑒核示遵至新增校舍已建築完成者自不需再行請款合併陳明

謹呈

市長沈

附呈三十六年度第一學期擴增校館計劃及簡明表各一份

職馬元放

收文　年7月14日　字第9851號

（此正副本二份併呈批回時副本發還正本歸檔）

中華民國三十六年七月十二日發出　（卅六）教字第10691號

批回

呈件均悉茲分別核示如下

（一）是項擴增校館計劃及整個增加經費之預算應由該局迅即擬辦府稿呈請中央補助

（二）暫以增加員額二百名為限其應增經費在中央未核定以前由本府先行墊撥其餘俟中央核定後再行依照計劃舉辦

（三）設備費可以增收學生所繳各費作抵向市民銀行透借一俟中央核准補助即行歸還

以上各點仰即遵照此令　件存

市長　沈怡

批回日期　中華民國三十六年八月八日

南京市教育局呈送市長沈怡《一九四七年度第一學期擴增校館計劃草案》及《簡明表》

（一九四七年七月十二日）

檔號：1003-7-226

南京市教育局三十六年度第一學期擴增校館計劃草案

本計劃係斟酌本市實際需要並參考教育實施三年計劃訂定之

（甲）國民教育部份

（一）擬增設國民學校一四所計七四班分配如下、

第二區 一校 六班一校 馬路街
第三區 一校 六班一校 蓮子營
第五區 二校 六班二校 崔八巷 羅廊巷
第六區 二校 十班一校 十二班一校 南昌巷 中央路
第九區 一校 四班一校 吉祥村
第十區 一校 三班一校 明孝陵
第十一區 二校 三班一校 掃帚巷 二班一校 趙家崗
第十二區 二校 六班一校 四松村 三班一校 濱江
第十三區 二校 四班一校 楊崗頭 三班一校 張家村

（二）原有國民學校一四四所平均每校增一班者十二八校增二班者一六校共增一七六班分配如下：

第一區 十八班　第八區 十九班
第二區 十四班　第九區 七班
第三區 十八班　第十區 七班

第四區　十八班　　第十一區　七班

第五區　十四班　　第十二區　七班

第六區　十九班　　第十三區　七班

第七區　十九班

(三)舉辦初級成人班及婦女班四十班（辦法另詳）

(四)增設幼稚園及幼稚班共十二班

(八)下列兩區各增設幼稚園一所每所成立兩班計貳所共四班

第十區　一所　二班　　第十六區　一所　二班

(三)就下列中心國民學校各增設幼稚園二班（如中心國民學校無剩餘房舍得擇該區國民學校增設之）共八班

第四區　二班　　第五區　二班

第七區　二班　　第十一區　二班

(乙)中等教育部份

(一)增設男女初級中學各一所男初中設在鳳凰街接收之倉庫女初中設在金鑾巷市立師範原址各辦四班合共八班

(二)職業學校分為農科職業學校商科職業學校農科遷至上新河增設二班商科職業學校暫仍設職校原址

(三)市立師範學校分校改為鄉村師範學校

(丙)社會教育部份

(一)添設首都補習學校一所辦十六班以備教育部指定為聯合國遠東區基本教育會議參觀學校之一擬擇地興建

(二)添設民眾教育館中心學校一所擬在小條巷購置設立皇路民眾大會堂內

(三)添設科學館一所擬在朱子廟興建

(丁)教育行政方面

(一)添設教育資料館一所兼設科學實驗室擬擇地興建

三十六年度第一學期擴增校館計劃簡明表

類別	國民教育：國民學校	國民教育：幼稚園	中等教育：初級中學	中等教育：職業學校	社會教育：補習學校	社會教育：民教館	教育行政：教育資料館	總計
擴增校館班數：增校數	新設14：二區一校、三區一校、五區二校、六區二校、九區一校、十區一校、十一區二校、十二區二校、十三區二校；原有144校增班		合辦四班共八班，增設男女初中各一所	一所辦二班，增設農科職業學校	十六班，首都補習學校一所辦	中心民眾教育館一所	創辦教育資料館一所、科學實驗室	
擴增校館班數：增班數	218班 74班 6班、6班、12班、22班、4班、3班、5班、9班、7班；144班	8班						
地點	禹路街(6)、蓮子營(6)、崔八巷(6)、羅廊巷(6)、南昌巷(10)、中央路(12)、吉祥村(4)、明孝陵(3)、掃帚巷(3)、趙家塘(2)、四松村(6)、滨江(3)、楊園頭(4)、張家村(3)；舊有144校增添班級	就四五七十一區中心校增設	鳳凰街、羊皮巷	上新河	大行宮	民眾大會堂	羊皮巷	計
增加職教員數：共	合計386人		30人	11人				
增加職教員數：校長	14人		2人	1人				
增加職教員數：教員	111人；216人		28人	10人	26人	18人	11人	498人
增加職教員數：職員	12人；33人	16人						
增加工友數	88人	12人	10人	6人	8人	5人	4人	133人
經常費（八至十二月份）	辦公費 57,700,000元 職教員薪津 1,117,801,200元 工友薪津 102,020,000元 1,277,521,200元		辦公費 4,200,000元 職教員薪津 148,944,000元 工友薪津 16,323,200元 合計 169,467,200元		辦公費 8,500,000元 職教員薪津 142,157,400元 工友薪津 13,262,600元 合計 163,920,000元		74,975,900元	1,685,884,300元
臨時費	1,130,000,000元		130,000,000元		120,000,000元		50,000,000元	1,430,000,000元
說明	1. 教員人數以每班1.5人計 2. 工友人數以每2.5班1人計 3. 辦公費以每班5萬元計226班合計如上數 4. 臨時費以每班500萬元計226班合如上數		1. 辦公費中學每班每月8萬元，職業學校每班每月10萬元合如上數 2. 臨時費中學每班1000萬，職中每班2500萬合如上數		1. 辦公費補校每班每月6萬元合為480萬元，餘370萬元為民教館辦公費及事業費 2. 臨時費兩校館平分專作設備之用		1. 經常費包括辦公費及員工薪津 2. 臨時費包括資料館設備費及科學實驗儀器材料購置費	

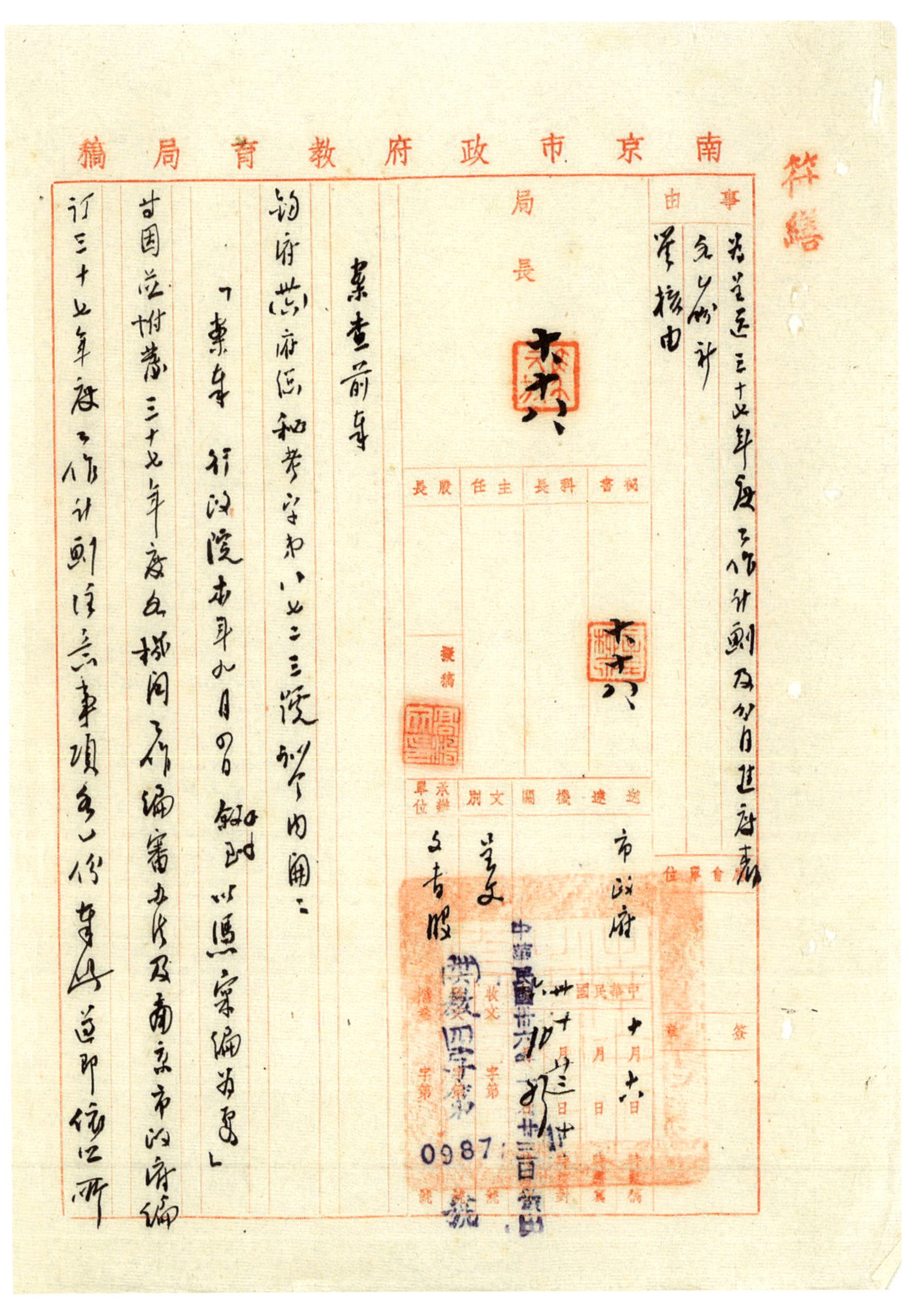

南京市政府教育局稿

事由：為呈送三十七年度工作計劃及分月進度表仰祈鑒核由

局長

核稿　科長　主任　股長

擬稿

送達機關：市政府

文別：呈文

承辦單位：文書股

會辦單位

簽

案查前奉

鈞府府秘教字第八七二三號訓令內開：

「案奉行政院本年九月四日……以……案編……」

……附發三十七年度各機關工作編審辦法及南京市政府編

訂三十七年度工作計劃須知事項各一份等因奉此遵即依照所

中華民國三十六年十月十六日

0987

南京市教育局呈送市政府《南京市教育局一九四八年度工作計劃及分月進度表》

（一九四七年十月二十三日）

檔號：1003-7-33

領校式分別編訂現已編造完竣理合備文呈送仰祈

鑒核

謹呈

市長沈

附呈三十七年度工作計劃三十七年度工作計劃分月進度表各七份

全銜兼局長馬元〇

已修正清稿呈核 36/10/14

閱 十.十五.

中華民國三十七年度南京市教育局工作計劃（行政部份）

南京市教育局局長馬元放　年　月　日

設計考核委員會主任委員　年　月　日

計劃類別	教育
計劃號次	一、
計劃項目	提高市立中華學校國民學校及社會教育機關教職員工俸給基數
續辦或新辦	
過去辦理概況或創辦緣起	本市市立中華學校國民學校及社會教育機關教職員工待遇雖較蘇滬[illegible]各地底教職員工待遇[illegible]稍[illegible]
計劃限度或要點	
實施方法	參照蘇浙各地底教職員工待遇情況改訂待遇標準並實行年功加俸辦法
完成期限	
工作成績百分比	
說明	

項目	目的		辦法
二、籌發市立各級學校教員進修研究費	增進各級學校教員教學效率		歲出概算教育門以編列各該項目
三、獎勵本市市立及私立各級學校久任或優良教員[illegible]	鼓勵各級學校教員服務志趣		遵照法令辦理
四、舉辦各級學校教員及社會教育機關工作人員暑期分科研究會或講習會與社會教育講習會	增進新知並提高研究興趣		定於暑期中舉辦
五、舉辦各級學校教員及社會教育機關工作人員[illegible]	提高各級學校教員及社會教育機關工作人員水準		遵照法令辦理

中華民國三十七年度南京市教育局工作計劃（行政部份）

南京市教育局局長馬元放　　年　月　日

設計考核委員會主任委員　　年　月　日

計劃類別	
計劃號次	六、
計劃項目	市立中等學校學生依法給予公費待遇
續辦或新辦	
過去辦理概況或創辦緣起	除法令規定應享公費待遇之公費生給予公費待遇外師範生應享及得享兩部分公費待遇均予施行
計劃限度或要點	
實施方法	遵照法令辦理
完成期限	
工作成績百分比	
說明	

項次	事項	現況	名額	辦法	期限
七、	設置本市中等學校學生獎學金		學額一千名	歲出概算教育門內編列并訂定本市中等學校學生獎學金辦法公佈施行	
八、	繼續徵募本市中等學校學生助學金				
九、	獎助私立中學及小學著有成績者由市政府給予獎助	獎勵並扶持優良私立中學及私立小學從事改進		遵照法令辦理	
十	整理本市學產	本市學產頗多亟待整理		本府業已決定統籌整理	一年
十一、	鼓勵社會人士捐助教育基金	本市各級學校均無基金致所有經臨支出一一仰諸政府而政府限於預算又不克一一核准		由各該校組織家長接校會募集	一年

中華民國三十七年度南京市教育局工作計劃（行政部份）

南京市教育局局長馬元放　年　月　日

設計考核委員會主任委員　年　月　日

計劃類別		
計劃號次	十三、	十五、
計劃項目	舉行第二次南京市國民教育研究會	舉行中等
續辦或新辦		
過去辦理概況或創辦緣起	上年度曾舉行第一次會議，依法應至少每年舉行一次	改進中等教育
計劃限度或要点		
實施方法	遵照部頒法令辦理	分別聘請
完成期限		
工作進度百分比		
說明		

教育及社會教育研究會		專家及本市各中等學校及社教機關工作人員代表多人組織之
十四、編印首都教育	繼續編印	
十四、編印首都教育	繼續編印	繼續編印
十五、編造國民學校試用教材及教學資料材料	三十六年度已編有作文、大小字量表等	由首都國民教育實驗區負責主持

中華民國三十七年度南京市教育局工作計劃（事業部份）

南京市教育局局長馬元放　年　月　日

設計考核委員會主任委員　年　月　日

計劃類別	教育	
計劃號次	一、	二、
計劃項目	增設女子中學一所	增設初級中學二所
續辦或新辦		
過去辦理經過或創辦緣起	本市中學女生增多，市立二女中不克容納	本市中學學生增多
計劃限度：全部計劃限度或要點	以開設廿四班為準	以開設十二班為
計劃限度：已完成限度或進度概況		
計劃限度：本年度完成限度或要點		
實施方法	在本市鼓樓以北興建校舍并購置必備設備	在本市鼓樓以北興
完成期限：全部計劃完成期限	二年	二年
完成期限：本年計劃完成期限		
工作完成百分比		
預算：歲入或歲出		
預算：數額		
說明		

	三、	四、	五、
	遷建農業及商業兩職業學校	添建二中、四中、一女中、二女中及師範分校等校舍	充實中等學校必備之科學及保健等各類設備
市立各中學不克容納	農校遷子營校舍及商校武定門校舍一則狹隘一則偏僻不宜設置農商職業學校	上列五校校址狹仄校舍簡陋必備設備實感不敷	復員亟待提高中等學校素質但應從充實設備做起
華			
建校舍并購置必備設備	農校遷十二區上新河徵購土地興建校舍開闢農場并添購必備設備商校遷太平路大丸巷興建校舍并添購必備設備	四中、二女中需徵購附近土地二中、四中、一女中、師範分校需添建校舍	籌措專款由市統購視各該校設備情形配發
年	一年	一年	一年

中華民國三十七年度南京市教育局工作計劃（事業部份）

南京市教育局局長馬元放　年　月　日

設計考核委員會主任委員　年　月　日

計劃類別	
計劃號次	六
計劃項目	增設國民學校十所 原有國民學校視校舍情形分別添班 增設幼稚
續辦或新辦	
過去辦理經過或創辦緣起	本市尚有大量學齡兒童失學亟待增校添班以資收容
計劃限度：全計劃限度或要點	共計開設小學部四百班民教部一千二百班幼稚部五十二班
計劃限度：已完成限度或進度概況	
計劃限度：本年度完成限度或要點	
實施方法	擇市內失學兒童較多之地區徵購土地興建校舍并購置應備設備
完成期限：全部計劃完成期限	一年
完成期限：本年計劃完成期限	
工作成績百分比	
預算：歲入或歲出	
預算：數額	
說明	

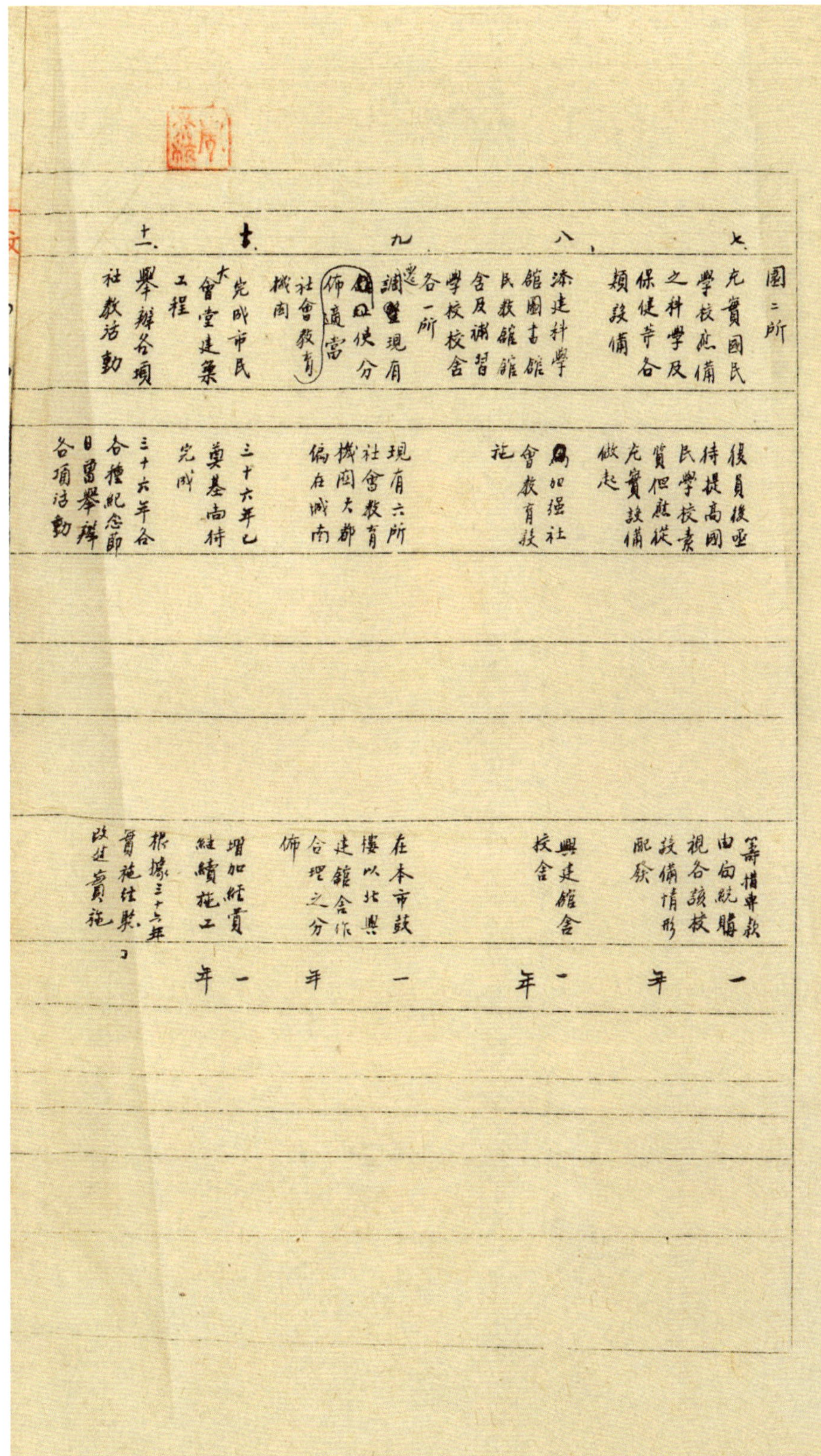

國二所			
七、充實國民學校應備之科學及保健等各類設備	復員後亟待提高國民學校素質但應從充實設備做起	籌措專款由局統購視各該校設備情形配發	一年
八、添建科學館圖書館民教館館舍及補習學校校舍各一所	局加强社會教育設施	興建館舍校舍	一年
九、遴選調整現有社會教育機關使分佈適當	現有六所社會教育機關大都偏在城南	在本市鼓樓以北興建館舍作合理之分佈	一年
十一、完成市民大會堂建築工程	三十六年已奠基尚待完成	增加經費繼續施工	一年
十二、舉辦各項社教活動	三十六年各合種紀念節日曾舉辦各項活動	根據三十六年實施結果改進實施	

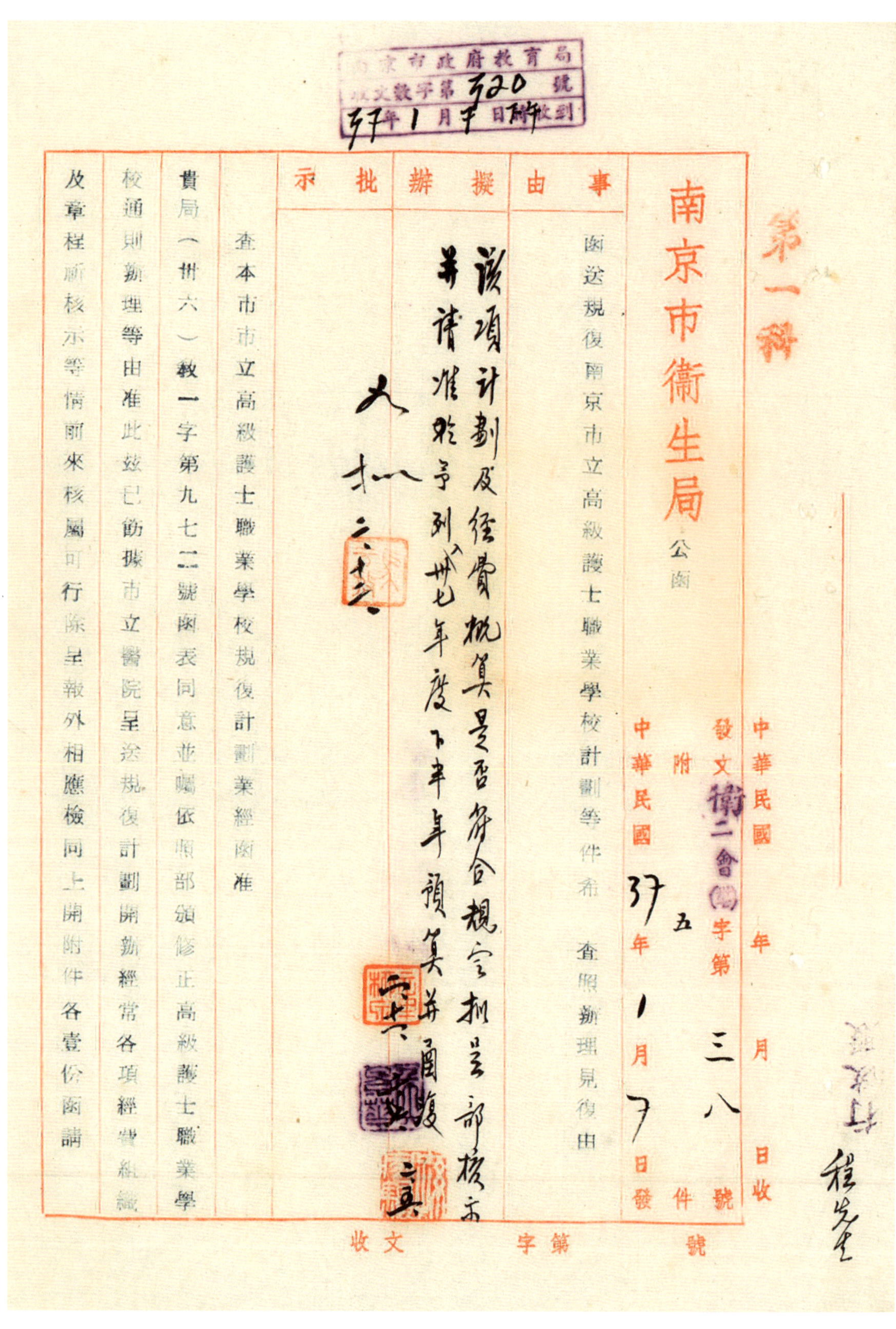
第一科

南京市衛生局公函

事由：函送規復南京市立高級護士職業學校計劃等件希查照辦理見復由

擬辦：該項計劃及經費概算是否符合規定擬呈部核示并請准於予列卅七年度下半年預算并函復

批示：大扎 一月十五

查本市市立高級護士職業學校規復計劃業經函准

貴局（卅六）教一字第九七二號函表同意并囑依照部頒修正高級護士職業學校通則辦理等由准此茲已飭據市立醫院呈送規復計劃開辦經常各項經費組織及章程前核示等情前來核屬可行除呈報外相應檢同上開附件各壹份函請

中華民國 年 月 日收

發文衛二會（四）字第三八號

附 五 件

中華民國37年1月7日發

收文 字第 號

南京市政府教育局收文數字第520號 37年1月14日收到

南京市衛生局函送市教育局并轉呈國民政府教育部《南京市立醫院高級護士職業學校復校計劃大綱》《南京市立醫院高級護士職業學校開辦費概算》等（一九四八年一月七日）

檔號：1003-7-676

查照辦理并希

見復爲荷

此致

教育局

附南京市立高級護士職業學校開辦費、復校計劃、護校章程、護校組織綱要、常預算各壹份

局長 王祖祥

中華民國三十七年一月七日

監印 乃宜
校對 人文

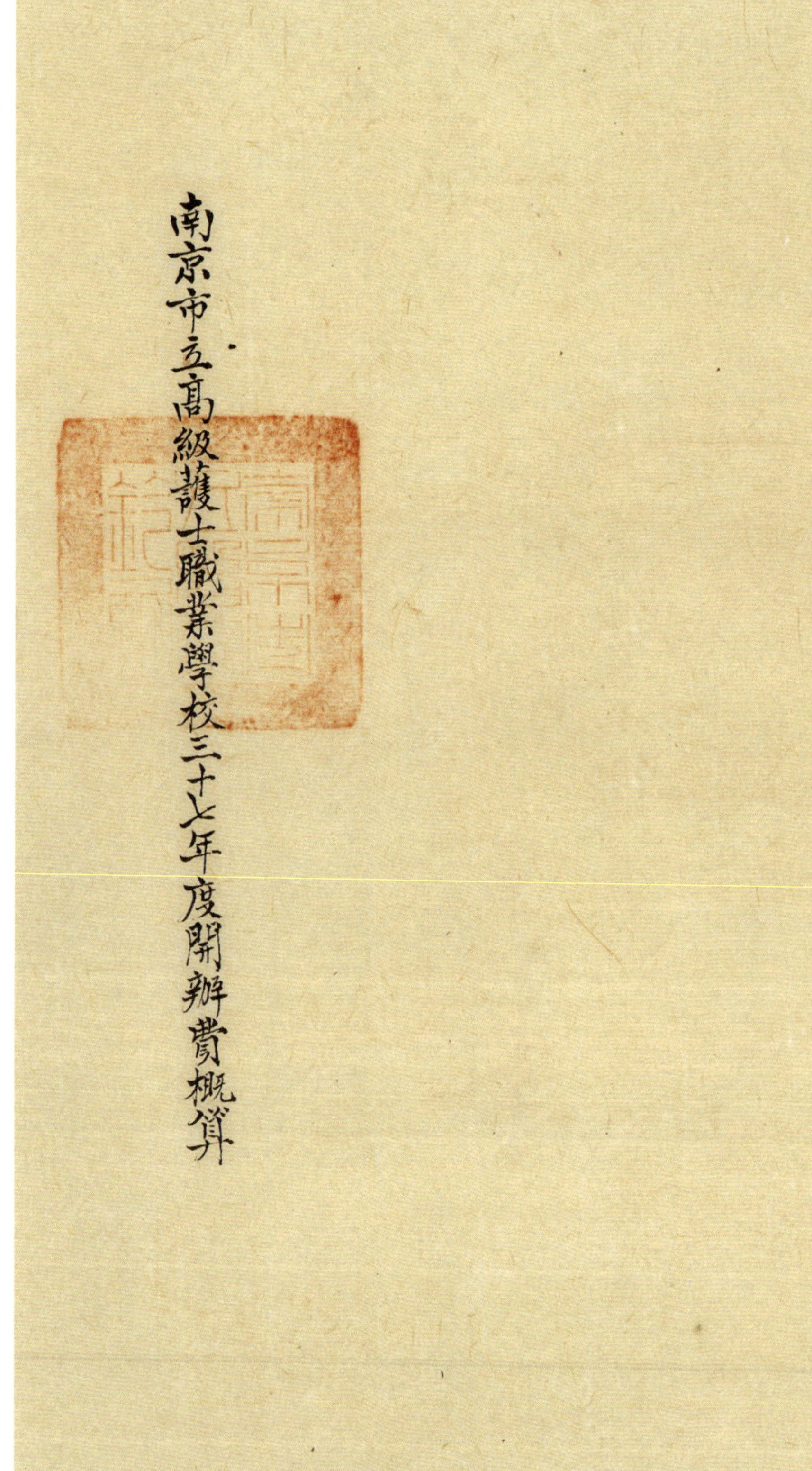
南京市立高級護士職業學校三十七年度開辦費概算

南京市立高級護士職業學校三十七年度開辦費概算

歲出經常門——臨時部份共計國幣伍億零陸佰伍拾萬元整

款	項	目	科目	金額	說明
一			本校開辦費	五〇六、五〇〇、〇〇〇元	
	一		修建費	三〇〇、〇〇〇、〇〇〇元	
		一	修理費	五〇、〇〇〇、〇〇〇元	課室二間圖書室一間膳堂二間及會客室一間均須大修理方可合用
		二	建築費	二〇〇、〇〇〇、〇〇〇元	須新建浴室一間廁所一間寢室二間
		三	水電費	五〇、〇〇〇、〇〇〇元	裝置電燈及接裝自來水管約需如上數
	二		設備費	一三七、五〇〇、〇〇〇元	
		一	傢具	一一六、五〇〇、〇〇〇元	課桌椅二十套每套一百五十萬元卧床二十五張每張一百五十萬元五抽櫥十五張每張一百萬元辦公桌椅五套每套三百萬元膳堂桌子四張櫈子二十張約計四百萬元又卧床十張計五百萬元會客室桌椅約計五百萬元浴盆五只約計五百萬元合共列支如上數

類	項	名稱	金額	說明
	二	器皿	二六、〇〇〇、〇〇〇元	飯堂用器約需三百萬元廚房用具約需五百萬元寢室被褥約需八百萬元其他圖屏黑板等雜項器具約需一仟萬元合共列支如上數
三		圖書儀器	四五、〇〇〇、〇〇〇元	
	一	圖書	一五、〇〇〇、〇〇〇元	
	二	儀器	三〇、〇〇〇、〇〇〇元	模型三個生理解剖模型及標本全份物理化學及藥物學應用儀器及標本合共列支如上數
四		制服費	二四、〇〇〇、〇〇〇元	
	一	制服費	二四、〇〇〇、〇〇〇元	每生應有白圍裙白袖白領白帽各三套二十人計六十套每套平均約需四十萬元合共列支如上數

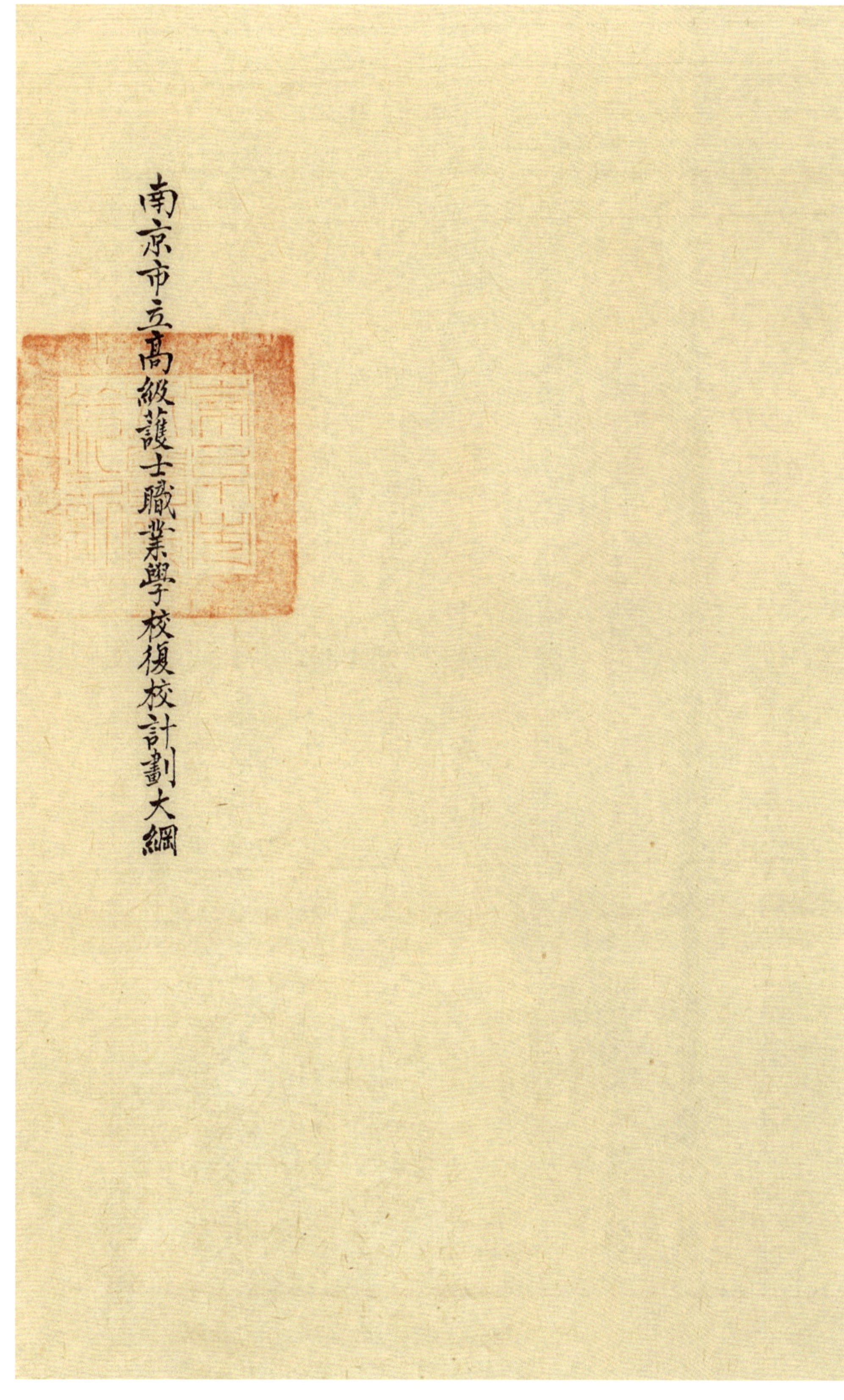

南京市立高級護士職業學校復校計劃大綱

南京市立高級護士職業學校復校計劃大綱

查杭戰以前本市原有市立護士學校之設立因抗戰而中輟現各方深感護士人材缺乏亟應恢復以便繼續造就此項人才為社會服務兹擬具恢復計劃如下

一、隸屬　市立護士學校應隸屬南京市教育局并受衛生局之監督指導

二、名稱　定名南京市立高級護士職業學校

三、校舍　護士職業學校應有單獨適當之校舍切應設計請款興築惟在目前可暫借用市立醫院原有一部份房屋加以修理擬借用市立醫院後進西邊舊房屋一幢計六間作為宿舍飯堂自修室等用並擬借用原門診外科作為教室及示教室此項房屋須大加修葺方可應用再廁所浴室等必須新建方敷使用

四、教職員　校長由市立醫院護士主任兼教導主任由市立醫院護士副主任兼各科教員由市立醫院醫師護士長等担任並須聘專任教員一人訓育幹事一人文書幹事一人工友十人

五、招收學生　本校修業年限按照規定為三年於三十七年七月起開始招收學年第一學期新生計二十名以後每年夏季招收一次計二十名新生第一學期内為試讀期間期滿須經甄别考試合格方得為正式學生

六、經費　市立高級護士職業學校所需開辦經費經常及各項經費應請列入本市教育經費内

南京市立高級護士職業學校章程

南京市立高級護士職業學校章程

第一條　本校定名為南京市立高級護士職業學校

第二條　本校以造就醫務衛生護士人才服務社會為宗旨

第三條　本校學生入學資格規定年在十六足歲以上二十五歲以下之未婚女子品行端正體格健全具有在教育部立案之公私立初中畢業程度有證明文件經入學考試及格者

第四條　本校除第一學年第一學期得酌收學膳宿費外其餘各學期均不收學膳宿雜費惟入學時應預繳儀器賠償費十萬元正畢業時多退少補

第六條　凡學生入學時須填具志願書及保證書如因故中途退學或

違犯校規品行不端及成績過劣而被除名者所有本校一切補
助費用應由該生家長及保證人員責償還
第七條　本校修業期限規定為三年第一學年第一學期為試讀期期
滿甄別考試合格方得為正式學生第三學年第二學期得有
產科實習

第八條　本校學科如左表

第一學年第一學期前期共十週

教授科目	上課鐘點	實習鐘點	每週鐘點
解剖生理	50		5
公民	20		2
國文	40		4
社会學概論	20		2
心理學	20		2
化學	30	10	4
家政學	10		1
英文	20		2
倫理	10		1
個人衛生	10		1
護士歷史	10		1
普通歷史	10		1
繃帶學	10		1
護病學	10		1
護病技術	40		4
体育	10		1
地理	10		1
總計	330	10	34

第一學年第一學期後期共十週

教授科目	上課鐘點	实習鐘點	每週鐘點
公民	20		2
國文	40		4
解剖生理	50		5
護病原理	20		2
護病技術	40		4
英文	20		2
細菌	30		3
药物學	20		2
音樂	10		1
史地	20		2
病室实習		180	30
總計	270	180	45

第一學年第二學期共二十週

教授科目	上課鐘點	实習鐘點	每週鐘點
國文	30		1.5
地理	20		1
歷史	20		1
護病原理	40		2
護病技術	30		1.5
英文	20		1
急救術	10		0.5
药物學	40		2
外科及護病學	30		1.5
内科及護病學	60		3
音樂	20		1
病室实習		640	32
總計	320	640	48

第二學年第一學期共二十週

教授科目	上課鐘點	实習鐘點	每週鐘點
小兒科護病學	30		1.5
飲食學	40		2
眼科	15		0.75
耳鼻喉科	15		0.75
病歷紀錄	20		1
英文	20		1
音樂	18		1
病室实習		800	40
總計	158	800	48

第二學年第二學期共二十週

教授科目	上課鐘點	实習鐘點	每週鐘點
婦科	15		0.75
精神病護理學	20		1
物理治療	10		0.5
手術室概要	10		0.5
產科	30		1.5
病室实習		880	44
總計	85	880	48.25

第三學年第一學期共二十週

教授科目	上課鐘點	实習鐘點	每週鐘點
產科技術	30		1.5
個案研究	10		0.5
公共衛生	40		2
病室管理	10		0.5
病室实習		880	44
總　計	90	880	49.5

第三學年第二學期共二十週

教授科目	上課鐘點	实習鐘點	每週鐘點
護士職業問題	20		1
公共衛生產科技術及病室实習		960	48
總　計	20	960	49

第九條　本校理論與實習並重教授各項學科概用國語學業成績以六十分為及格如有一項科目不及格者不得畢業其成績考核細則另訂之

第十條　本校學生假期每人每年規定為三星期其日期由教導訓育及實習指導主任按照情形酌量排定

第十一條　學生在肄業三年期內如病假超過三星期以上其超過之期應在畢業前按日補足

第十二條　凡學生學業其實習成績在六十分以上及操行優良者方得升級

第十三條　本章程如有未盡事宜經由校務會修改後呈報主管教育行政機關備案

第十四條　本章程自呈奉核准之日施行

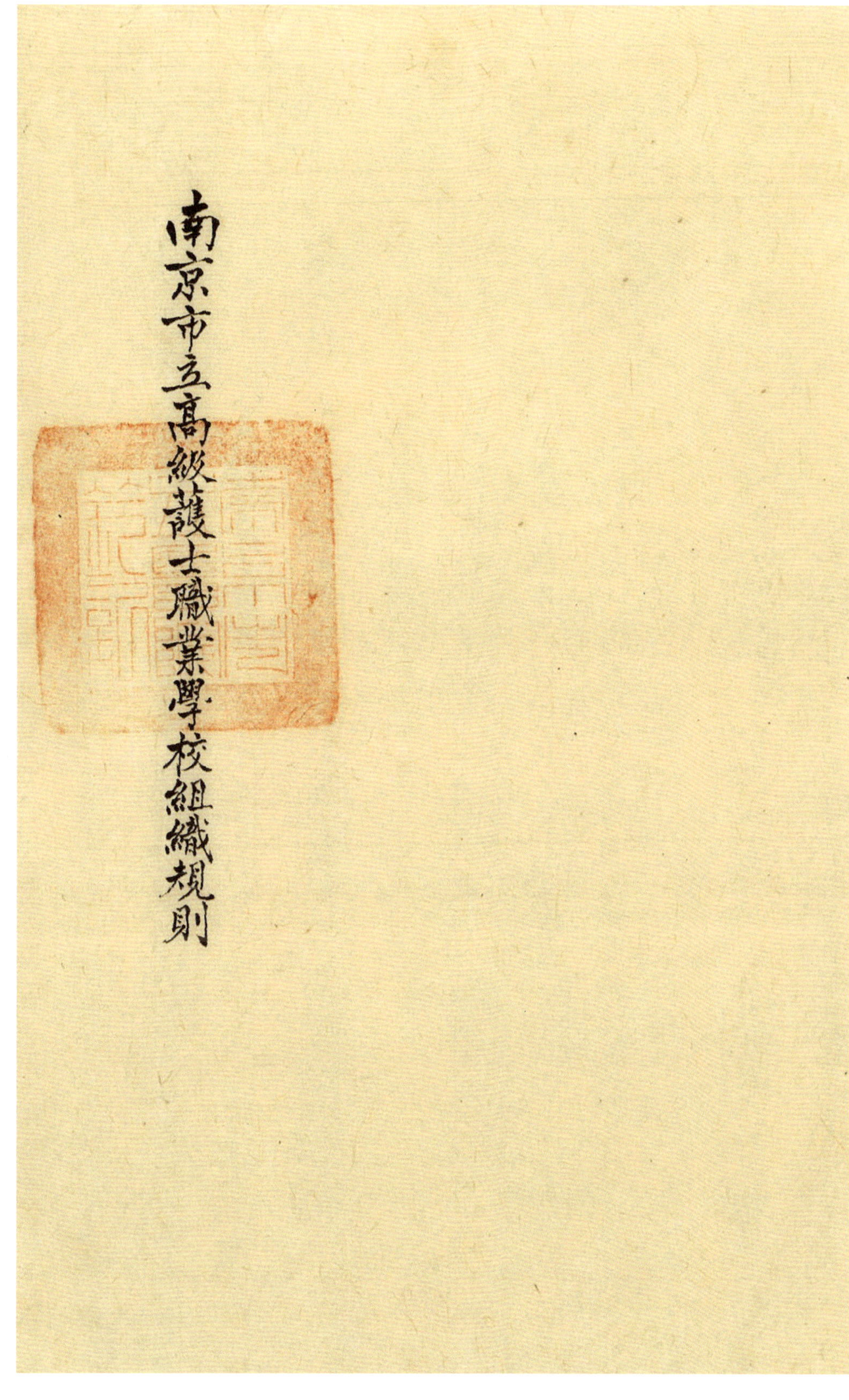

南京市立高級護士職業學校組織規則

南京市高級護士職業學校組織規則

第一條　本校隸屬南京市教育局並受南京市衛生局之指導及監督

第二條　本校爲便利學生實習起見與南京市立醫院合作准以該院爲學生實習醫院

第三條　本校設校長一人由南京市立醫院護士主任兼任由南京市教育局轉呈市政府聘任綜理全校校務

第四條　本校各處主任組長教員組員由校長聘任之並呈報南京市教育局備案

第五條　本校教職員應以專任爲原則惟於必要時得聘兼任教員

第六條　本校隨事業需要得組織訓育指導委員會職業指導委

員會經費稽核委員會等委員會

第七條 本校舉行左列會議

一、校務會議以校長及全体教職員組織之校長為主席討論全校一切興革事項每學期開會一次或兩次

二、教務會議以校長及全体教員及教務組織員組織之校長為主席校長缺席時教導主任為主席討論一切關於教學實習及叢書設備購置事項每月開會一次

三、訓導會議以校長各主任各導師及訓育員組織之校長為主席校長缺席時教導主任為主席討論一切關於訓育及管理事項每月開會一次或兩次

四事務會議以校長各主任及事務處職員組織之校長為主席校長缺席時事務主任為主席討論一切關於事務進行事項每月開會一次

第八條 本校課程遵照教育部規定科目辦理之

第九條 本校各項章則另訂之

第十條 本規則呈報南京市教育局核准備案之日施行

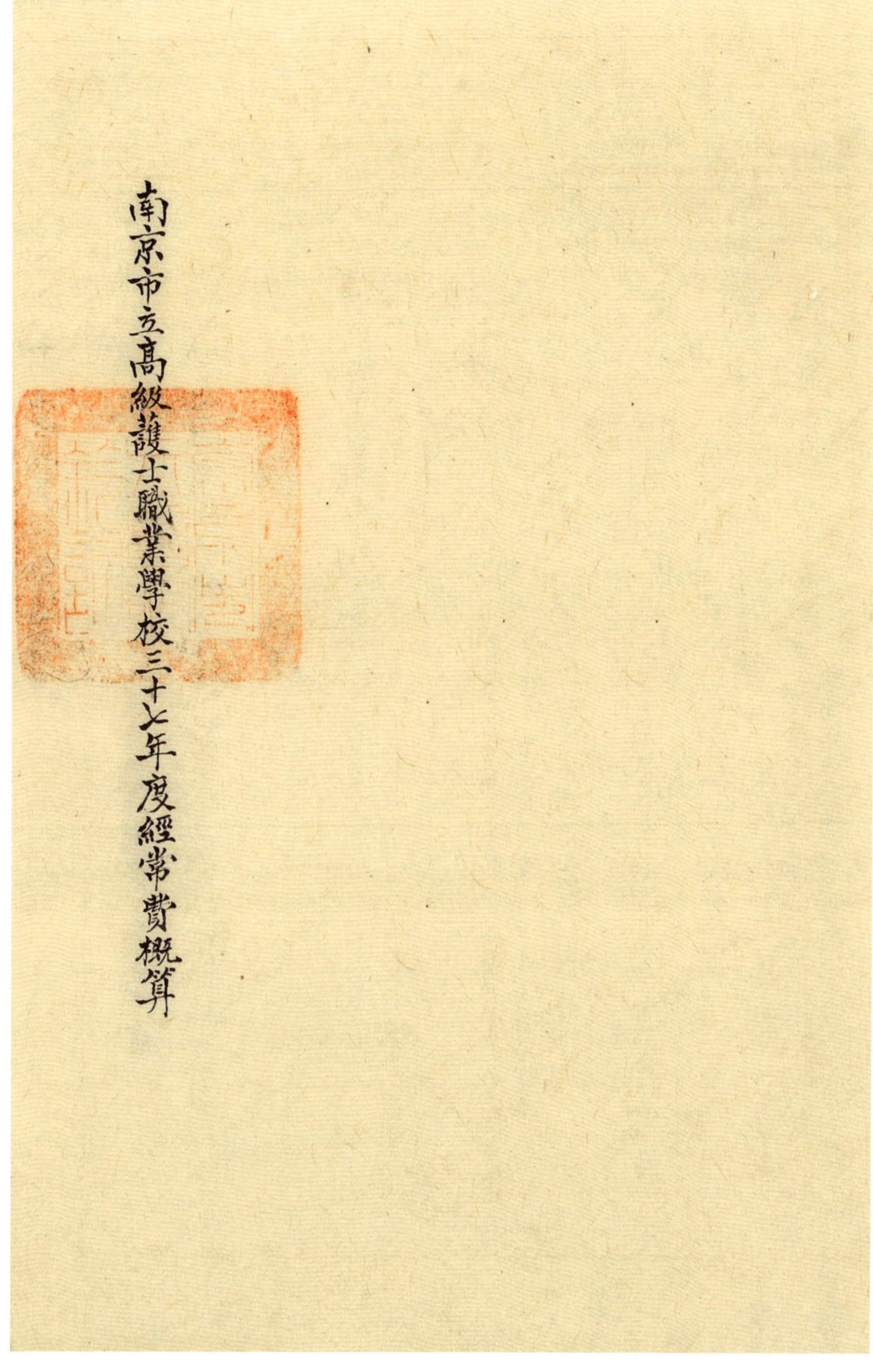
南京市立高級護士職業學校三十七年度經常費概算

南京市立高級護士職業學校三十七年度經常費概算

歲出經常門｜常時部份共計國幣貳億陸仟陸佰肆拾壹萬零伍佰元

款	項	目	科目	金額	說明
一			本校經常費	二六六四一〇五〇〇元	
	一		俸給費	二四〇一〇五〇〇元	
		一	薪俸	五七〇〇元	兼任校長副校長各一人不支薪給專任教員一人月支二百元訓導幹事一人月支一百五十元文書幹事月支一百二十五元合共列支如上數
		二	工餉	四八〇〇元	工役十人每月各支四十元合共列支如上數
		三	鐘點費	二四〇〇〇〇〇〇元	兼任教員鐘点費每月約四十小時每小時六萬元每月二百四十萬元十個月共列支如上數
	二		辦公費	六〇〇〇〇〇〇〇元	每月按伍佰萬元列支年支如上數
	三		購置費	六〇〇〇〇〇〇〇元	每月按伍佰萬元列支年支如上數

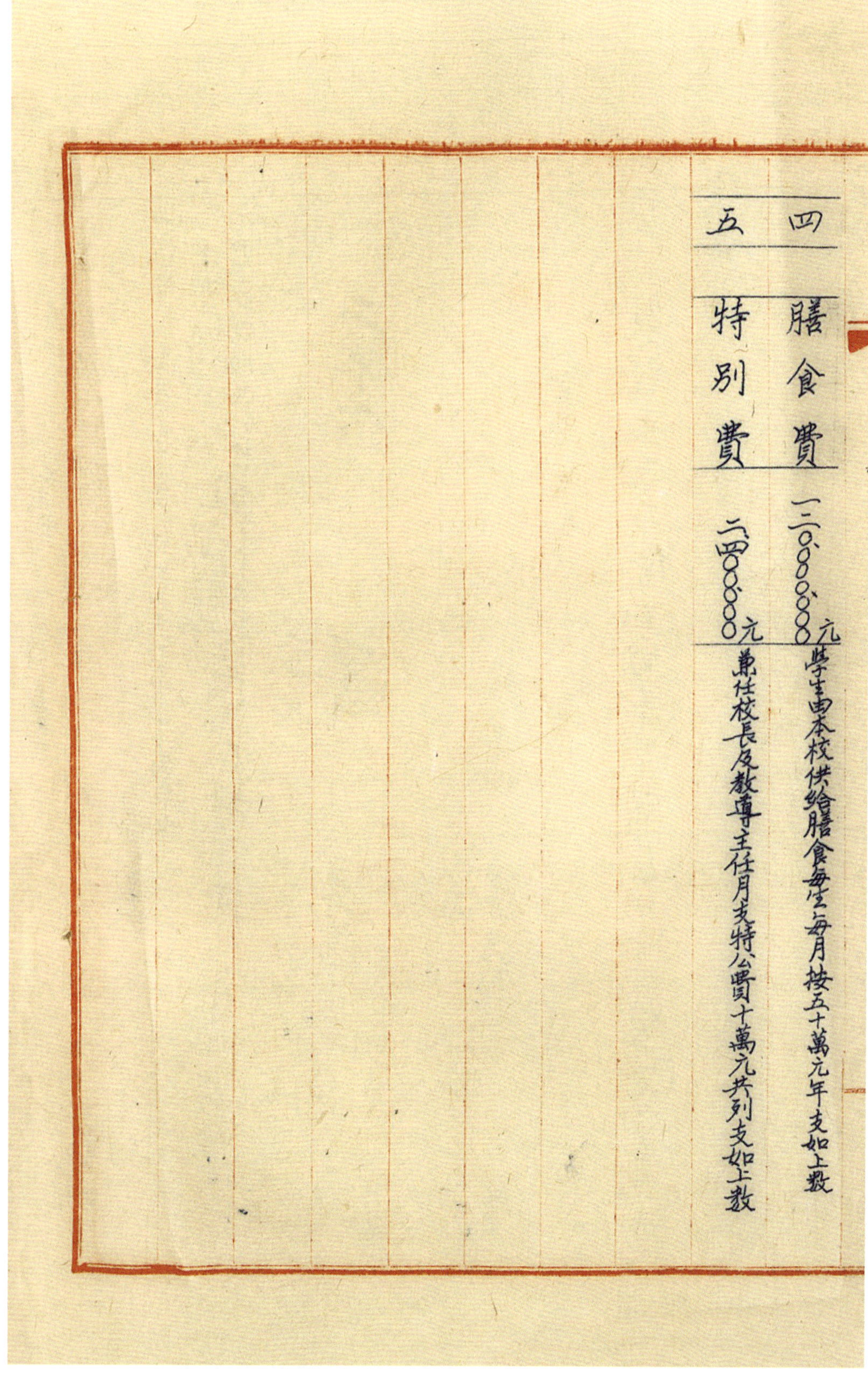

四	膳食費	一二〇，〇〇〇，〇〇〇元	學生由本校供給膳食每生每月按五十萬元年支如上數
五	特别費	二，四〇〇，〇〇〇元	兼任校長及教導主任月支特公費十萬元共列支如上數

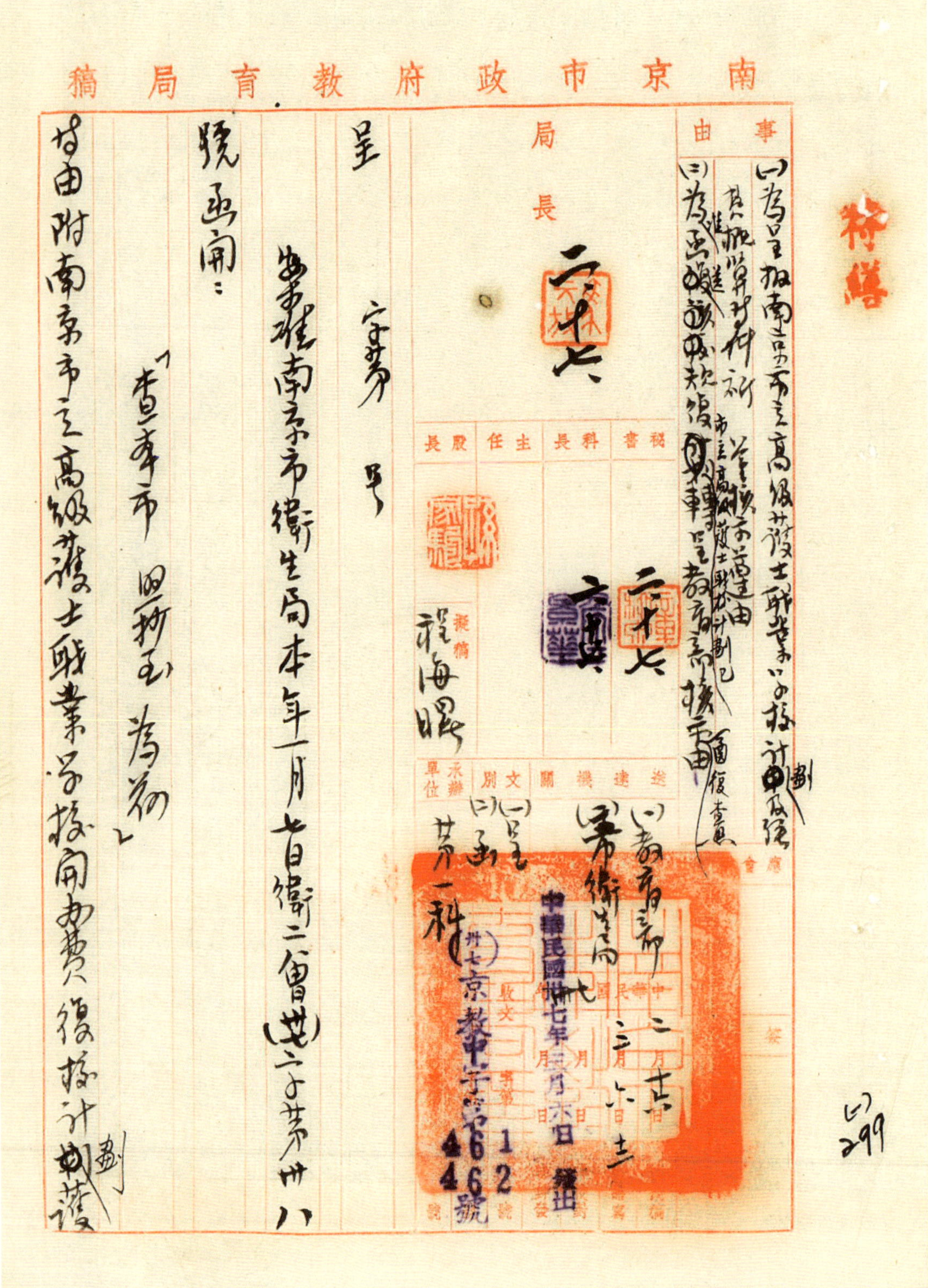

南京市政府教育局稿

校章程護校組織規程經常費預算各壹份，准此。查該校所造就醫藥衛生護士人才服務社會，尚屬需要，惟查該項計劃及經費概算並日呈不以必須合於現實，理合據情檢同原附件各一件備文呈請鑒核示遵，并請准予列入廿七年度下半年預算，實為公便。

謹呈

教育部

附呈南京市立高級護士職業學校開辦費復校計劃概算、劃一護校章程、護校組織規程及經常費預算各壹份

（全銜）華局長馬元之

公函　字第　號

案准

贵局本年一月廿七日卫二字（卅七）第三八一号公函送关于

南京市立高级护士职业学校计划书等件嘱查一节见复

并由附南京市立高级护士职业学校开办费复核计划护

校章程护校组织经常费预算各事项准此查该校计划

及经费概算是否符合规定本局已将情连同原附件

一併呈请教育部核示并请准予列入卅七年度下半年

预算并准函前由相应函复即希

查照为荷

此致

南京市卫生局

兼局长马元〇

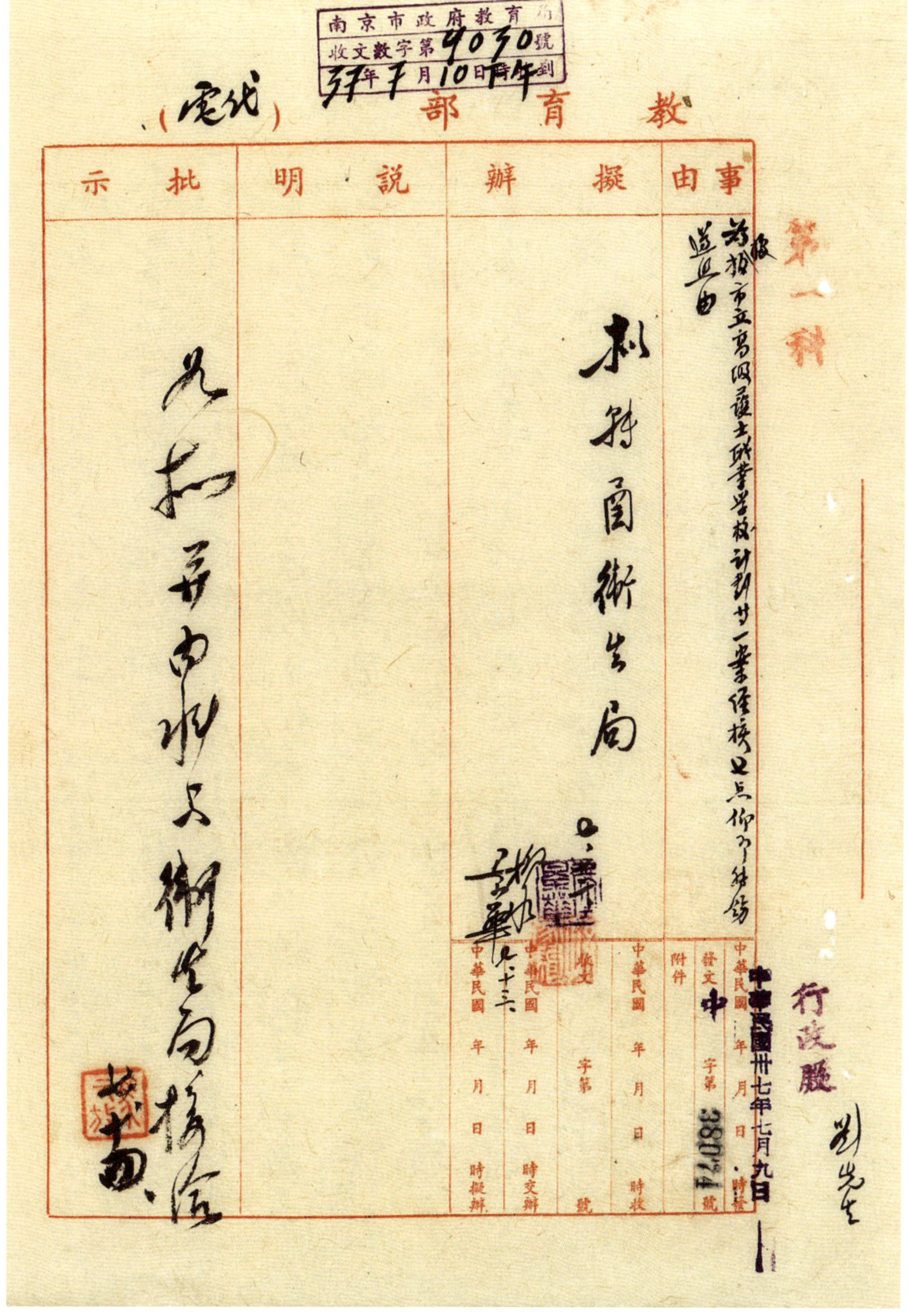
南京市政府教育局
收文數字第9030號
37年7月10日下午到
（寧代）教育部
事由	擬辦	說明	批示
准撥市立高級護士職業學校計劃書一案經核尚可仰予轉飭遵照由	抄轉衛生局		先抄轉市衛生局核簽

中華民國卅七年七月九日發
字第38074號
行政廳

南京市教育局本年三月六日京教中字第461號呈暨附件均悉。茲核示如次：(一)該市立高級護士職業學校暫用醫院房屋一間以為校舍，殊非所宜，應於短期內設法自行籌建，以利教學。(二)為適應目前情況起見，在醫院未擴充以前，每年限招生一班，每班不得超過廿名。(三)除該校長得兼任護士主任外，教導主任應改為專任兼護理訓育，原列訓育幹事改為實習督導兼任，可以刪列。(四)該校招考新生，應由教局訂定錄取標準，無庸規定試讀期限。(五)第一學期衛生學可併入護理技術內教授

監印

校對

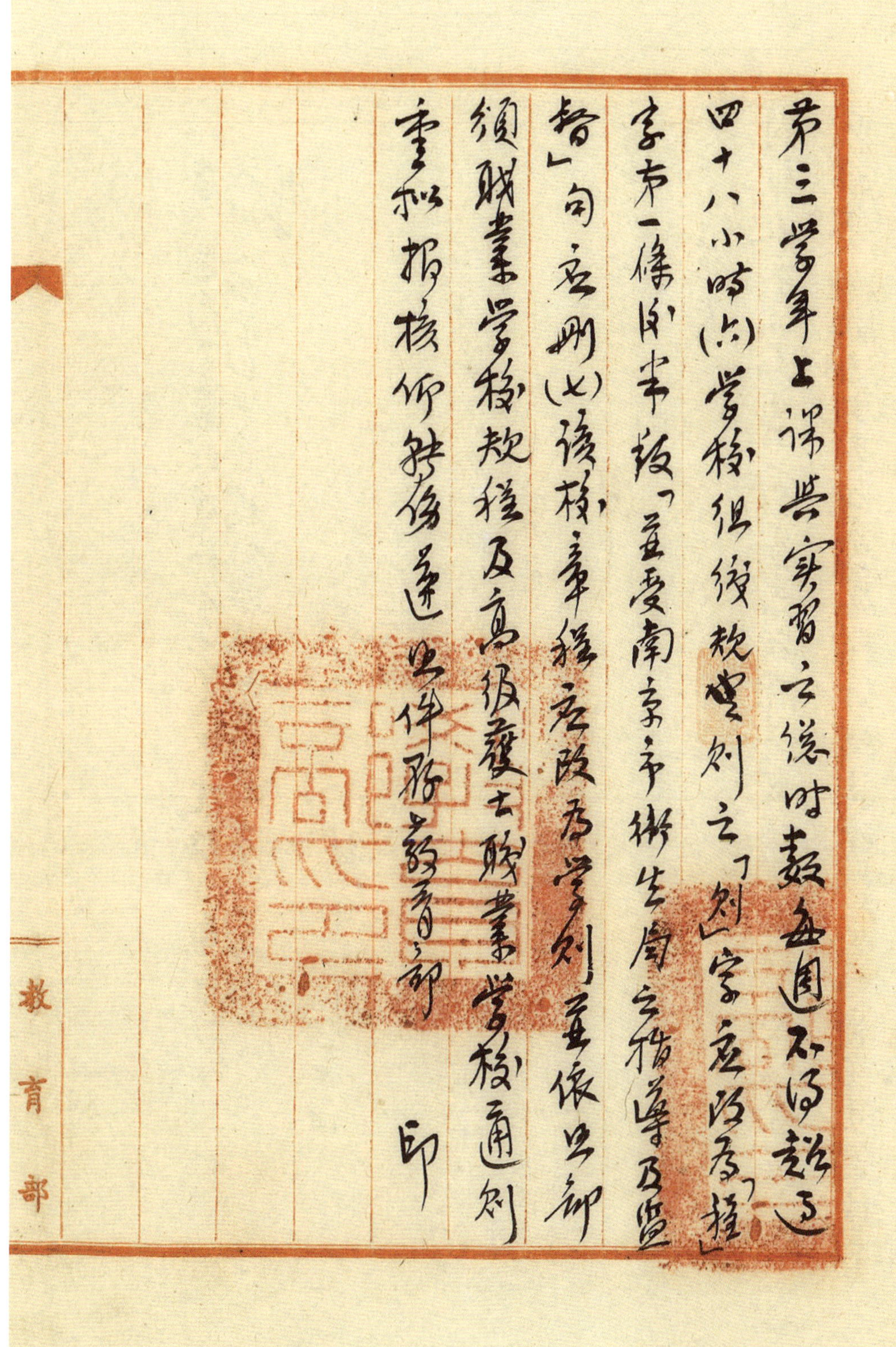

第三學年上課共實習之總時數每周不得超過四十八小時。(六)學校組織規則之「則」字應改為「程」字，第一條所稱學校「並受南京市衛生局之指導及監督」句應刪。(七)該校章程應改為學則，並依照部頒職業學校規程及高級護士職業學校通則重擬報核。仰轉飭遵照。此件存教育部

印

教育部

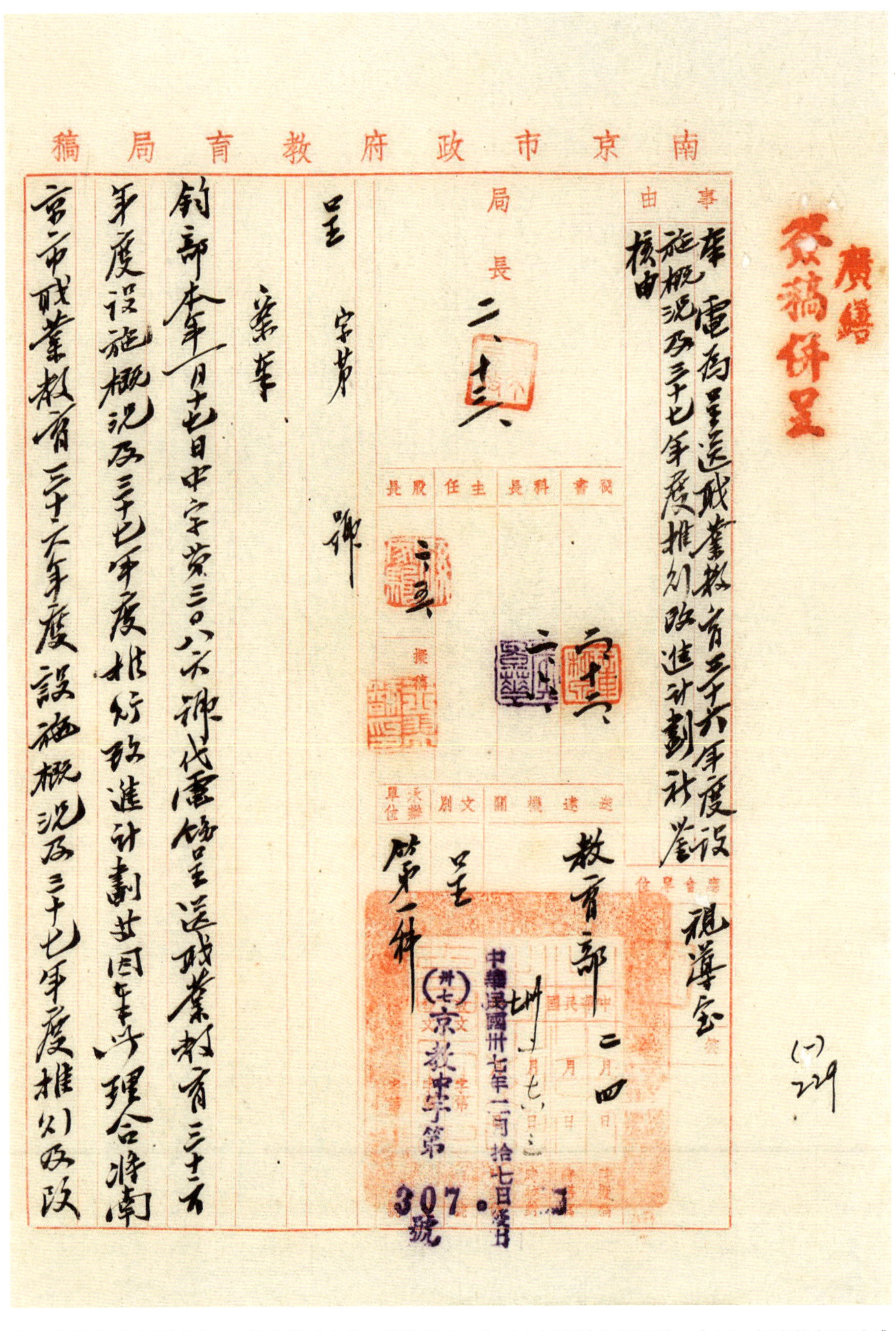
南京市政府教育局稿

事由：奉電為呈送職業教育三十六年度設施概況及三十七年度推行改進計劃祈鑒核由

局長 二、十六

呈 字第 號

案奉

鈞部本年一月十七日中字第三〇八六號代電飭呈送職業教育三十六年度設施概況及三十七年度推行改進計劃等因，奉此，理合將南京市職業教育三十六年度設施概況及三十七年度推行及改

送達機關：教育部

呈

中華民國卅七年二月拾七日發

(卅七)京教中字第307號

南京市教育局呈送國民政府教育部《南京市職業教育一九四七年度設施概況及一九四八年度推行及改進計劃》（一九四八年二月十七日）

檔號：1003-7-394

進計劃同式二份送請備文呈送仰祈

鑒核

謹呈

教育部部長朱

附呈南京市職業教育三十六年度設施概況及三十七年度推行及改進計劃同式二份

（全銜）兼局長馬〇〇

抄兩份附
呈三、五、

南京市卅六年度職業教育設施概況暨卅七年度職業教育推行及改進計劃

勝利以後本市設第一職業學校辦理農商兩科三十六年八月因該校分設兩科性質不同教導管理及一切設施均有不便爰將農商兩科分別設立為農業職業學校及商業職業學校茲將卅六年度本市職業教育設施概況暨卅七年度推行及改進計劃分述於后

(一)三十六年度職業教育設施概況

(1)增設職校　三十六年八月將市立第一職業學校之農商兩科分別設立就該校分校(蓮子營十三號)成立農業職業學校就其本校(武定門)成立商業職業學校

(2)劃分班級　原有市立第一職業學校共有十四班分設兩校農科學生四班劃入農職商科學生十班劃入商業職業學校合計仍為十四班

(3)分配員工　原有市立第一職校有教職員五三名工役十四名分設兩科一時因

預算內所列名額無法增加，僅就其原有名額從事分配，計農職教職員一七名，工役六名；商職教職員三五名，工役八名。

(4) 建修校舍　本年曾由本局撥款五千萬元在商職校內建築平房一排，以為教室及辦公室之用，并因農職房屋破壞，玻璃全無，曾撥給專款修配齊全。

(5) 補充設備　本年因商職課桌椅缺乏，曾指撥專款添置雙人課桌椅一百二十套。

(6) 轉撥經費　本年教育部發給補助本市職業學校教學實驗設備費，在三月間業撥五百萬元發給第一職校商科購置商科教學設備費，八月業撥五百萬元發給農職購置農教學設備費，均隨領隨發，并張核其用途。

(7)分科教學　農業職校成立以後其高級一二年級規定行分科教學一年級兩班分為農藝園藝森林三科二年級一班分為農藝園藝二科

(8)介紹職業　第一職校暑假畢業學生均經本局及該校代為介紹至市府會計處市銀行及自來水管理處工作無一賦閑

(二)卅七年度職業教育推行及改進計劃

(1)遷移農職　農業職校設於城內距離農村太遠學生無見習實習機會本年擬將該校遷往燕子磯師範分校原址辦理

(2)添闢農場　燕子磯笆斗山附近有公地三處約計四十畝擬函請地政局查明後再呈請市政府准予撥交該校以為學生實習農場

(3)建修校舍　燕子磯師範分校原址之校舍須新建校門及傳達室并以擬興

南京市教育局

(3) 其教室辦公室與宿舍等均無地板且缺少窗牖濕度太大空氣不暢擬分別添鋪地板多開窗户至校內道路及四周竹籬亦擬修鋪除置使一表有待分別行政管理發生困難

(4) 遷建商職　商業職校設於武定门距離市區太遠該地交通亦不甚便利年擬就火瓦巷商職原址興建校舍從事遷移

(5) 補充設備　農商兩職業學校之設備簡陋教學實習用具尤覺缺乏擬依需要分別設法補充

(6) 指導實習　農業職校應添闢農場指導學生從事農業實習增加生產經驗并應於商業職校內添設合作商店及小型實習銀行指導學生從事商業實習獲得商業上之技能

(7)增加班級　農商兩職業學校除原有班級外每年招收新生兩班實行雙軌使各該校每年均有畢業學生服務於農商兩界　農職設於郊區為救濟失學青年起見該校得附設初中班級

(8)實行推廣　農業職業學校內之圖書館醫藥室推廣陳列室農場等除供學生實習以外尤須長期開放供附近農民之參觀並予以指導使學校與農村密切合作收改進農村之實效

(9)聯繫各界　農商兩職業學校對於農商兩界如農林部農場及銀行公司商店均密切聯繫因可增加學生實習機會亦可對學生出路有所裨益便利

南京市教育局

南京市政府教育局
收文數字第3168號
37年3月17日時收到

教育部（指令）

第一科

事由	擬辦	說明	批示
為呈送職業教育卅六年度設施概況及卅七年推行改進計劃准予備案仰即知照由	擬存		存 三、廿二

中華民國卅七年三月十六日 發文中字第14034號	附件	中華民國 年 月 日 時收	收文 字第 號	中華民國 年 月 日 時交辦	中華民國 年 月 日 時擬辦

行政股

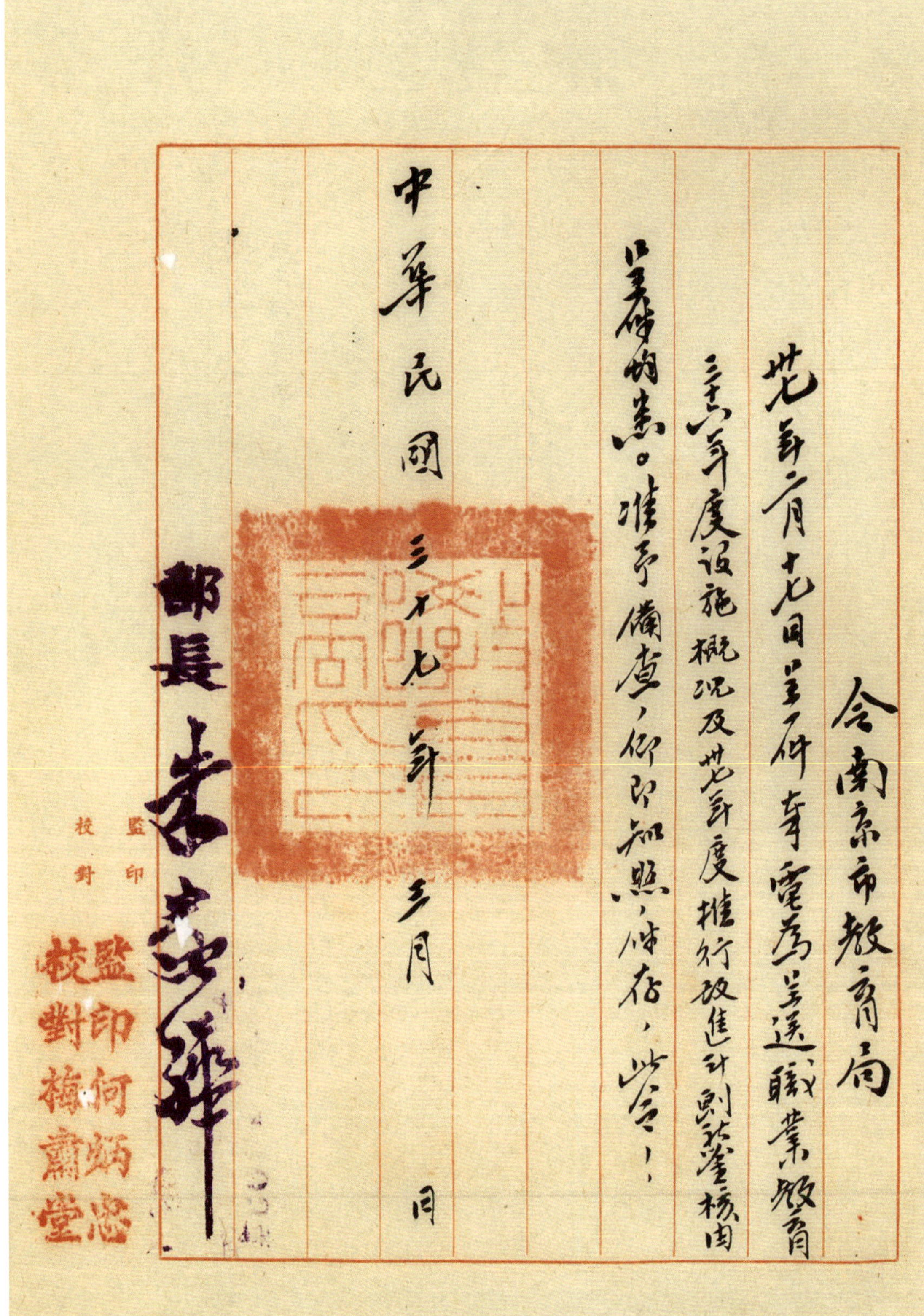

令南京市教育局

卅七年六月十七日呈一件，為呈送職業教育三十六年度設施概況及卅七年度推行改進計劃請鑒核由

呈件均悉。准予備查，仰即知照，件存。此令！

中華民國三十七年七月　日

部長　朱家驊

監印　何炳忠
校對　梅肅堂

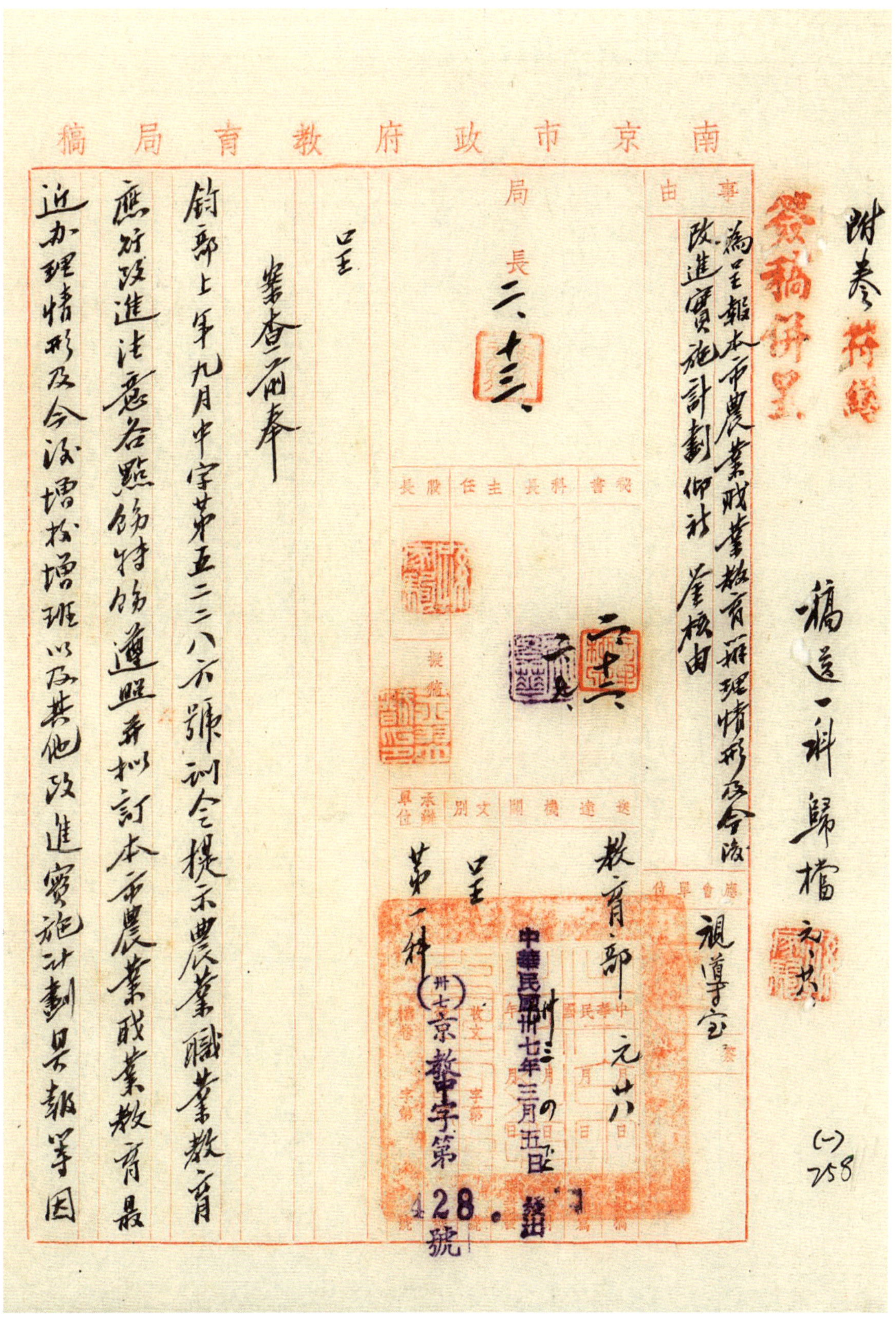

南京市政府教育局稿

附卷 存稿 發繕

稿送一科歸檔

事由：為呈報本市農業職業教育辦理情形及今後改進實施計劃仰祈鑒核由

局長 二、十三

送達機關：教育部

文別：呈

承辦單位：第一科

會辦單位：視導室

中華民國卅七年三月五日發出

（卅七）京教中字第428號

呈

鑒查前奉

鈞部上年九月中字第五二二八六號訓令提示農業職業教育應行改進注意各點飭轉飭遵照并擬訂本市農業職業教育最近辦理情形及今後增設增班以及其他改進實施計劃具報等因

南京市教育局呈送國民政府教育部《南京市農業職業教育辦理情形及今後改進實施計劃》

（一九四八年三月五日）

檔號：1003-7-394

奉此當經依照提示各点時飭遵照在案并經本局擬訂本市農業職業教育辦理情形及今後改進實施計劃前奉鈞部本年一月十七日中字第三〇八五號代電催報該項計劃理合將本市農業職業教育辦理情形及今後改進實施計劃具文呈送仰祈

鑒核

謹呈

教育部部長朱

附呈南京市農業職業教育辦理情形及今後改進實施計劃一份

（全銜）兼局長馬〇〇

①

南京市農業職業教育最近現況及今後改進實施計劃

辦理情形

(一)引言

我國自古以農立國后稷教民稼穡樹藝五穀耕種經驗歷代相傳雖累積甚豐然均憑口頭之傳授及各人自身之經驗從無對樹藝方法作系統之研究因之墨守舊規不知改進遂致生產衰落農村破產而國本動搖是為有農業而無農業教育故農業仍保持其無進展狀態中國農村實為全國經濟之資源欲求國家財源之充裕又非從農業之改進與夫生產之增加着手不可是故農業教育之前途實為國本民生所寄託焉

吾國教育家先進有鑒於此於是提倡職業教育發展生產教育以復興農村為當前之急務教育部曾明令規定各省市對於中等教育設施綱領以職業

教育為重尤以特別注重農業職業教育勝利以还本局成立對於職業教育力謀發展并求改進乃於三十六年度第一學期將原有市立第一職業學校之農商兩科分別設立為商業職業學校及農業職業學校以求教訓管理之專一而期符合標準惟農業職業學校因經費不足設備不全加之農場面積過小學生之實地實習未能盡合部令之標準仍有待於今後之努力也

(二)農業教育之現狀

1)歷史簡述

勝利以後本市設第一職業學校辦理農商兩科三十六年八月明令前市立第一職業學校將農商兩科分別設立就該校分校(蓮子營十三號)為農職臨時校址嗣經另派校長主持籌備策劃至九月十三日正式上課現該校設初

②

級三年級一班高級一年級農藝園藝森林三科二年級農藝園藝二科共學生一百六十四人但因限於編制各科之共同必修課程合班上課而實習課程以設備不全與其農場面積過小常感時間不足應亟謀改善

(2)行政概況

(甲)组織

該校設校長一人總理全校事務下設教導總務兩處設主任一人分掌各該處一切事宜因事實上之需要雖已分科暫不設科主任該校另設三種委員會(1)經費稽核委員會審核收支帳目(2)免費審查委員會審查學生申請免費事宜(3)職業指導委員會指導畢業生及推廣職業和能除上述各處及各委員會外另依規定舉行左列三種會議

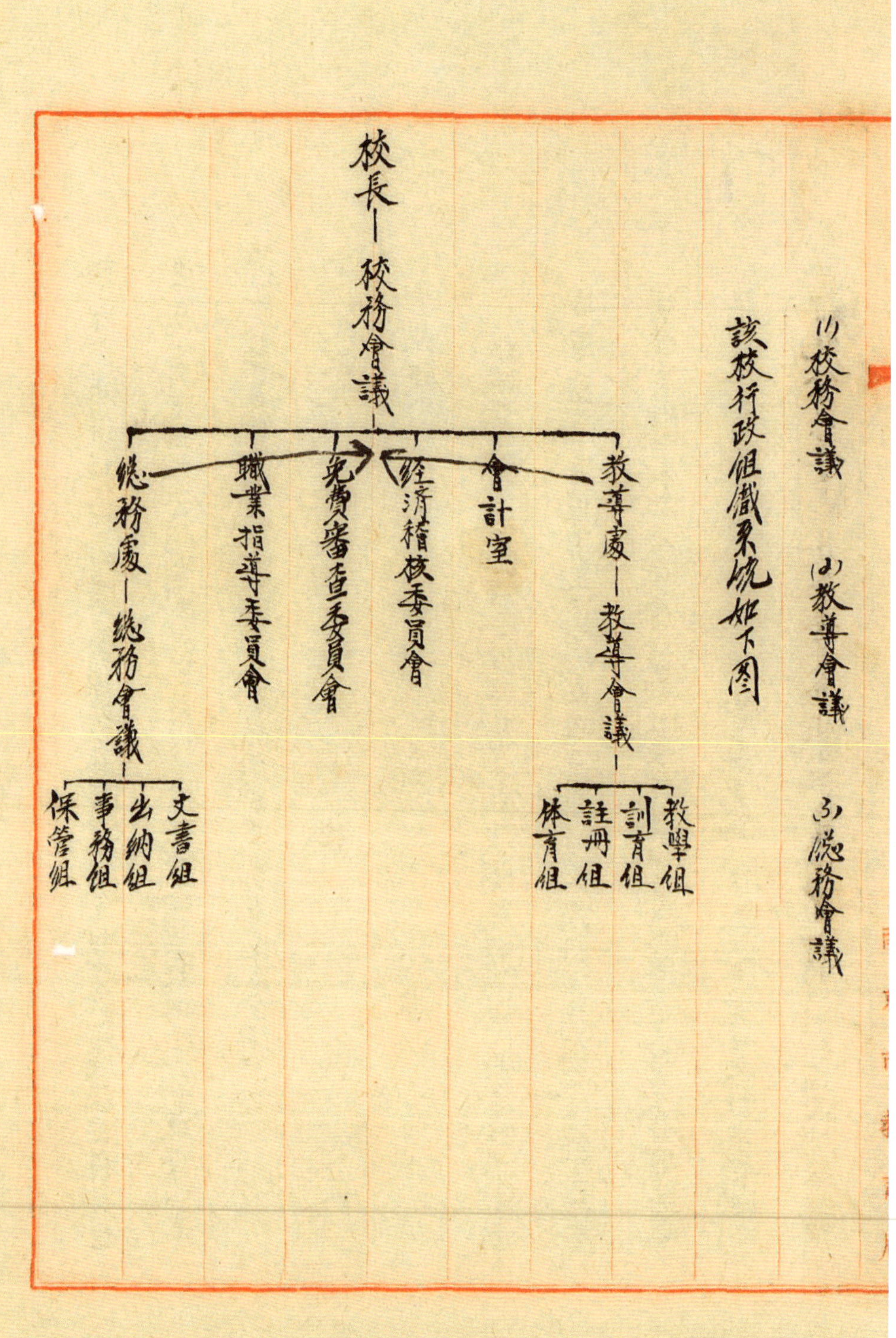
(1)校務會議 (2)教導會議 (3)總務會議

該校行政組織系統如下圖

（乙）教職員

該校教職員核定數為十八人現有二十三人其中有兼任教員七人

（丙）學生

該校學生人數如下表

科別	性別	高級 二年級	高級 一年級	高級 合計	初級 三年級	共計
農藝科	男	一五	三五	五十	男 三九	一六四人
農藝科	女	／	六	六		
園藝科	男	二	二三	二五		
園藝科	女	三	一二	一五		
森林科	男	／	二十	二十	女 八	
森林科	女	／	一	／		
合計		二十	九七	一一七	四七	

(3)教導概況

該校係屬初創，故教導一切設施均無成規可循，現在根據有關法令，參酌實際情形，擬訂各項章則，製訂各種表格，照章推行，依表登記，並組織各種會議，商討一切，時雖數月，規模略具，茲擇其要者分述於次。

(甲)教務方面

a、學級編制：該校現有初三及高一、高二三個年級，共有學生一百六十四人，為養成專門農業技能起見，根據有關法令及參酌實際情形，將高二一班分為園藝、農藝兩科，高一兩班分為農藝、園藝、森林三科，初三仍為農科，故該校四班編制實際六班授課。

b、課程支配：該校各科教學科目及每週講授實習時數大部依照部頒

④

職業學校課程標準及參酌實際情形所訂定有原因有農業課程講授太少本期補授者有因合班講授將以後課程提前講授者有因農場設備未週減少實習時間增加講授時數者同時感覺學生對於農業常識缺乏加授農業常識一科期於本期內學生對於農業有系統認識而國英算基礎較差各增加一小時以資補救

c. 定訂章則：該校開學之後即陸續定訂學則辦事細則會議規程級任導師服務細則學業成績考查辦法學生操行考查辦法學生學行獎懲辦法教室規則等十餘種以為準繩

d. 製訂表格：該校已製訂學生家庭狀況調查學生缺席統計教員缺課補課登記教學進度各科成績登記表學生學行登記學籍表教室日誌

南京市教育局

獎懲通知單月考通知單体格檢查等項表冊以備應用

e、各種習作次數之規定及考查：該校各種學科平時習作極為重視開學後依據教學時數學科性質分別規定如國文一學期作文不得少於十篇英文算學每二週練習一次農業課程每兩週作習題或實習報告一次由担任教員詳加改正教導處并不時調閱期收實效

f、成績考查：該校學生成績之考查參照規定學生學業成績考查辦法切實施行并注重嚴格考試除週考由担任教員決定外每次月考結束後三日公佈不及格學生學號并通知該生家長同時統計公佈每班及男女生不及格人數百分比以期策勵

g、學生缺課之糾正：該校學生多為通學開學之初缺課特多該校曾

⑤

抄訂缺課擴處理辦法并於每週星期三公佈學生缺席次數星期四通知其家長及級任導師其超過規定次數即行飭令休學施行以來成效頗著

b.課外活動：該校為養成學生自覺自動精神增加教學效能起見指導學生組織級會訂定活動項目按期實施

(乙)訓導方面

a.教導方針：該校遵照教育部頒佈訓導綱要並以鍛鍊強健体格陶融公民道德養成勞動習慣充實職業知能增進職業道德啟發創業精神為訓練方針尤着重於自覺自動自治精神之養成以期蔚為建國幹部

b、訓練事項

(a)德行：培養忠孝仁愛信義和平諸美德並了解禮義廉恥之要義

(b)體格：鍛鍊強健身体養成農夫身手

(c)知能：培養科學頭腦養成創業精神

(d)思想：訓練學生明瞭現在國內國際之大勢確定三民主義之人生觀

(e)生活：養成整齊清潔簡單樸素之生活以期達到生產化軍事化藝術化

C、實施狀況

(a)名人演講：該校不時敦請我農界名人蒞校演講

(b)集体訓話：每日升旗時間由校長主任值星導師輪流訓話

(c)個別談話：由級任導師分別與學生舉行個別談話以期詳晰明瞭學生生活情形

(d)級會之組織：為培養學生對於民權之運用及養成自治能力起見組織各級級會及學生自治會

(e)壁報：各級級會學生自治會均有壁報之編輯均能按期出版互相觀摩

(f)服務：開學以後全校學生擔任勸募助學金成績尚佳

(g)遠足：於星期假日組織遠足團遊覽京地各名勝

(h)參觀：利用假期及農業學科之實習時間參觀本市各農業机関學校以增見聞

(乙)總務概況

該校總務上大致尚能井井有條概況如下

(a)經費出納

(b)文件收發

(c)校具管理

(d)搭蓋廚房

(e)分隔教室與辦公室

等項均能符合規定切合實際

(三)今後改進

本局對於農業職業教育自應竭力提倡以期造就農業人才養成科學化農

南京市教育局

⑦

業幹部直接從事於農業加強推廣工作以增加全國生產使吾國為世界上富強之國茲將今後改進實施計劃分述如后

(一)遷校增校

本市現有農業職業學校一所設於城内擬於三十七年度遷往城外并依本局教育實施三年計劃將來再增設農業職業學校一所

(二)決定地點

本市現有之農業職業學校擬於三十七年度遷往燕子磯該地附近有多量之荒地可資利用以為大規模之農業實習場所遷移以後稱第一農業職業學校至將來新設農業職校擬在上新河該地附近有江心洲為京市農業區便於農業推廣工作而對於教學方面易使學生認識一般農業情形此新設之農業校稱第二農業職業學

校以上兩地交通便利有郊區公共汽車可以直達

(三)校址面積

每校面積包括建築物運動場校園以及農作物園藝森林實驗場所約需地二〇〇畝將來再視需要酌於撥充其分配約如下建築地五畝運動場十畝水田十畝標本果樹園二十畝花卉標本園十畝標本林場五十畝校園十畝苗圃二十畝陸田五十畝標本蔬菜園十畝桑田十畝合計約二〇五畝

(四)征撥土地

校址勘定以後即予洽購基地及場地其不願洽購者則依法呈請征收或呈請撥用公地荒山

(五)寬籌經費

⑧

農業職業學校之經費當設法寬籌務使事業能依計劃進展在計劃實施完成以後學校生產能於自足自給即可減少市庫之負担

六、分期建築

校舍之建築須堅定耐用力求經濟除教室办公室宿舍厨房以外尤須有圖書室医藥室推廣室陳列室農具室等一方供學生實習之用一方儘量对所在地之民衆長期開放此項建築擬分年办理期以三年全部完成

每校全部建築位於農場中央校舍四周隙地佈置花草使於實習尤須注意美观

七、設備添置

1、普通設備

南京市教育局

課桌椅黑板辦公桌椅教職員床鋪飯桌玻璃櫥櫃等設備均擬分期添置補充以求敷用

2.教學設備

教學設備如理化儀器各種農事用具圖書標本掛圖等項悉依部令最低設備標準分期添置

(八)確定班級

第一農校除原有班級外每年招收新生兩班第二農校自成立以後亦每年招收新生兩班每校均以双軌為宜如有特別需要得招收初級班級或附設初中部

(九)增設員額

農業學校之教職員名額当較普通中學編制為寬除專任教員及普通

⑨

職員以外尤須特別注意調查指導此項設置專人從事工作俾能實現指導社會改進農村之目的

（十）分科教學

農業職業學校之分科以先設立農藝科園藝科森林科農產製造科為原則將來再視需要情形酌予增設

（十一）改善教法

學生實習不以授課時間表內之實習時間為限應使學生經歷整個耕作過程

（十二）改進農村

各校應與農民充分聯繫除經常開放校內圖書館醫藥室推廣室陳列室農具室供農民參觀外其他如推廣優良品種指導有效技術協助組織合作社率引農

南京市教育局

開懇談補習及展覽會暨農產品比賽等項工作使增進附近農村直接間接有所改進

南京市教育局

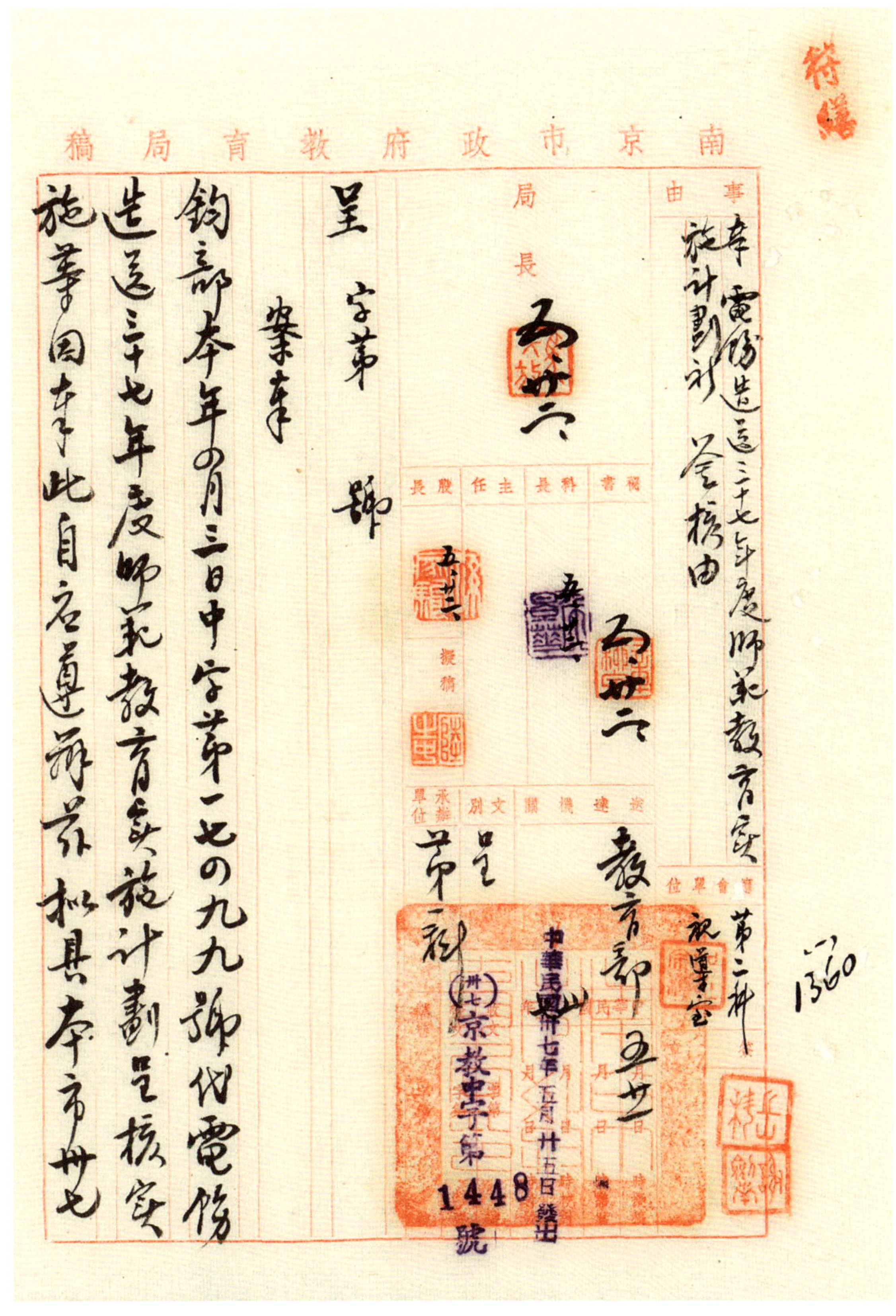
南京市政府教育局稿

事由：奉電飭造送三十七年度師範教育實施計劃祈鑒核由

局長 五廿六

秘書 科長 主任 股長 五廿六

擬稿

送達機關：教育部

文別：呈

承辦單位：第一科

會章單位：第二科

中華民國卅七年五月廿五日發出

（卅七）京教中字第1448號

呈　字第　號

案奉

鈞部本年四月三日中字第一七四九九號代電飭造送三十七年度師範教育實施計劃呈核等因奉此自應遵辦茲擬具本市卅七

1360

南京市教育局呈送國民政府教育部《南京市一九四八年度師範教育實施計劃》

（一九四八年五月二十五日）

檔號：1003-7-394

年度師範教育實施計劃備文呈報仰祈
鑒核示遵
謹呈
教育部
部長朱
附呈南京市廿七年度師範教育實施計劃一份
（全銜）兼局長馬[illegible]

呈核

閱

6103

南京市卅七年師範教育實施計劃

遵照教育部頒發五年師範教育實施方案仿照本市五年師範教育實施方案及本市卅六年師範教育實施計劃并參酌實際情形擬訂本市卅七年師範教育實施計劃惟關於五年師範教育實施方案內關於增校及建校一項原定於第一年内改設師範分校為鄉村師範學校第二年增設女子師範學校一節因本市為首都所在需要人才薈萃之處國民教育師資并無不足之感市立師範畢業生服務鄉區經本局嚴密考核具成績亦屬良好本局已將暫不改設師範分校為鄉村師範一節報請教育部備案難予改變更原有方案在案至增設女子師範一節除由市立師範招收女生以外亦經決定暫緩設立現在本市國民教育師資除市立師

陸先生

範畢業生均支配工作以外并於去年暑假為提高國民學校師資水準起見曾舉行甄選羅致他省市之優秀人才是以本市對於簡易師範科及特别師範科均感不甚需要故不擬再辦至於三十六年師範教育實施計劃經詳細檢討尚有一部份因經費關係未能如期辦到本年再列入實施計劃如經當視經濟情形盡力求實施茲將實施要項分列於后

(一)關於遷校者

(1)遷移市立師範學校——本市小市口原有市立師範新校舍已於上年建築完成本學期開始之初即將市立師範遷入新校舍辦理并將燕子磯師範分校併入本校以求訓管之統一

(2)增設市立師範附屬小學——本年擬在市立師範學校附近擇地設立市立師範附屬小學便利師範生之實習

（二）關於學級及學額者

（1）呈請教育部分發簡師科畢業學生　本市市立師範有簡師科兩班，計共學生九十六人，本年暑假應屆畢業。查該科學生原係在勝利之後經青年輔導委員會所招收之流亡青年，在國立南京三臨附中學設立簡師科，以為各省市推進國民教育之師資，在本市接辦國立臨中之附簡師科即併入市立師範辦理。查本市國民學校教師素質一向較高，並不需要簡師科畢業學生，惟其他省市或感師資缺乏。本届簡師科畢業生除原京籍者由本局設法支配工作外，其籍隸他省市者擬請教育部分發各回原籍服務。

（下接次頁）

~~(二)關於学制及課程者~~

~~(一)停辦簡師科——本市二師範計有簡師科兩班~~

~~科於本園三暗中簡師科修業三年畢業惟存在國~~

~~学校教師素質一向較高三年簡師畢業後即令服務~~

~~部隊任職延長修業年限一年以符規定（升入高師科畢業）~~

(二)擴充師範学校〔添設級〕——本市師範学校本年擬增加普通師範科兩班

(3)增設專科師範科——本市師範学校擬增設工勞作美術師範科音樂體育師範科及社教師資科各一班

(四)充實師範学校各級学額——本市師範学校現有学額尚有未盡充實者〔除最高年級外〕本年擬設法補充

(三)關於環境及設備者

(1)改善師範學校環境——本市市立師範學校極合依偏新建環境布置務期適合標準當有美感尤須注意清潔整齊——

(2)充實師範學校設備——本市師範學校遷移以後師生多數，住校普通設備亦感缺乏，至於教學設備仍待充實於設法補充

(3)提倡自製教具——師範學校之教學用具儘量提倡自製或創造以增進研究興趣

(四)關於檢定教員者

(1)選用師範學校合格師資——師範學校之原有師資應切實考核，本年新聘教員應儘量選用合格而優秀之人材

(2)檢定師範學校師資——本年擬檢定本市中等學校教師所有師範學校教師應一律參加檢定——

（五）關於師範教育之研究及進修者

（1）組織師範教育研究會——本年擬依規定組織師範教育研究會以爲改進師範教育之張本

（2）獎勵師範學校教員之進修及研究——本市師範學校之教員應隨時注意進修並多作問題研究學術研究教學方法之研究與實驗著作等其有特殊成績合於規定者擬呈請獎勵

（3）舉行師範學校教師分埠參觀——本年擬選派師範學校合格而優良之教師舉行分埠參觀

（六）關於學生入學及精神訓練者

（1）嚴格舉行師範生之入學試驗——師範生之入學試驗須嚴格舉行除試驗其學業外須嚴查其品行體格尤須注意其對教育事業之信仰心及對事業之興趣

（2）保送初中畢業生升入師範學校——市立中學就初中畢業生成績優良者擇尤保送師範學校肄業

（3）加強師範生精神訓練——加強本市師範生訓練實施方案，繼續切實施行，並依考核辦法按期考查

（四）關於師範生之公費待遇者

（1）改善師範生之公費待遇——繼續免除師範生學雜等費

（2）供給師範生全部膳食——本市師範生公費中之主副食費已隨糧食部米價及公教人員薪給按月提高，足以維持全部膳食

（1）發給師範生畢業生參觀費——本年應屆高中師範科畢業生在畢業以前發給參觀費，俾得分埠參觀，增加見聞

（4）設置師範生獎學金——師範生之成績優良者於奉行師範

發育運動週時並給奬學金

(5) 補助師範生美勞實驗材料費——師範生之勞作美術及他生物等科實驗材料由學校酌予補助

(八) 關於師範畢業生之服務指導及考核者

(1) 組織師範生服務指導委員會——由市師範學校組織師範生服務指導委員會指導師範生之服務

(2) 支配師範畢業生之服務——師範畢業生之服務處所事前予以妥為支配

(3) 組織師範生服務檢討會——師範畢業生之服務情形應嚴予考核並組織師範畢業生服務檢討會於檢討之中寓以指導之意

(九) 關於輔導地方工作者

(1) 加強師範學校輔導工作——師範學校應依規定地方教

輔導事業自本會成立即著手輔導國民學校各校改進及實驗等項並實地

另籌通訊研究小問題之解答專題之討論及搜集或編訂鄉

土教材及補充教材等項工作尤須切實推行

（十）關於師範教育運動者

（1）推進師範教育運動——本年對於師範教育運動擬舉行

之節目者舉行師範生宣誓 師範教育討論會 師範教育座談會

師範教育專題廣播演說並發給師範學校優良教師獎狀優秀

師範生獎學金 編印輔導小冊等項使社會人士注意重視師範教育

之重要

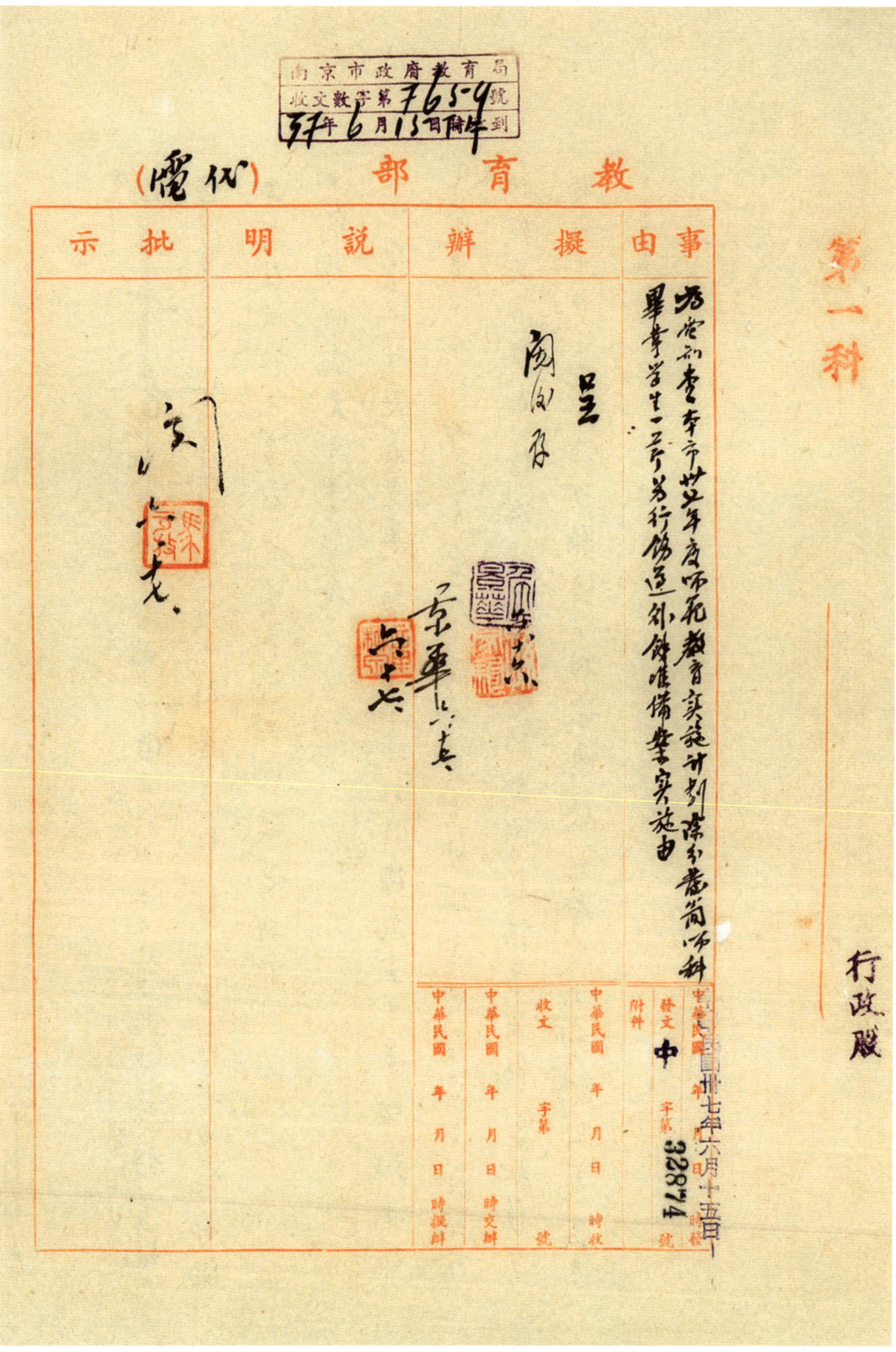

南京市政府教育局
收文數字第7659號
37年6月15日時到

教育部（代電）

事由	擬辦	說明	批示
為密示查本市卅七年度師範教育實施計劃除分發簡師科畢業學生一覽另行飭遵外飭准備案實施由	呈閱		

第一科

行政殿

發文 中字第32874號
中華民國卅七年六月十五日

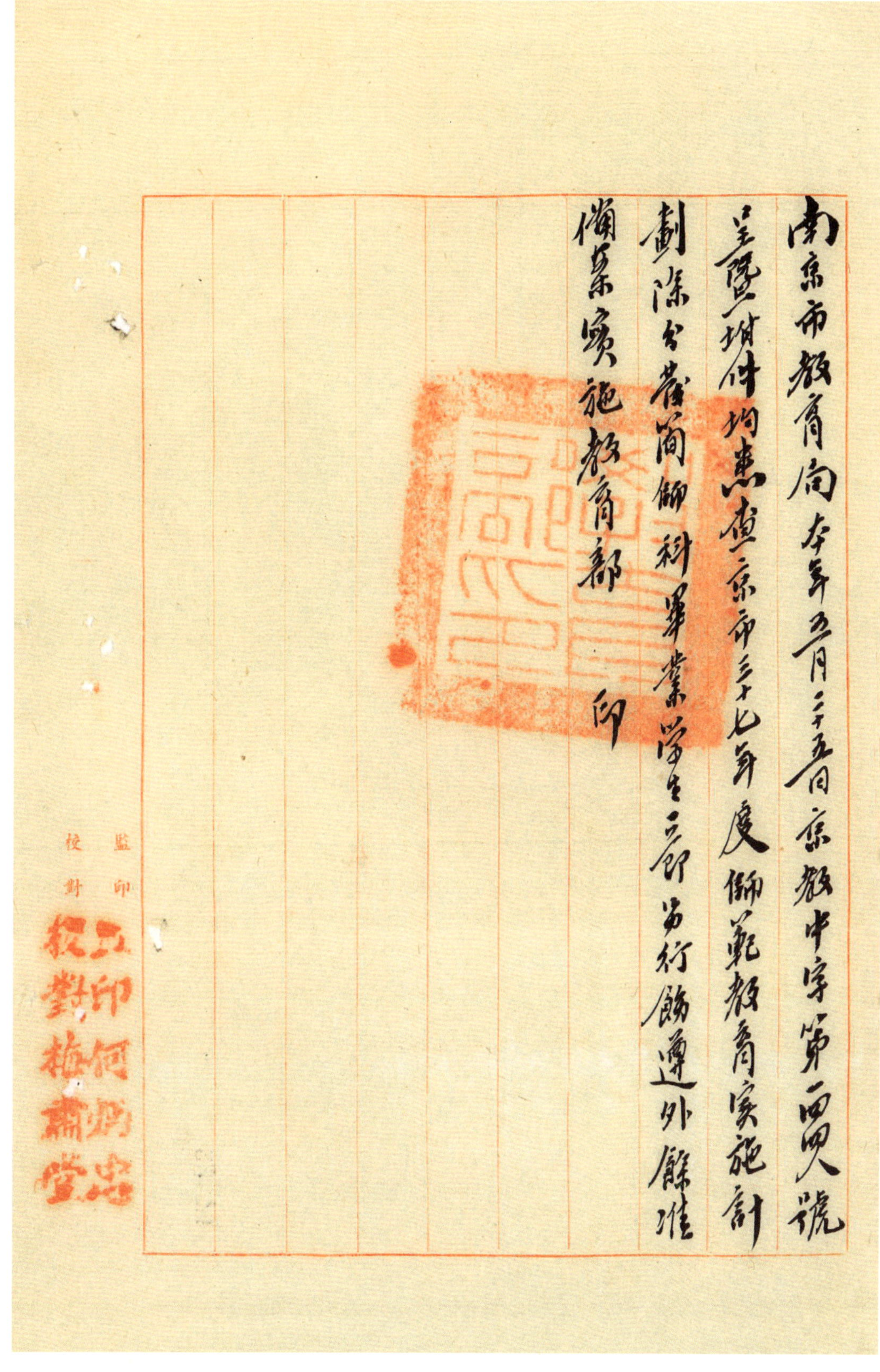

南京市教育局本年五月二十五日京教中字第四四八號呈暨附件均悉查京市二十七年度師範教育實施計劃除分發簡師科畢業學生一節即另行飭遵外餘准備案實施

教育部 印

監印 監印何炳忠

校對 校對梅肅堂

叁 校擬計劃

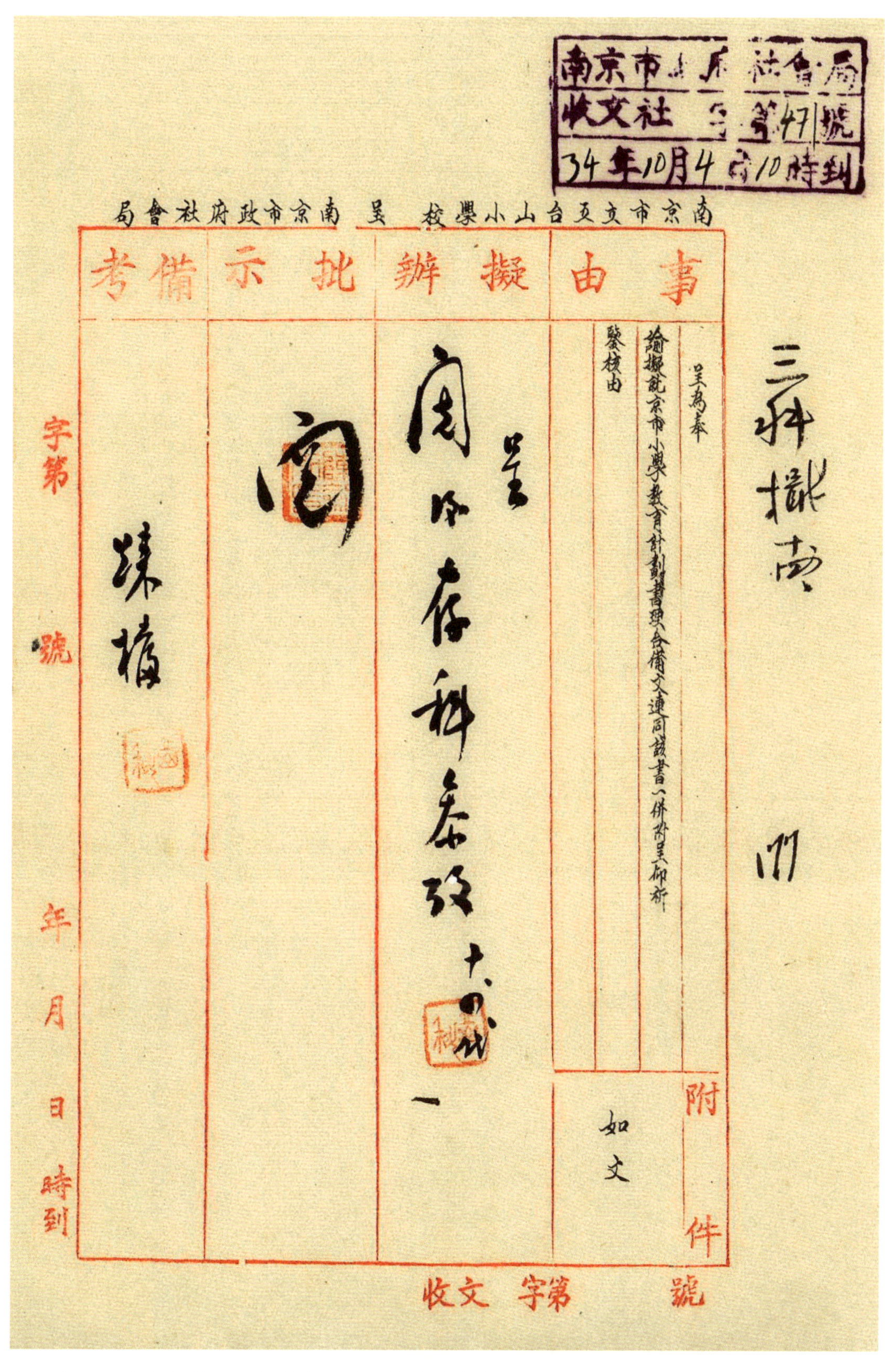
南京市政府社會局
收文社 字第47號
34年10月4日10時到

南京市立五台山小學校 呈 南京市政府社會局

事由	擬辦	批示	備考
呈為奉諭擬就京市小學教育計劃書理合備文連同該書一併賚呈仰祈鑒核由			字第 號 年 月 日 時到
附件：如文			

收文 字第 號

南京市立五臺山小學呈送市社會局《戰前戰後京市小學教育之比較及今後應改進之點計劃書》

（一九四五年十月四日）

檔號：1003-7-39

呈為奉

諭擬京市小學教育計劃書謹將觀察所及關於戰前與戰後京市小學教育之比較以及今後應改進之點以

實在情形略述梗概擬就成書理合備文連同該書一併附呈仰祈

鑒核

謹呈

南京市政府社會局局長陳

附呈

京市小學教育計劃書一份

南京市立五台山小學校長沈實秋

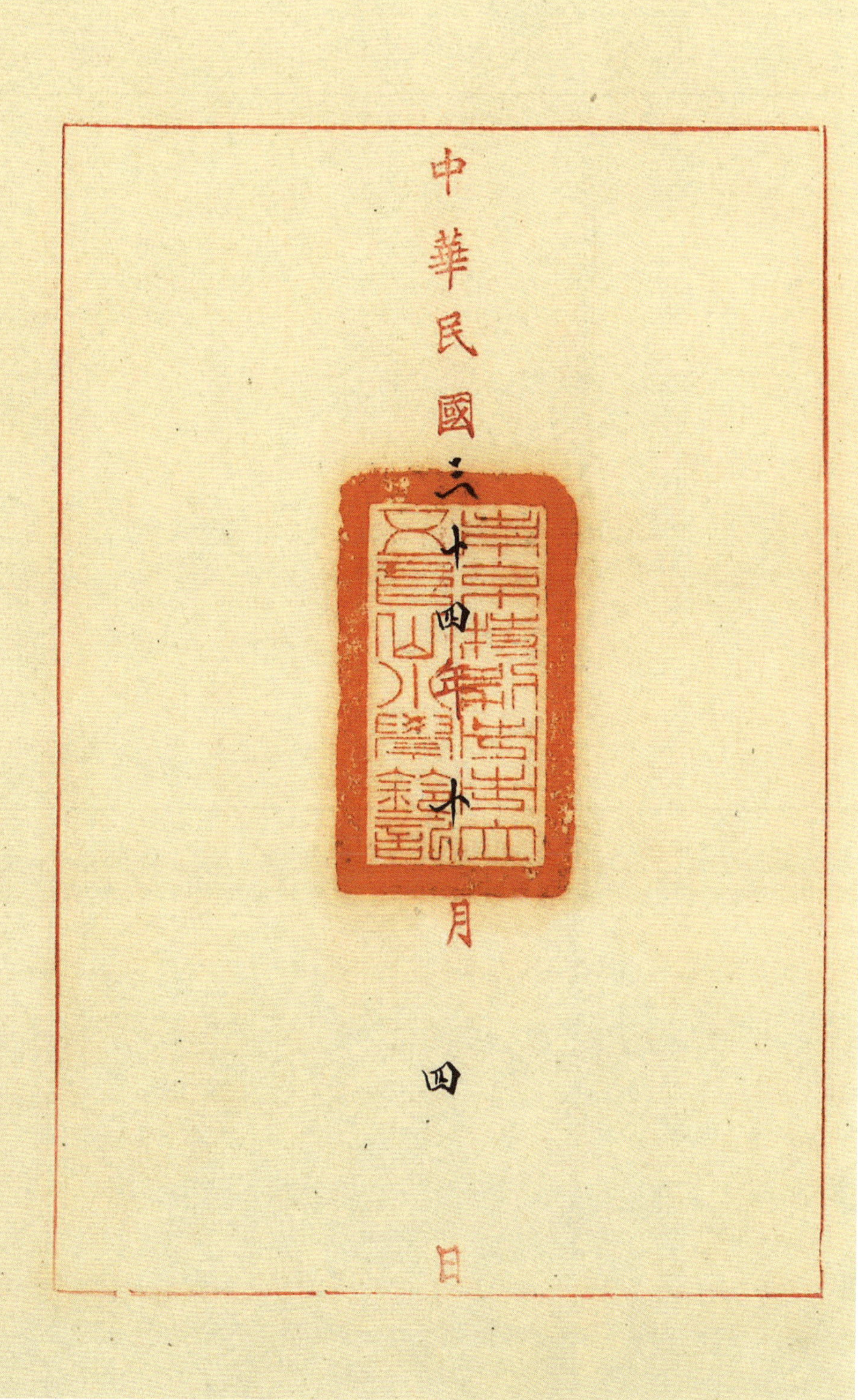
中華民國三十四年十月四日

戰前戰後京市小學教育之比較及今後應改進之點計劃書

南京市立五台山小學校長沈寶秋撰擬

戰前戰後京市小學教育之比較及今後應改進之點

南京市五臺山小學校長沈實秋

戰前京市教育　京市小學教育回憶二十六年以前實況成績卓卓然冠全國譽滿學界今者舉數端而言可以證明事實是確切的教師資歷齊一執教職者為師範畢業生對教育感興趣且富有研究性學術態度忠於本業以上設備充分各校均購置理化器械儀器標本以供隨時試驗與觀察實行直觀教學法各學科採[illegible]進方式作種種之比賽如國語演說自然實驗各項以及運動會與健康檢查等等工作無不定期舉行校舍修繕校具增置均每學期斟酌實地需要辦理總之教育已入軌道居全國最前鋒之地位

戰後京市教育　京市戰後教育言之不禁淒然淚下最痛心者最影響教育者為師資問題在戰後兩三年間尚有一部份資歷與學力堪充小學教師者擔任各校職務斯時之工作情況與學　相去不遠自三十年後物價高漲生活艱難每教師薪金所入不足充一人之溫飽於是學力較優秀份子置教育於不顧紛向月入豐厚機關改業他就留者泰半資歷淺薄學力不足濫竽其間教學法談不到創造才更不客氣的說從而創作樸素就既

不明白兒童心理，加之教育經驗毫無，欲教育善且足，不能也。設備更不必言，受經費期間，常請領不易，於是校舍倒塌，校具朽壞，如課桌椅一項，各校缺乏，部學生大數全行自帶。總之無良教師，無好設備，教育之職不振，實是可諱言之事。

今後改進之點　南京為我國首都，所在小學教育應為全國之表率。抗戰前學校之發展，已達到滿意之期，為全國最高地位。然抗戰八年，不忍言者，戰後淪陷區域受日偽之控制與誘惑，什麼東亞戰爭，什麼全面和平，一味欺騙人民，蒙蔽思想，關於教育方面，形式上仍係敷衍，實質上殘待從事教師，登記什之九是通過的，師資缺乏，不得不然，以致不合格之教師紛至踏來，京市教育水準低落，有自來矣。視此情形，深感重見。夫日抗戰勝利之秋，一切工作萬事莫如教育急，因教育為立國之本，尤以小學為立國之本之基本教育，應當急起直追，努力邁進，不容稍緩的先將京市之小學教育恢復戰前狀況，謹就管見所及貢獻改進之點，分述如后：

1.糾正思想

理由　受日偽八年來各種方式之薰染如集會宣傳文字刊載說得天花亂墜以假爲真將無服先之教師幼小之青年淆亂聽聞目標無定以致思想錯亂對抗戰少確切之認識故有糾正思想之必要

辦法　擇定地點召集各校教職員受思想之訓導至於學生方面可擇廣大場所（如國民大會堂）舉行集中之訓練

2.調整師資

理由　教師之良窳有關教育至深且鉅八年來京市各校教職[illegible]殊適合而皆負責努力又能辦理學校在比較上成績尚可觀者爲數無幾教師資格堪在小學服務者爲數亦不多自三十年後受此惡影響發生一批錄取教職員無經驗少學力如此則身教育受害良非淺鮮

舍調整教師資質別無補救良法

辦法　召回二十六年前曾任京市小學教師復員舉行檢定與考試以定汰留另開辦師範學校廣招學生多開班級受完全師範教育養成多量合格之師　業後分發各地服務師資問題方告解決

3. 組織各科研究會

理由　戰前京市各校即有研究會之組織專為各科教材與教法之研究各教師對教學上有困難或疑問之點可召開研究會商討以解決之戰後人才缺乏雖有少數學校提出問題然成泡影實屬最大憾事

辦法　分若干科目指定學校負責主持研究先期審查發表式通知各校在教學上對某科有研究之問題擬就填表送到負責某科研究之學校然後召集開會研討之

4.增設學級

理由 竊查京市各校每級學生人數均有限制不得多溢以重教學因學生數佔多管理難週讀本之批改亦因多用精神於學生學科進度上與操行訓導上均受莫大之影響故各校不拘高年部或初年部前者一級或至六十人後者一級或近百人其原因受家長一再要求允許學生入校讀書學校當局不能看視兒童不讀書只得允其所請雖如此遷就而失學兒童仍屬多數各校呈請增級都以經費不足答復本年度別開生面指定學校辦自費班其一証也

辦法 請社會局規定各年部各級學生人數飭各校分別詳填統計表具報如認為人數太多有礙教學設法分級如高級中有雙級者人數共為一百五十人則可添[illegible]一級此就已成之局而言其新增學級本學期已將及半事實上恐不許可

5.添置校具與教具

理由　戰前京市各校校具與教具不感缺乏，戰後則不然，損毀日多，不敷應用，請發校具與教具

在抗戰初偽府就視察，亟應需要，略分發之。近數年來有建設費之收入，歸作修繕之用，且復撥動支

款有限，斷收效果亦不多，因此修繕受物價高漲之故，欲修繕[illegible]實屬不可能之事。

辦法　為本學期教急計，擬各校修繕費在急須維護動支款項是否仍在建設費項

下撥用，請訓令辦法，以便有所遵循。

6.恢復停辦各校

理由　戰後南京就學兒童僅有戰前五分之一，失學之多，不言而喻。其原因首在偽組

織不重視教育，又因受日德佔用校址影響頗大，如大石橋、鈔庫街、東中門、府西街、金鑾巷各

小學皆為多數之學校被佔用之故，致不能續辦。

辦法　為普及教育，減少失學兒童，擬將大石橋、鈔庫街、東中門、下關、金鑾巷、府西街三

據據武定門等小學全部復校

均合

貴校

於民國五年夏在江蘇省立第四師範本科畢業，賡續在地方服務，迄戰前止，計二十餘年。嗣以敵人將臨京市，乃舉家渡江赴皖之和含，由戰區開進到九江，抵漢口，乘粵漢火車達廣州，轉輪駛香港，旋往重慶，因病見阻，不能成行，此為最大恨事。并誌

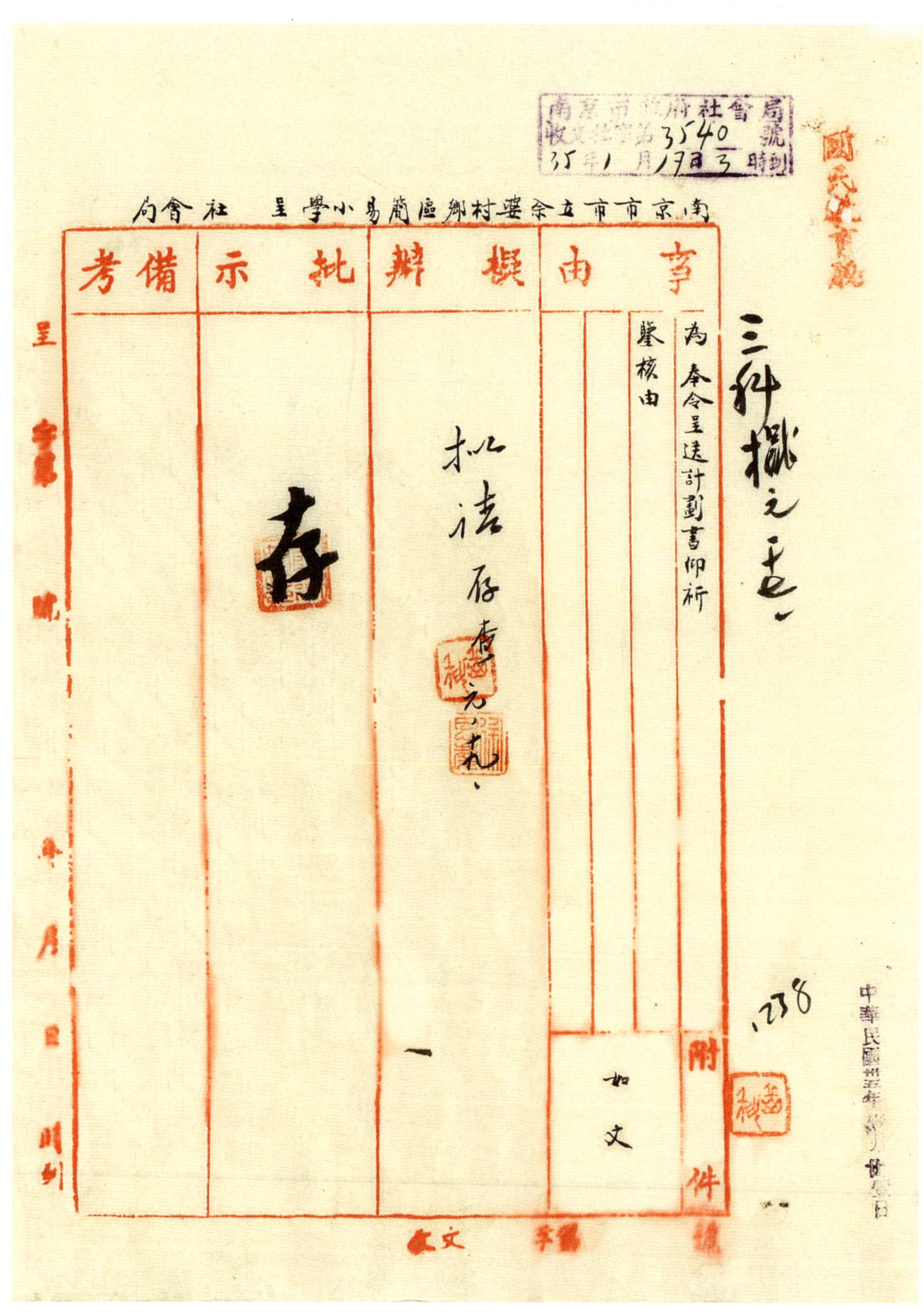
南京市立佘婆村鄉區簡易小學呈社會局

事由	擬辦	批示	備考
為奉令呈送計劃書仰祈鑒核由	擬存	存	

附件：如文

中華民國卅五年一月廿日

南京市政府社會局收文社字第3540號 35年1月17日3時到

南京市立佘婆村鄉區簡易小學呈送市社會局《本校計劃書》（一九四六年一月十七日）

檔號：1003-7-39

竊職前奉面諭將下學期實施計劃呈報以憑鑒核
等因奉此遵即造就本校計劃書一份隨文呈送仰祈
鑒核是為公便謹呈
局長陳
附呈計劃書乙份
南京市市立金婆村鄉區簡易小學校長楊祖芬

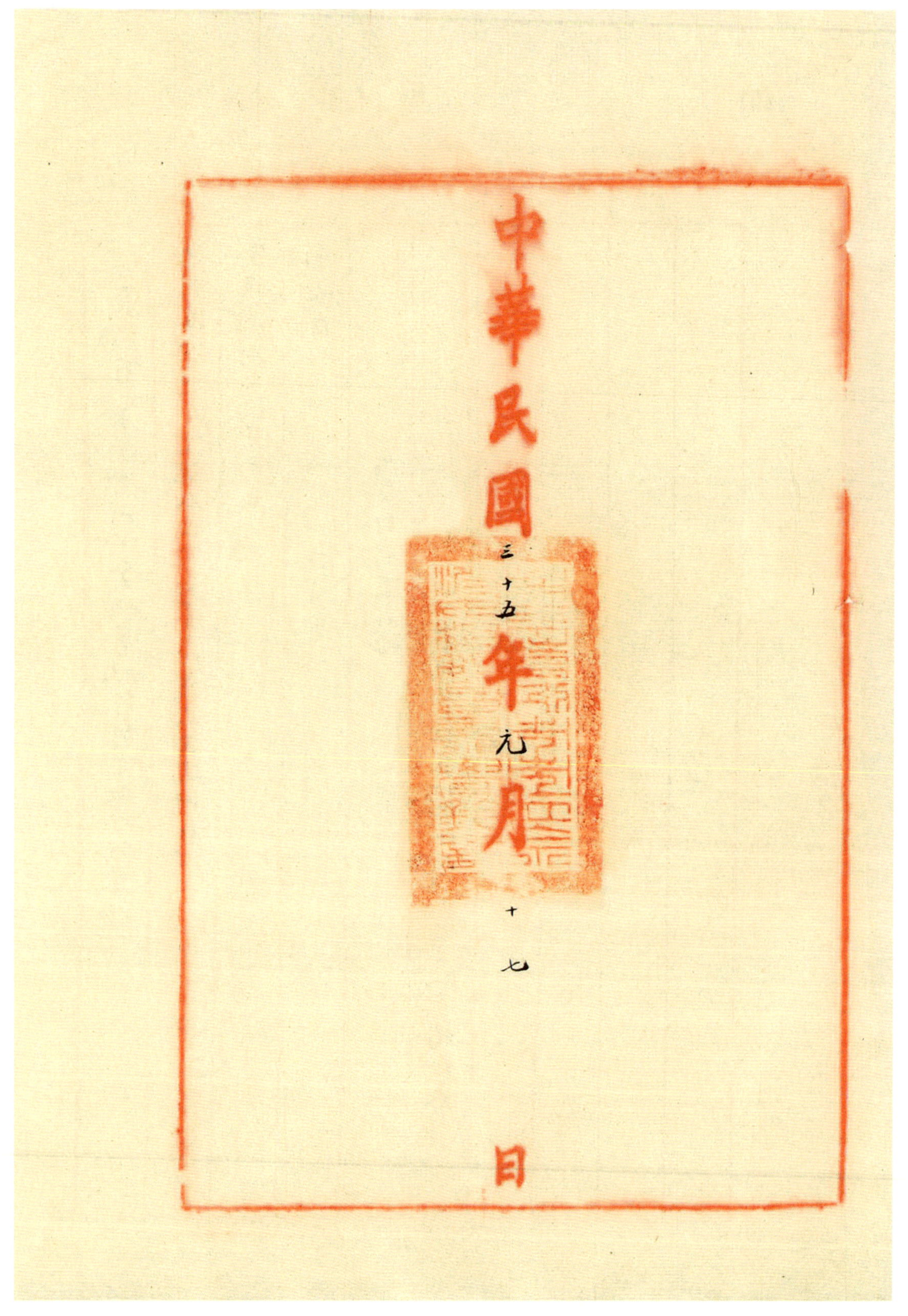

中華民國三十五年元月十七日

南京市市立余婆村鄉區簡易小學校計劃書

南京市市立佘婆村鄉區簡易小學計劃書

甲、行政：

1. 本校現僅一級，況幅員遼潤，澇村設置私塾數處，塾師大肆招收學生，受其愚者甚多，每逢朔望即命學生携帶香錢，若塾師生日或其他原因又命出錢恭賀。查吾國早有取締私塾之禁令，俟日寇攻南京後，舊態復萌，偽政府並不加以取締。現吾國抗戰勝利，積極復原，百事待興，尤以私塾危害兒童前程及吾國建國關係頗大，不尅容緩，擬請速加以廢。

2. 增級：下學期私塾禁止，各村兒童咸來本校就[illegible]，下學期起增成為二級，以資容納。

3. 添教員一名：偽市政府教育局時將本校原有教員一人裁撤，改為校長、工役各一人

故請事全係校長一人下學期增級後實感困難故擬添教員一名以資襄助

4、添置：本校保存抗戰前課桌椅僅十數套其中大部業已損壞再加差參不齊有害學生身體下學期增級後即應用再教師應用桌椅無存擬添教師應用桌椅二套學生課桌椅數[illegible]。

乙、購置：

1、圖書及中國全圖分省圖：本校圖書及地圖全被日寇進攻時焚盡擬購圖書數十種使學生在課餘時得到補充讀物增進智識地圖可做教師授課時之參證不致使兒童不易領會茫無頭緒，

2、運動器具：現本校屋前有空基一塊如裝置秋韆滑梯木馬及球類等可

增進兒童身體健康、

丙建築：

抗戰前本校遺址被日寇所焚殆盡現本校係暫借村中祠堂及草房各二間僅可容納五十餘人俟下學期增級後教室不敷故擬在本校舊址建造瓦房四五間（或草房）以恢復抗戰前之舊觀

丁舉辦：

吾國向以農立國農民農事之暇無事可做不[illegible]賭博流連於不正當娛樂故擬下學期起舉辦農民識字班一班或[illegible]每日晚學時間內授其文字可以減少文盲一面講授農事簡單常識例如怎樣選擇種籽農具改良防止天災蟲害等類逐一指導以增進農村福利為目的

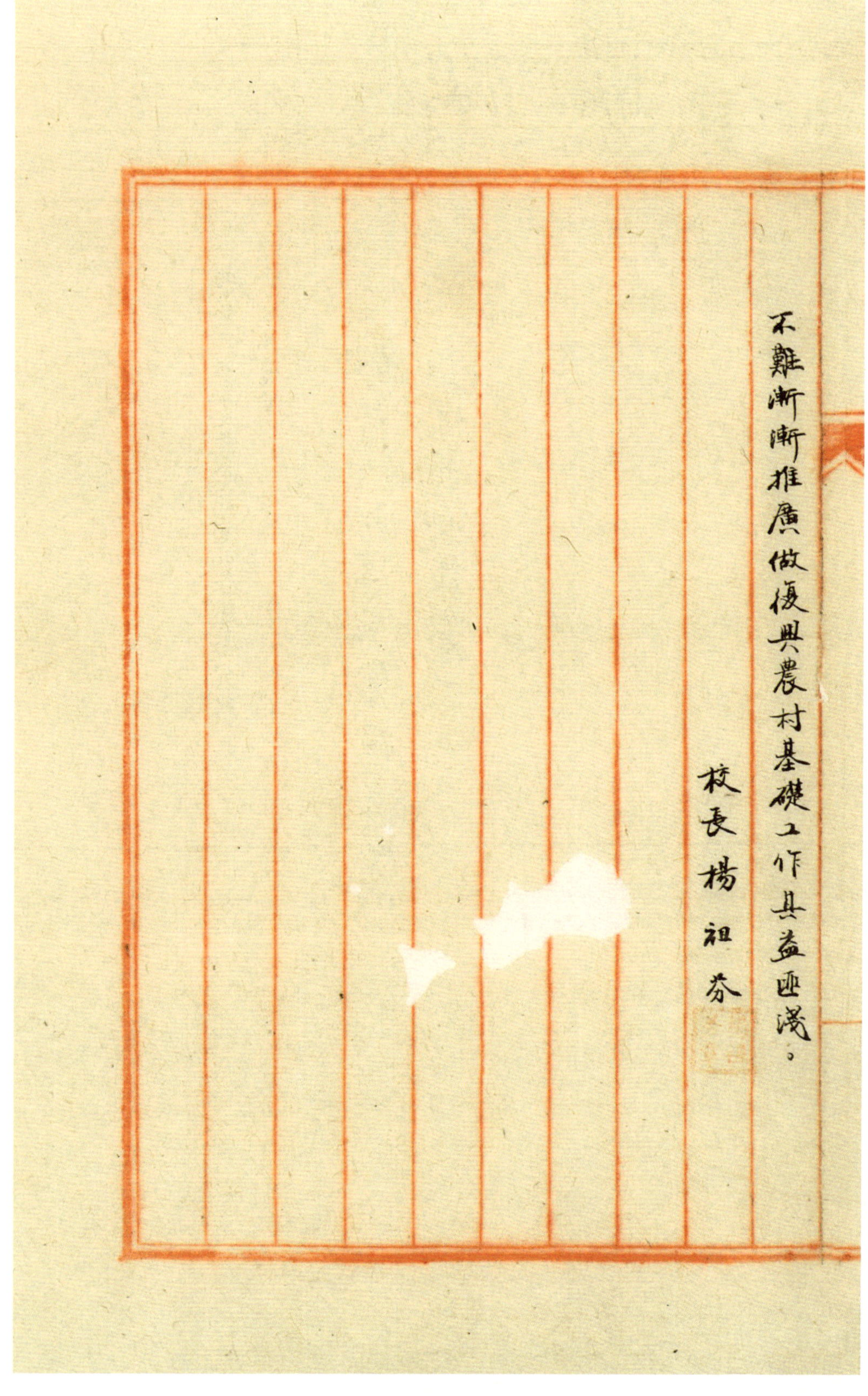
不難漸漸推廣做復興農村基礎工作其益匪淺。

校長楊祖芬

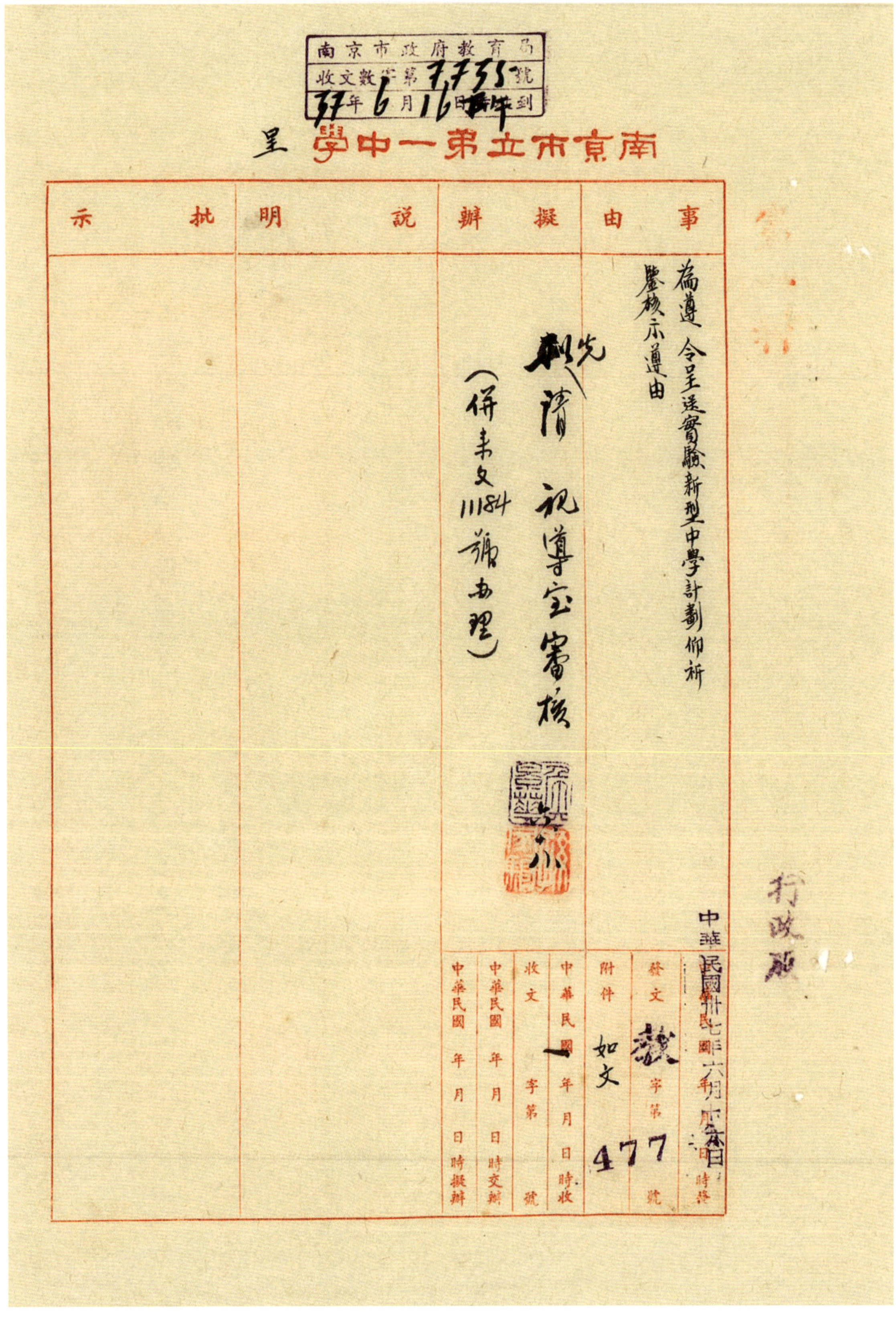
南京市政府教育局
收文數字第37735號
37年6月16日收到

南京市立第一中學 呈

事由	擬辦	說明	批示
爲遵令呈送實驗新型中學計劃仰祈鑒核示遵由	先判 請視導室審核（併未文11184號辦理）		

中華民國卅七年六月十六日
發文教字第477號
附件 如文

行政股

南京市立第一中學呈送市教育局《本校實驗新型中學計劃大綱》（一九四八年六月十六日）

檔號：1003-7-403

案奉

鈞局本年六月二日(卅七)京教中字第一五七三號訓令略為奉　市政府訓令以准南京市參議會秘書處函囑暑期後

籌設一實驗性新型中學以實驗職業教育與普通教育溝通設施一案核與該局業務有關仰遵照辦理具

報等因茲令飭該校自下學期起就高一初一兩年級指定班級實驗職業教育與普通教育之溝通仰即擬具

計劃呈核等因奉此查此類新型實驗班在國內尚屬初創自應審慎辦理遵經決定先行廣徵各方意見再

訂計劃旋由本校擬具討論大綱於本年六月四日下午三時在校舉行座談會約請教育部職教專家鍾道贊陸

厚仁及參議員李清悚傅丘平董育華學生家長陶希聖盧前王芷湘卜紹周等人出席討論并請

鈞局章秘書侯科長蒞會指導所有各項意見均經詳細紀錄在卷復因職奉　令赴滬參加中國教育學

會召開之中等教育研究會乃於六月十一日上下午討論中學分化及中等職業教育二議題時均經職向會提出徵求意

見會後又在滬與職教專家喻兆明氏詳談請教返京後乃綜合上述三方面意見擬訂本校實驗新型中學

計劃大綱奉令前因理合檢同該項計劃備文呈送仰祈

鑒核并祈

迅賜核示俾能及時於市校統一招生簡章上註明實爲公便

謹呈

南京市教育局局長馬

附呈本校實驗新型中學計劃大綱一份

南京市立第一中學校長陳重寅

中華民國三十七年六月十六日

南京市立第一中學

實驗新型中學計畫大綱

(一)實驗主旨　使高初中畢業生之不能升學者有充分之就業準備並指導合理之升學

(二)實驗班級及年限　暫定高初中各一班自入學時起至畢業時止

實驗期間計三年(自卅五年度第一學期起)

(三)人員配備　(甲)增請專任教員二人一習心理測驗者一習職業教育者自第一年起專門負責考查該二班之智力及職業性能傾向測驗與升學就業指導工作

(乙)技術課教員於第三年級時增聘約需四位專任教員之薪給

(四)實驗目標及程序要項

(甲)初中着重智力及職業性能測驗詳加記錄並予以切實之職業陶冶及升學指導

(乙)高中除前項各點外特別着重職業技能之切實訓練務使達到具備就業能力之目標

(丙)第二年全力從事個別談話智力測驗及職業性能測驗職業陶冶之工作詳加紀錄並與家長聯絡訪問懇談

(丁)第三年起高中根據前兩年工作之結果指導學生升入左列三組

(子)文法組
(丑)理工組
兩為增進課程充分作升學之準備並加強實施升學指導

(寅)就業組 視學生職業性能之傾向及出路需要與可能設
置之設備情形再爲酌定擬設之科目如下：
文書管理 圖書管理 財(稅)務管理 事務管理
會計簿記 工程圖瞭 英中文打字 汽車駕駛及修理
速記 統計 機械及建築製圖 廣告畫

(戊)所開職業課程必與市府所屬各機關及社會有關工商團体密
切聯繫並儘量借用其人才及設備
(己)畢業生之出路由校負責介紹市屬各機關須儘先任用以減低
過去社會對職業教育不信仰之因素
(庚)第三年指定入就業組之學生不得請求入文理二升學組此項办

該由教育局核定公佈後須嚴格執行（可酌准轉學）

（辛）初中第三年起加強職業陶冶及升學指導之工作不硬性規定分升學就業之組別但請求入高中就業組者亦得酌予收容其办法另訂之

（五）實驗經費（甲）第一二年增專任教師薪給二人

（乙）第三年起連前共增專任教師薪給六人

（丙）办公費自第一年起增六班之办公費（測驗調查增發講義及聯絡有關機關工作之紙張郵票車力座談會等用費）

（丁）課業設備費視所開學程而定

(六)本計畫大綱中之有關各項具体办法另訂之

(七)本計畫大綱係綜合本班設計座談會中國教育學會中等教育研究會及各職業專家之共同的指導意見所擬訂

(八)附註：如恢復中学畢業會考本实驗班之就業組得予变通办理並於畢業證書上註明其所習職業科目

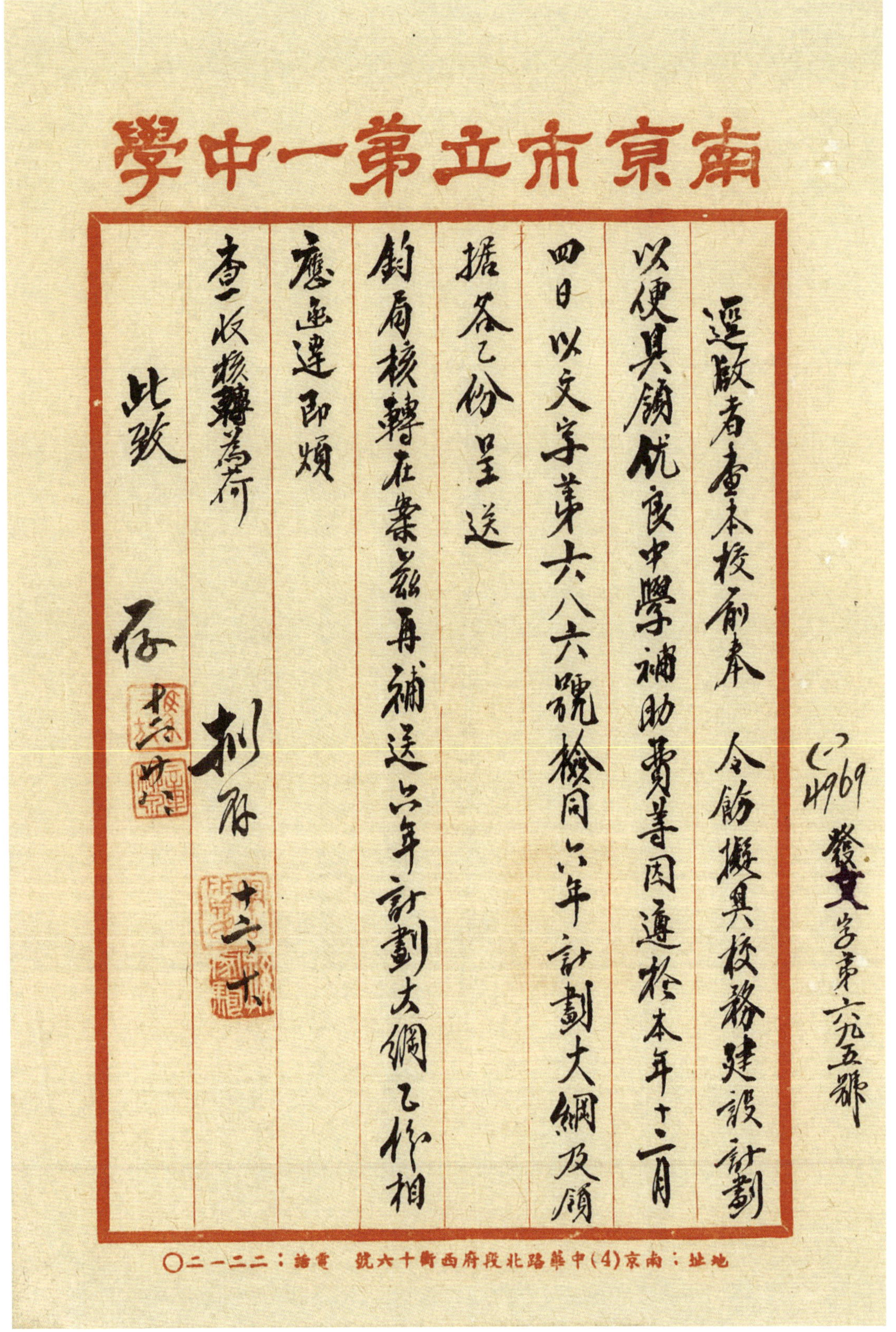

南京市立第一中學

逕啟者查本校前奉　令飭擬具校務建設計劃以便具領優良中學補助費等因遵於本年十二月四日以文字第六八六號檢同六年計劃大綱及領据各乙份呈送

鈞局核轉在案茲再補送六年計劃大綱乙份相應函達即煩

查收核轉為荷

此致

存

擬存

十二、十

4969
發文字第六九五號

地址：南京(4)中華路北段府西街十六號　電話：二二一二〇

南京市立第一中學補送市教育局《本校六年計劃大綱》（一九四八年十二月十日）

檔號：1003-7-551

南京市立第一中學

教育局第一科

附送本校六年計劃大綱乙份

南京市立第一中學謹啟

卅七年十二月十日

地址：南京(4)中華路北段府西街十六號　電話：二二一二〇

南京市立第一中學六年計劃大綱

南京市立第一中學六年計劃大綱

(一)前言

本校奉部令核定為本市優良中學並奉飭擬訂三年計劃惟本校自卅七年度第一學期起奉局令辦理新型中學實驗班該班為六年一貫制升學就業兼顧之性質故本校今後之一切計劃均應配合此項中心任務爰有六年計劃之擬訂。

本計劃之編列以教務訓導體育事務四行政單位為綱以學年為目各種事項分列於各綱目中。

最近時局不靖現實之例行工作便形繁忙加之同人情緒悲苦異常故本計劃祇能採綱要式之羅列必要處略加詮註但求明瞭醒目不克作詳密文字之敘述。

(二)本計劃之總綱領

1. 減少班級　本校房屋戰前僅十五班之配備今擴展至卌班且房屋戰前廿三座計八大間故宿舍實驗室專科教室圖書館教職員辦公室等均極感不敷今後必需逐學期減少班次期於六年內減為卌班。

2. 添建校舍　大禮堂宿舍飯廳體育館等視帑庫情形及教部優良中學補助費之多寡分年添建。

3. 增置設備　圖書儀器各專科教室及各項必要設備逐學期視經費狀況分別增置之。

4. 成立研究部及資料室　本校近三年來對於研究工作及蒐集資料均已略有根柢今後六年中當成立研究部及資料室聘請專人主持研究及整理各項資料以求對中學革命合理改進能有若干貢獻。

美豐股紙印刷號承印

5 集中精力办理新型中學实驗班　按此項六年一貫升学就業兼顧之新型中學实驗班实为當前硬性中学理論与現実脫節僵死之唯一試探的救星識在於此六年中集中精力妥善办理務求能有完滿之成果。

6「教学加细，訓管求深」之继續研究实驗　本校三年来对「教学加细訓管求深」二点已有初步之努力今後當继續作此兩項之研究与实驗。

（三）教務實施計劃

<table>
<tr><th>項目＼學年</th><th>第一學年</th><th>第二</th></tr>
<tr><td>新型中學實驗班以求獲得圓滿結果。</td><td>（一）擬定本班實施計劃作為推動各項工作之準則
（二）暫定初中一班為實驗班期間各為六年。
（三）確定本學年概算，每期增加實驗班一班。
（四）增請專門攻習教育教師二人負責辦理該班之學生智力及職業性能（傾向）測驗
（五）編訂六年一貫制之各學科教材，增設教法指導及課外科目。</td><td>（一）檢討並改進各項工作。
（二）繼續從事個別談話、智力測驗及職業性能陶冶之工作並詳加記錄與家長密切聯絡。</td></tr>
<tr><td>加強教學法研究工作及學習法指導。</td><td colspan="2">（一）組織各學科分科研究會每學期以檢討改進並加強之、
（二）經常研討教學各項問題與教學演示配合實行並統籌研究指導學生各科學習法。
（三）每期遴定某學科作為示範教學，以為全期教學中心、
（四）每期均舉行教學自我調查以為教學改進之客觀資料、
（五）指導學生課外研究並組織各種會社發動各項學藝競賽並輔助學生課外學習
（六）各分科以每期研究結果出版專冊、</td></tr>
<tr><td>學生成績考核力求科學細密並改善現行考試制度</td><td colspan="2">（一）學生成績平時與考時並重，教師應特別重視平時成績考查並訂立嚴格辦法、
（二）同程度各班成績核算仍採用常態分配法、
（三）記分採取百分法，平時成績為百分之三十，段考為百分之三十，期考占百分之四十。
（四）體育成績計算除學術科外並重視運動道德及衛生習慣，其成績分配為各佔百分之二十五、
（五）勞作成績並重視其生活勞作之創造及精神表現、
（六）平時成績考查項目為作業檢查（教務處仍實行抽查辦</td></tr>
</table>

學年			
學年	(三)繼續增設書法指導及珠算科目並改變圖畫爲實用繪畫、 (四)試教並修正所編各科教材每期續增實驗班一班、	(七)與友校聯絡並共同研究各種有關教學問題、 (八)根據環境情形實行教師休假進修並力求減少專任教師任課鐘點藉以加強研究工作並指導學生學習	並與教師合作統計學生作業次數及勤惰情況（口頭考等）隨堂口試指定讀物、報告劄記小考測驗板演等要務期做到正確並力求糾正一般只重考試成績之弊病 (七)嚴格實行考試舞弊立即開除惟在考試方式上逐漸做到偏重視平時成績、 (八)取消定期段考
第三學年	(一)增加經費概算 (二)增設應用文、檔案、管理、圖書館學等科目、 (三)續招實驗班一班、	(九)體童圖勞音等學科研究法特別重視並力求改進、	(九)實行突擊抽考（以配合考試方式選擇行之）
第四學年	(一)增加經費概算 (二)增設簿記學、事務管理等科、 (三)每期續招實驗班一班、	(十)增強圖書儀器設備並供給教師各項實驗材料及研究資料、	(十)實行榮譽考試。
第五學年	(一)增加經費概算並購買教材用具、 (二)增設打字速記等項科目 (三)指導學生升入文法組、理工組、就業組、 (四)每期仍續招實驗班一班、	（以上十項不必分學年實施可按各期情況分配或全部逐漸實施之）	

美豐隆紙印刷號承印

第六學年

(一)增設測量汽車駕駛統計建築圖財稅務管理（務服道德升學就業指導等科目

(二)增請專門技術教師

(三)增加各項設備

(四)整理六年工作紀錄

(五)指導畢業學生并介紹工作

南京市立第一中學

項目＼學年	第一學年	第二學年	第三學年
用圖書館作為施教工具	(1)圖書館根據教學需要積為佈置活動教學環境、(2)圖書館為師生精神食糧餐廳，故於書籍讀物力求充實，每期均應依照教學計劃購辦充實之	(3)圖書館須為師生向本學術研討上之聯繫機構，並為學生課內課外讀物之錄所，而協助其融會貫通。	(4)辦理信箱、質疑等事項工作 (5)出刊圖書、週刊或半月刊、
推行社會教育	(1)運用學校原有會社組織，新定計劃，逐期實施社會教育。(2)幫助社教機關完成所在區域工作 (3)學校與社會打成一片，按期舉行科學展	覽、衛生指導、家庭訪問、娛樂晚會、開放圖書館、音樂室等項工作、(4)規定高中各班學生社會	服務時間及工作內容
逐年增加各項教學設備	(1)購辦物理化學實驗儀器 (2)籌建化學實驗室 (3)擴增圖畫音樂特別教室、	(1)購辦生物實驗儀器、(2)籌建物理實驗室、(3)擴增史地等特別教室	(1)購辦各學科所需教學用具 (2)籌備生物實驗室、(3)擴增勞作教室、

第四學年	第五學年	第六學年
(6) 蒐集有關資料、 (7) 舉辦有關學術（專門之）講座、座談會、研究會、辯論會等， (8) 定期舉行出版物展覽	〔附註〕 減班計劃均於各級之畢業班離校後少招班次，補充或停招。 圖書逐學期添置，儀器、標本第一、二年添置生物儀器及標本，第三、四年添置物理儀器，第五、六年添置化學儀器及藥品，此照本校現有者之缺乏情形而訂定，增置之先後次第。	
(1) 擴建科學館、	(1) 擴建藝術館	[illegible]

（四）訓導實施計劃

學年	項目	實施辦法	備註
第一學年	加強深化訓導	小事々以身作則。(2)循々善誘。(3)和藹可親有如春風化雨。(4)認清學生的生理和心理以為施教的根據。(5)學不厭教不倦（有耐性任令學生反覆責詢）。(6)不姑息不操切賞罰一秉至公。(7)寓教於愛視學生如子女(8)胸襟廣闊不與學生爭面子。(9)言語識態坦白絕不帶譏諷聲。(10)事々合情合理合法常常檢討自己。	此是本校訓導總綱，於學生入學時，即厚植其基礎，後逐年增進，務使師生間發生密切關係，有如家人父子，以矯正向來僅々傳授智識之繆誤。
第二學年	指導生活習慣	(1)服裝——一律着規定制服，短髮，清潔整齊，兩手不放入衣袋內 (2)禮節——應用隆重禮節，態度誠懇，精神奮發，革除傲慢、委靡、輕浮等惡習 (3)秩序——整齊嚴肅，守規矩，重紀律，不爭先，不落後，行動一致，秩然有序． (4)整潔——養成愛好整潔的習慣，一切生活場所使之不得不時々整理，保持清潔	養成學生良好的生活習慣，應一律寄宿．本校現有三十四班，校舍嫌小，尤須減少班次，添建學生宿舍、自修室、膳廳、大禮堂、圖書館、實驗室等一切應有設備

第三學年第四學

課外活動與學生自治導師制之

(1)課外活動——德智体群美的活的運用
(a)學科訓練——組織各項研究会
(b)技術訓練——提倡游泳駕駛划船球類比賽等
(c)娛樂組織——舞蹈歌詠戲劇當大會晚會修學旅行等
(2)學生自治——養成自覺自愛自重自强的精神
(a)班会——最基本的自治單位
(b)學治会——指導其盡量活動
(c)自治法庭——利用公共制裁力量使知集團生活非遵守共同軌道不可

實施本項目必須減少學生按課鐘点集合多数有修养有能力有學向而能志同道合的教師担任指導充實學校設備並須有相当的活動費才能有聲有色措施裕如

(1)級導師——每級設一級導師指導學生思想及行動批閱週記及大小字等
(2)階段導師——合併同年級之兩班或三班設一階段導師其任務為級導師同
(3)區導師——就本校校舍情形劃分四區每區設區導師負責維持秩序及整潔之責由階段導師兼任每日必須出席辦公

實施導師制最難者不易覓得多数之优良教師必須假以時日多方選擇然後始能得到最理想的陣容推行乃得盡利最好一級設一級導師但因人材難得故本校

美豐騰紙印刷號承印

年	改良	(4)改進計劃—須將同年級之各組劃為一區教室自修室寢室均相連如是使於管理又便於比較以養成其競争心	現所行者除級導師外又設有階段導師及区導師
第五學年	思想指導	(1)指導其信仰三民主義以達到改進中國社会之目的。 (2)令其篤實踐履部頒訓練要綱七十二條 (3)使其袪除自私自利的心理以服務人群為目的 (4)鼓勵其勤儉建國實施方案令其確實施行 (5)令其立志服務農村革除養成士大夫的心理 (6)揚棄腐化思潮根絕封建思想	思想是行動之母中國人向以家庭為出發点以致養成一種自私自利的惡根性今後应以最大多數人的最大幸福做指導青年思想的大目標
第六學年	演說及壁報指導	(1)演說—練習用口表情達意 (2)組織演講会辯論会 (3)舉行演講比賽及公開辯論 (2)編輯壁報—練習用筆表情達意 (2)編輯級刊及各項專刊 (6)舉行壁報比賽	做一個共和國的公民不僅要有豐富的常識並須要有表情達意的筆和嘴才能決勝於議会之中所以本學年应以訓練其筆和嘴為中心這是學習民主最基本的技能

（五）体育實施計劃

第一學年

①仍本過去兩年來之宗旨繼續推行（普遍發展反對錦標主義及個人英雄主義但對技能較佳者仍不放棄訓練，正課晴天以操場訓練為主雨天並不停課，而改為教室講授規則技能方法及有關体育之理論與有關健康之學識，等項學科）。

②成立衛生處（或與有關方面合作成立）每學期舉行健康檢查一次並作診療矯治工作。

③課外運動能使學生按興趣及時間可能而選習之。

④早操每日舉行。

⑤設備方面添設羽球場兼作圓網球場。

⑥童軍方面添置軍號，組成鼓樂隊，添置營帳一頂，炊事器具一套。

⑦類南京舞等之徵集與試創。

⑧体訓（合一論）之研究與實施。

⑨設備方面添置羽毛球場、及圓網球場各一。

⑩初中一切實施童軍管理。

⑪添置營帳及炊事器具各乙套。

⑫課外運動具体化。

⑬举辦各種比賽

第二學年

①继續施行前一學年之主旨。

②擬訂各學期技能測驗及格給分標準。

③設添籃球場一面。

④添置童軍營帳及炊事器具各乙套。

⑤課外運動能使每個同學皆能參加。

⑥体訓合一。

⑦举辦運動會。

⑧添設排球場二面。

⑨添置童軍營帳及炊事器具各乙套。

⑩强迫課外運動。

⑪各種運動代表隊具使成立，並更加强訓練。

⑫舉行童軍中隊露營。

第三學年

①籌建游泳池。

②添置童軍營帳及炊事器具各乙套。

③添置運動器械。

④举辦体育童軍表演會。

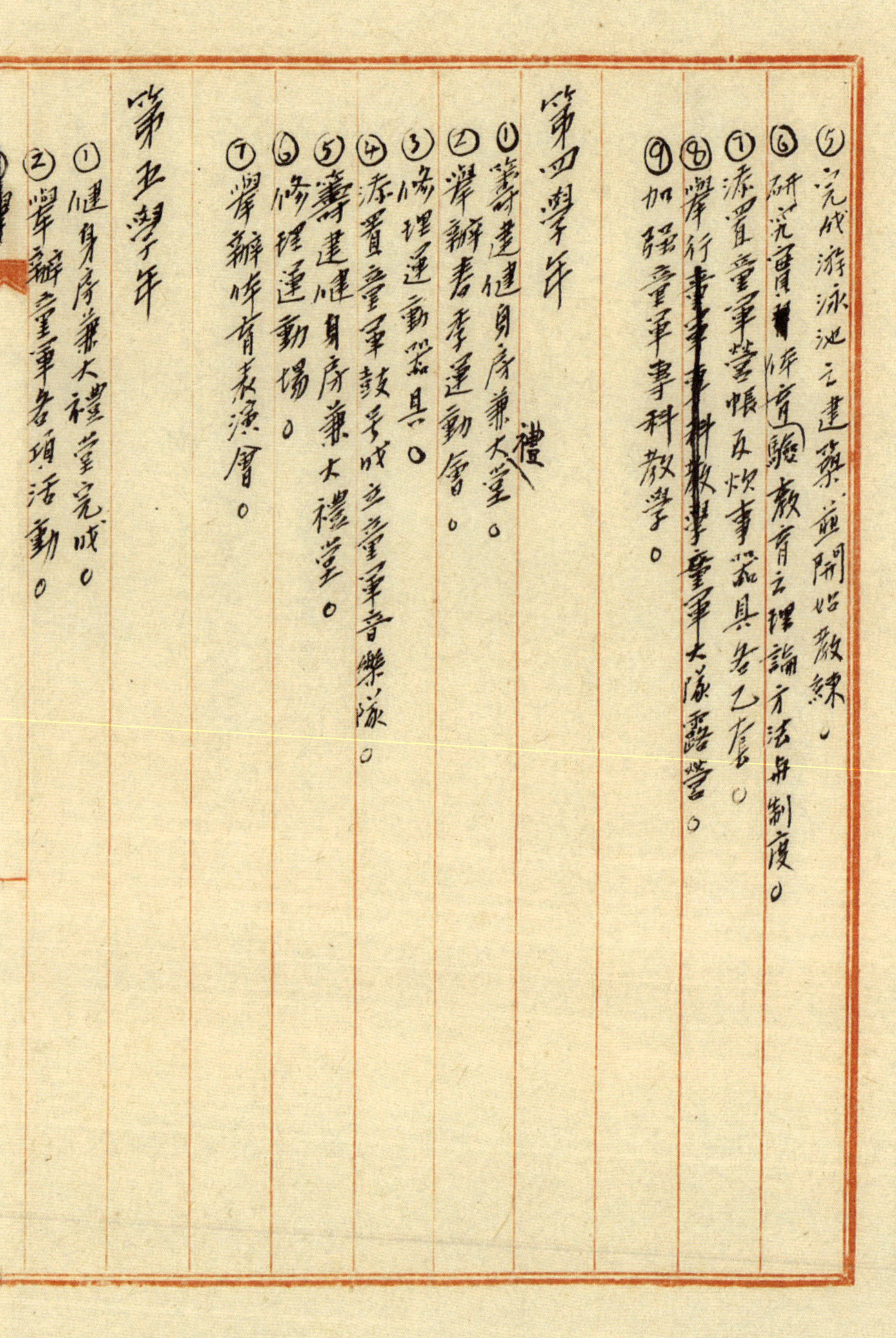

⑸完成游泳池之建築並開始教練。

⑹研究實驗體育教育之理論方法與制度。

⑺添置童軍營帳及炊事器具各乙套。

⑻舉行童軍大隊露營。

⑼加强童軍專科教學。

第四學年

⑴籌建健身房兼大禮堂。

⑵舉辦春季運動會。

⑶修理運動器具。

⑷添置童軍鼓号成立童軍音樂隊。

⑸籌建健身房兼大禮堂。

⑹修理運動場。

⑺舉辦體育表演會。

第五學年

⑴健身房兼大禮堂完成。

⑵舉辦童軍各項活動。

~~(3)舉~~

(3)舉辦秋季運動會。

(4)修造運動器具並加做造及創製。

第叁學年

(1)整修籃球場。

~~(2)增添數學用具。~~

(2)全力增添教學用具。

(3)舉辦全校經常性運動會及擴大童軍活動。

(六)事務實施計劃

總原則：

一、注重科學管理。

二、提高工作效率。

三、配合教訓兩處工作。

分年計劃：

第一年——(檢討)

1. 搜羅全國著名中等學校規程章則開始修訂本校全部規程章則。

2. 檢查校舍：

A.屋基穩固情形。
B.屋架結構及是否朽敗。
C.牆壁完好程度。
D.佈置是否得宜。
3.清查校具：
A.各類校具數量。
B.校具好壞情形。
4.校舍校具根據前兩項之結果作合理運用與調配。
第二年——（計劃）

吳豐臨紙印刷號承印

1.編製各類詳細法規章則完成付印。

2.草擬添修校舍校具計劃。

3.注意學生生活需要及解決辦法。

第三年——（人事）

1.釐訂教職員成績考核辦法。

2.擬訂教職員薪金支給標準。

3.編纂校工訓練辦法。

4.編纂員工福利辦法。

第四年——（校舍）

1.興建大禮堂（兼室內運動場以足容納全校學生集

會或運動為原則。
2.增闢理化生物實驗室。
3.根據需要情形興建學生宿舍及膳廚盥洗室。
4.加建教職員宿舍分有眷屬與無眷屬兩種。
5.修理校園校景。
6.整理運動場。
第五年—校具
1 教室用具補充。
2.教室課桌椅整理。
3.黑板講台清潔櫥修理。

吴瑩騰紙印刷號承印